U0362373

# 股票技术分析实战秘诀

STOCK TECHNICAL ANALYSIS TIPS

陈　儒　编著

南开大学出版社

天津

**图书在版编目(CIP)数据**

股票技术分析实战秘诀 / 陈儒编著. —天津：南开大学出版社，2021.10
ISBN 978-7-310-06152-5

Ⅰ.①股… Ⅱ.①陈… Ⅲ.①股票投资－投资分析 Ⅳ.①F830.91

中国版本图书馆 CIP 数据核字(2021)第 203723 号

股票技术分析实战秘诀
GUPIAO JISHU FENXI SHIZHAN MIJUE

南开大学出版社出版发行

出版人：陈　敬

地址：天津市南开区卫津路 94 号　　邮政编码：300071
营销部电话：(022)23508339　营销部传真：(022)23508542
https://nkup.nankai.edu.cn

天津泰宇印务有限公司印刷　全国各地新华书店经销
2021 年 10 月第 1 版　2021 年 10 月第 1 次印刷
240×170 毫米　16 开本　25.25 印张　2 插页　435 千字
定价：178.00 元

如遇图书印装质量问题，请与本社营销部联系调换，电话：(022)23508339

# 前　言

我有一个想法，把从事资本市场 30 多年的一些经验和体会与大家分享，希望通过一个良好的平台为投资者教育做一点力所能及的事情。

2020 年，我在荔枝微课平台做了近 60 期的股票技术分析直播课，课程直播期间全部免费，技术分析直播课深受粉丝们的喜欢。为了传播正确的投资理念和投资分析方法，应广大粉丝的热情建议，希望我将直播课程的内容汇集成书，我将荔枝微课的相关内容和我多年的技术分析实战经验编辑成册，便有了这本《股票技术分析实战秘诀》。

回顾中国基金业走过的 30 多年的发展历程，从无到有、从小到大，历经了先实验后立法的过程。《证券投资基金管理暂行办法》及《中华人民共和国证券投资基金法》的正式颁布，为中国基金业的法规建设翻开了崭新的篇章，开启了投资基金业的专业化、规范化发展的新时代。投资基金已成为中国资本市场新型的重要机构投资者。

我们有理由相信，投资基金作为新型的大众投资理财工具，将会继续在中国蓬勃发展，为中国资本市场健康发展提供新的动力，在不久的将来，投资基金业一定能成为与银行业、保险业、证券业并驾齐驱的新型金融产业。

1990 年，我非常荣幸参与了深圳证券交易所的筹建工作。1991 年 7 月，和同事们一起参与了中国第一本证券类专业杂志——《证券市场导报》的创刊。在当时的市场环境下，能够创办一本证券类的专业杂志实属不易。作为中国证券市场的首批从业人员，见证了中国资本市场的初期建设与发展。

回首当年，一群血气方刚的青年因投资基金而结缘，满怀激情，充满理想，汇聚在充满活力的深圳，开始了我们对投资基金业发展探索的追梦之旅。

1992 年 10 月 8 日，在深圳创办了中国内地第一家公募基金管理公司——深圳投资基金管理公司，填补了中国内地没有专业化投资基金管理公司的空白。公司成立之后，发行了当时全国规模最大的公募基金——天骥基金。

30 年来，我们与基金业一同成长，我参与并见证了它的发展与进步。在自身的成长过程中，不断学习和借鉴国际经验，并运用到基金管理的实践之中。

1995 年，当业界还认为基金只是一种普通投资产品时，我就提出应把基金业作为一个行业来看待，与当初业界的欧阳卫民先生、王巍先生、陈浩武先生等共同倡导成立了中国金融学会投资基金研究会，得到了时任中国金融学会会长赵海宽先生、时任中国人民银行深圳经济特区分行行长王喜义先生的鼎力支持，王喜义行长出任会长，我非常荣幸兼任副会长。中国金融学会投资基金研究会是第一个基金业行业性的研究与交流机构。

1998 年，我主持创办了中国银行总行基金托管部，与同事们一起拓展中行的托管业务。

感谢原全国社会保障基金理事会副理事长李克平先生的推荐，2001年，我受聘亚洲开发银行专家组成员参加了全国社会保障基金理事会的国际合作项目，为全国社会保障基金理事会的改革、规划与发展提出了相关研究报告。

2002 年，作为中银国际基金管理公司筹备组组长，我主持创办了中银国际基金管理公司。特别感谢我的老领导——时任中国银行董事长刘明康先生为公司的筹建与发展多次就筹建方案做出批示，使中银国际基金管理公司的成功筹建成为现实。中银国际基金管理公司的成立意味着中国银行集团成为四大国有控股商业银行体系中第一家间接拥有国内基金管理业务的国有商业上市银行，也是国内第一家银行系的中外合资基金管理公司。

2003 年，我作为香港中银国际英国保诚资产管理公司董事兼投资决策委员会的委员、香港中银集团资产管理公司董事、中银国际资产管理公司董事参与了中银集团在港资产管理业务的开拓与发展。

中银国际基金管理公司的组建，吸引了国际著名的美林（Merrill Lynch）投资管理公司入股合作，这也是第一家在国际资产管理行业排名前十的国际著名资产管理公司首次参与国内基金业发展，中银和美林两大品牌强强联合。

由于受到美国金融危机爆发的影响，美林投资管理并入贝莱德（BlackRock）。2008 年，中银基金的外方股东由美林变更为贝莱德。因此，我们开始和全球最大的资产管理公司贝莱德开启了合作之旅。

2012 年，我担任匈牙利中国银行董事长，与同事们一起积极开拓商业银行与资本市场创新业务的发展。

2015 年，我兼任中国银行总行投资银行与资产管理部首席产品经理，与同事们一起积极开拓商业银行的资产管理新业务。例如，基金中的基金业务，中国银行是第一家开展基金中基金创新业务的商业银行。

我曾多次参与《深圳市投资信托基金管理暂行规定》起草的讨论，以及《投资基金管理暂行办法》《中华人民共和国证券投资基金法》的讨论等，并先后参加了一些省部级重大课题的研究工作，其中包括国务院体改办主持的"中国投资基金产业发展课题研究"、中国政策科学研究会主持的"养老保险与金融市场课题研究"等，作为上海市领军人才主持开展了"利用税收延迟政策支持中国基金业养老基金创新发展"课题研究等。

本书的一些内容是我 30 多年资本市场实战中的一些心得、研究与探索，在此奉献给各位，希望同业界专家学者、粉丝和投身于证券市场理论研究与实务的有识之士继续共同探讨、切磋与交流，共同提高认知与运作水平，为中国资本市场的发展出一份绵薄之力，这也是编著此书的另一个初衷。

本书的主要特色是股票投资技术分析实战运用技巧的解释和实战秘诀，特别是披露了作者对多项形态或技术指标在实战运用中的秘诀。相信书中的一些经典实战内容，能为广大投资者提供有益的借鉴。

本书适合于对股票技术感兴趣的投资者作为投资中国股市实战的参考书，也适合于作为大专院校从事证券投资相关领域研究与学习的参考书。无论是初级入门的技术分析新手，还是久经沙场的职业技术分析师，相信每个人都能够从中汲取力量。

回顾编写此书的这些日子，在工作忙碌之后，一边继续做短视频，一边有时间还要在抖音开直播，同时加班加点编写此书的姊妹篇《基金投资宝典》。常常为一个细节、一个描述，反复推敲，数易其稿，希望能把我多年工作中积累的经验与体会准确的表达给各位读者和粉丝朋友们。今天，本书与另一本《基金投资宝典》同时面世，接受广大读者和粉丝朋友们的检验。

上述两本书的出版，如能对各位读者及粉丝朋友们提供一些有价值的借鉴和参考，我将倍感欣慰。

衷心感谢原中国银监会主席刘明康先生、南开大学党委书记杨庆山先生、原国家行政学院副院长陈立先生、原深圳市人民政府副市长张鸿义先生、深圳证券交易所创始人禹国刚先生、原中国证券投资基金业协会会长孙杰先生、中国旭阳集团董事长杨雪岗先生、中国金融博物馆理事长王巍先生、中银首席经济学家曹远征先生、南开大学出版社有限公司董事长邵刚先生、原中国财政经济出版社社长黄琦先生为本书的出版给予的关心与鼎力支持！

感谢南开大学出版社有限公司沈海涛社长、编辑李江卫先生、王冰先生为本书出版给予的通力合作和辛勤付出！

感谢抖音李涛先生的大力支持，感谢编委刘越女士、李刚先生、张乔楚女士、张博渊先生为本书的出版做了大量的编辑校对等具体工作，在此深表谢意！

感谢我的家人的理解与支持！

本书的编写参阅了同行的相关著作和论文，在此向各位作者一并表示诚挚的感谢！

本书涉及的任何股票名称、股票代码、基金名称、基金代码等信息仅供读者作为学习和更好地掌握方法与技巧的参考资料，不构成任何投资建议与推荐。特此声明。

股票和基金产品过往的投资业绩不代表未来，股票的价格和基金净值会随市场波动而波动。如读者需要进行实际投资运作，请务必认真研读相关股票或基金的招募说明书等有关法律文件。投资有风险、投资需谨慎。如果读者使用本书所涉及的相关股票或基金产品等信息造成的投资损失均与作者无关。

由于时间仓促，本人水平有限，书中难免疏漏甚至错误之处，恳请各位不吝赐教，敬请广大读者批评斧正。

陈　儒

2021 年 6 月 28 日于北京

# 目　录

# 第1章　股票投资赚钱怎样看 K 线

　　股票市场上投资者在分析股票的时候，一般分为基本面分析和技术分析。K 线图是股票技术分析中简单、直观、立体感强、信息量丰富和重要的技术图形。

　　股票技术分析 K 线形态的主要目的是通过观察多空双方实力变化，顺势而为，寻找蓄势待发的底部布局，抓住趋势上涨的机会，规避强弩之末的顶部风险。

## 1. 股票的 K 线图原理

　　K 线图是股票技术分析的基础，是股票市场资金在充分博弈之后的结果，买卖双方交易形成价格体现在 K 线图上。K 线图起源于日本，经过不断的发展与改良，如今被广泛应用于股票、外汇、期权等金融市场。如图 1-1 所示。

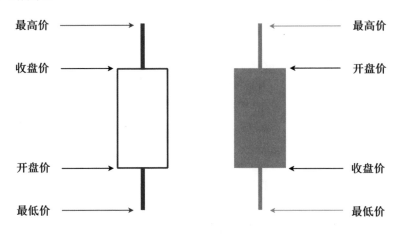

图 1-1　K 线示意图

通过 K 线图，能够把每一笔交易的走势准确记录下来。股价经过一段时间的盘档后，在图形上表现为一种 K 线的形态，不同的 K 线形态代表出不同股价位置。

K 线形态的特点是简单、直观、易懂、信息量大。

一根 K 线图通常由实体、上影线和下影线组成，即包括开盘价、收盘价、最高价和最低价。

K 线图形态可分为：先跌后涨型 K 线图、先涨后跌型 K 线图、下跌抵抗型 K 线图、上升阻力型 K 线图等。

K 线根据时间可以划分为：60 分钟 K 线、日 K 线、周开线、月 K 线、季 K 线等。具体情况如图 1-2 所示。

图 1-2　沪深 300 日 K 线走势图

数据来源：东方财富。

## 1.1　什么是长阳线

长阳线表示最低价和开盘价相同，最高价和收市价相同，且没有上下影线。开盘之后，买方攻势强烈，过程中或许会出现买卖双方的激烈争夺，最终是买方力量强于空方力量，使价格一路上涨，直至以最高价收市。

光头阳线是指股票的收市价与最高价相同，没有上影线的形态。如果 K 线实体部分比较长，则意味着当天的走势比较强势。如果在股价低位区域出现光头阳线，且股价在低位反转向上同时成交量配合持续放大，预示某个股将会迎来一轮上涨行情。如图 1-3 所示。

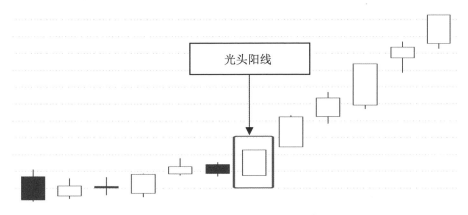

图 1-3 光头阳线示意图（如图中 K 线所示）

长阳线表示市场强势状态，股价呈现上涨态势，表示多方疯狂抢筹。通常投资者因看到多方强劲的趋势，不愿出售手中的筹码，导致市场出现供不应求的现象。

## 1.2 什么是光头阴线

光头阴线表示最低价和收市价相同，最高价和开盘价相同，没有上下影线。市场开盘之后，空方占据相对优势，表示股市相对弱势。投资者据此疯狂抛售手中的筹码，市场由于羊群效应极易造成恐慌情绪，因而导致市场单边下挫，股价持续下跌以最低价收市。

光头阴线的出现表示开市后空头打压股价的力度大，使股价持续处于下跌状态。当股价跌到低位时，受到多头力量的支撑，使得股价不再持续创新低，甚至可能出现股价反转向上，形成反弹。如图 1-4 所示。

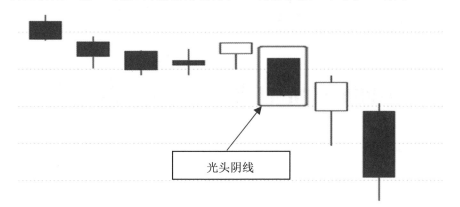

图 1-4 光头阴线示意图（如图中框中所示）

### 1.3　先跌后涨K线图形态

带下影线的红实线是先跌后涨的 K 线图，该形态是最高价与收市价相同。

当出现先跌后涨 K 线图，表示多头力量强劲，如果实体部分与下影线的长短不一，分别代表买卖方双方力量的不同。

当 K 线形态出现实体部分比下影线长，则表示股票价格下跌的不多。

当 K 线形态出现实体部分与下影线相同，则表示买卖双方交战激烈，总体上买方相对占据强势地位。

如果出现 K 线图实体部分比下影线短，表示多空双方在低价位区间发生激战。但从图 1-5 中可发现，上面实体部分较小，说明多方所占据的优势不大。

图 1-5　某个股股价走势图

## 1.4 先涨后跌 K 线图形态

带上影线的绿实线是先涨后跌 K 线形态，该形态是收市价和最低价相同。

当 K 线出现绿实体比影线长的 K 线形态，代表买方将股价向上推动的意愿不强，在遭遇卖方的打压下，股价会持续有下行的压力。

当 K 线出现绿实体与影线相等的 K 线形态，代表买方有将股价向上推动的意愿，在遭到卖方力量的阻击时，买卖双方博弈的结果是卖方占有相对优势地位。

当 K 线出现绿实体比影线短的 K 线形态，代表卖方虽然将股价向下打压，但卖方优势并不明显，在遭遇买方力量强势反攻后，绿实体部分将会缩小。

## 1.5 上升阻力 K 线图形态

带上影线的红实体是上升阻力 K 线图形态，该形态是开盘价和最低价相同。

当出现红实体比影线长的 K 线形态，代表买方在股价高位遭遇卖方阻力，部分多头获利止盈，但买方仍是市场的主导力量，预示后市有上涨的空间。

当出现红实体与影线长度相同 K 线形态，代表买方将股价拉升，但遭卖方的阻击在进一步增大。买卖双方博弈的结果是，卖方打压一半，买方虽然占据相对位置，但优势并不明显。

当出现红实体比影线短的 K 线形态，代表股价在高位遭遇卖方阻击的压力，空方进行全面反击，市场将经受考验。

## 1.6 下跌抵抗 K 线图形态

带下影线的绿实体是一种下跌抵抗 K 线形态。该形态代表市场开盘后卖方力量占据优势，持续打压股价下跌，但在低位区域遭遇买方力量的阻击，股价将在低位得以支撑，预示后市将会出现反弹机会。

当出现绿体部分比影线长的 K 线形态，代表卖方相对强势，在市场开市后空方对股价进行打压，造成股价下跌，在股价低位区域遭遇买方抵抗，买卖双方博弈会产生 K 线的影线部分较短，表示买方力量相对占据强势位置。

当出现绿实体部分与影线长度相同的 K 线形态，代表卖方有意将股价向下打压，但买方也会增强其抵抗的力度，在买卖双方交战的过程中，卖方仍占据相对强势位置。

当出现绿实体部分比影线短的 K 线形态，代表卖方在持续打压股价的过程中，遭遇买方的顽强抵抗，并实时进行反击，股价将出现反转向上推移。由于双方博弈的结果，空方力量在减弱，多方力量在增强，因此形成 K 线形态中的小绿实体部分被收复。

当股价在低位出现黄金交叉时表示买入信号，当股价在高位出现死亡交叉时表示卖出信号。如图 1-6 所示。

图 1-6　低位黄金交叉、高位死亡交叉图（如图中椭圆中所示）

## 2. K 线图形态实战秘诀

K 线是通过图形完整记录股票行情和交易双方博弈的结果，按照交易时间将所有产生的股价变动信息记录下来，投资者可以通过研读日 K 线、周 K 线、季 K 线等 K 线走势，配合运用其他股票技术分析指标研判股票投资机会。

当出现上影线比实体短的阳线形态，代表多方在股价高位出现暂时受阻，空方力量占据优势位置，买卖双方将会在日后的交易中展开激烈的博弈。

当出现上影线与实体长度相等的阳线形态，表示多方实力雄厚，尽管买方有意将股价向上拉升，但需要付出较大的代价。

当出现下影线小于实体阳线形态，代表多方力量越强，K 线形态中实体部分越长，表示股价上升的可能性越高，最具代表性的是光头阳线。

当出现下影线与实体相等的阳线，代表买方具有一定的主导地位，空方也会寻找机会进行反攻。日后可能会出现空方反扑造成下影线与实体部分相等的形态。

当出现光头阴线形态，代表股价在弱势中持续下跌，走出一个下降通道。空头会反复利用图形打压股价，造成 K 线连续出现多根大阴线，投资者不宜在市场未企稳情况下轻易抄底，只有当市场出现止跌信号后，才有可能出现止跌反弹。

当出现下影阴线形态，表示股价在底部区域或将有多方力量的支持，后市可能趋于上涨。一般来说，在持续上升的行情中出现，表示股价仍将会持续上升；当该形态出现在持续下跌的行情中，表示股价可能会出现反弹。

投资者在学习 K 线形态时，应分析形态所处的位置，因为任何市场都不会出现完全相同的兴塔图形，更不能张冠李戴。有的形态看是相似，不同的人解读和运用效果完全不同。最好能配合其他技术指标加以验证效果更佳。

各种 K 线形态种类繁多，一般投资者很难全面掌握，也没有必要去死记硬背，因为 K 线形态尽管不一样，但 K 线形态所代表的股价运行的实质是相同的。所以，要灵活掌握 K 线形态的精髓，而不会被 K 线图的表象所迷惑。

所有技术分析是基于 K 线为基础，K 线的形态变化较多，投资者如果能善于捕捉到 K 线的微妙变化，投资者很容易在市场上既可以赚到交易性的收益，也可以把握趋势性的机会。

投资者在研读技术图表时需要灵活的运用，每个市场都有其独特的个性，每个个股走势的形态也不尽相同，投资者需要掌握 K 线形态的特征，正确识别它们的各种变体。发现其最有用的功效。

K 线图形态经历了数百年的市场锤炼，无论是将其单独运用还是将它与其他技术分析指标搭配使用，它的分析能力均是无可匹敌的。

# 第2章 KDJ 助您提升赚钱能力

不是靠运气赚钱，要靠股票技术分析和本领赚钱。

随机指数 KDJ 指标是一个非常好用的短线技术指标，在股票市场中被众多投资者广泛应用。由于股票市场风险性较大，对于那些做短线交易的投资者而言，必须掌握随机指数 KDJ 指标，它能够助力寻找短线交易性机会。随机指标 KDJ 是因股票市场短线操作的投资者的需求而产生的。该指标反应特别灵敏，通常有分时 KDJ 指标、日 KDJ 指标、周 KDJ 指标、月 KDJ 指标等。KDJ 指标在股市中也是最常用的指标之一。

## 1. 随机指数 KDJ 指标原理

KDJ 指标的中文名称为随机指数（Stochastics）。随机指数 KDJ 指标与其他指标相比，其短线的灵活性具有明显的优势，该指标综合了相对强弱 RSI 指标和移动平均线 MA 指标的优点。如图 2-1 所示。

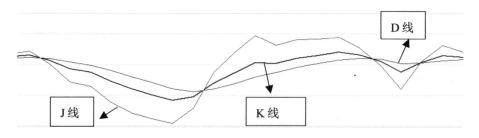

图 2-1　KDJ 指标走势图

随机指数 KDJ 指标是由 K 线、D 线、J 线三条不同颜色的线条构成，它们的取值范围为 0—100。KDJ 指标较其他指标而言，具有较高的敏感性，其中 J 值最敏感，许多人会关注 J 值的高低，并通过 J 值的大小来预判股价方向的转换。如图 2-2 所示。

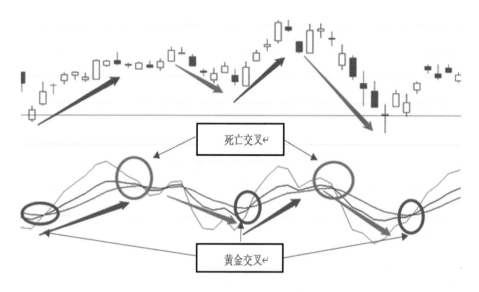

图 2-2　KDJ 与股价走势图

K 值与 D 值永远介于 0 与 100 之间，J 值可能会高于 100，或低于 0，不同的个股，其 J 值的极限值可能存在不同。

根据随机指数 KDJ 指标的取值，通常投资者更多的会关注 J 值的变化的敏感性。

### 1.1　随机指数 KDJ 指标金叉

当随机指数 KDJ 指标出现金叉，即 J 线从下向上突破 D 线和 K 线，形成交叉点，这个交叉点就是 KDJ 指标的金叉，当出现 KDJ 指标的金叉时，通常为买入信号。如图 2-3 所示。

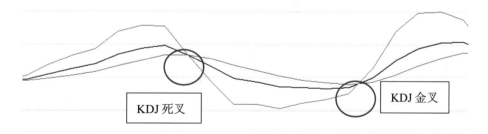

图 2-3　KDJ 金叉与死叉示意图

月线、周线、日线 KDJ 指标共同金叉买入法。月线、周线、日线 KDJ 指标在股价低位共同金叉向上，出现这种机会，建议投资者抓住这种难得的机会。

随机指数 KDJ 指标不仅能反映股票市场的超买和超卖现象，投资者还可以根据随机指数 KDJ 指标形成的金叉和死叉做出买入和卖出的参考决策。如图 2-4 所示。

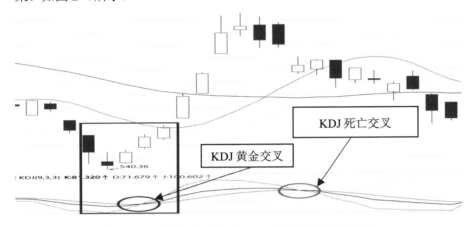

图 2-4　金叉预示着买入信号，死叉预示着卖出信号

## 1.2　随机指数 KDJ 指标死叉

当股价在高位区域时，KDJ 指标出现死亡交叉，表示后市看跌，股价即将反转下跌。如图 2-5 所示。

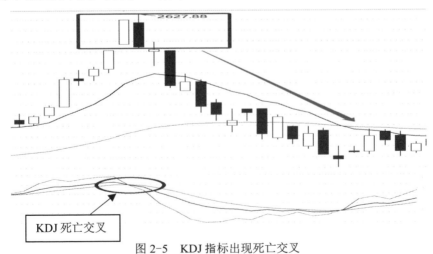

图 2-5　KDJ 指标出现死亡交叉

随机指数 KDJ 死叉是指 J 线、K 线同时向下突破 D 线形成交叉的情况。主要有两种情况，一种是股价经过一段时间的上升行情后，股价已经有了很大的涨幅，J 线、K 线向下与 D 线形成交叉；另一种是股价经过一段时间的跌势，本应反弹时因缺乏向上反弹的动力，J 线、K 线同时向下与 D 线形成死叉，这意味着股价将进一步下挫，投资者应卖出股票观望为好。

一般情况下，当 D 值处于 80 以上时，股价呈现超买现象；当 D 值在 20 以下时，股价呈现超卖现象。

随机指数 KDJ 指标不仅能反映市场的超买与超卖现象，还可以根据该指标形成的金叉和死叉发出买入与卖出的信号。

投资者在使用随机指数 KDJ 指标时，只有 K 线与 D 线的交叉发生在 80 以上或 20 以下时，方为有效。

尽管随机指数 KDJ 指标具有许多优点，但是该指标并不适用于发行量小、交易不活跃的个股。

和其他技术分析指标相同的地方是，当随机指数 KDJ 指标与股价走势出现顶背离时，表示股价处于短期见顶信号，当随机指数 KDJ 指标出现底背离时，表示股价处于短期的见底信号。

当股价经过一段时间的上升过程的盘整行情，并且 J 线处于 100 以上，投资者要开始关注股价的走势，一旦 J 线的数值超过某个股的历史高位时，通常预示该个股处于短线超买状态，随时可能出现短期高位调整。

当股价处于下降过程中，股价连续创新低，并且 J 值处于 0 值以下，甚至达到负的极限值，通常预示该个股处于短线的超卖状态，可能随时出现反弹的行情。

## 2. 随机指数 KDJ 指标实战运用技巧解析

随机指数 KDJ 指标与其他技术指标相比，例如与 MACD 指标、均线指标、相对强弱 RSI 指标相比，各项技术指标各有所长，也都存在某些缺陷。

周线随机指数 KDJ 刚出现金叉，日线随机指数 KDJ 已出现金叉，则表示比较确定的买入点。

随机指数 KDJ 指标只特别适合短线投资者使用。同时 KDJ 指标在使用时要特别注意钝化现象，也就是随机指数 KDJ 指标有一个共同的缺点，通常会出现高位钝化或低位钝化现象，让投资者无所适从。如图 2-6 所示。

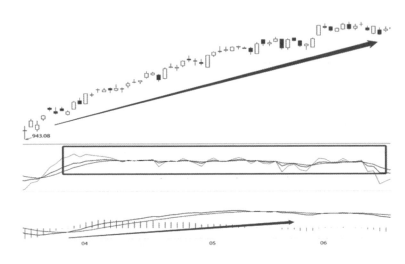

图 2-6　KDJ 钝化走势（如图中方框部分）

当随机指数 KDJ 出现钝化现象时，建议投资者不要使用随机指数 KDJ，需要结合 MACD 和长期趋势线均线来辅助决策。如果 2-7 所示。

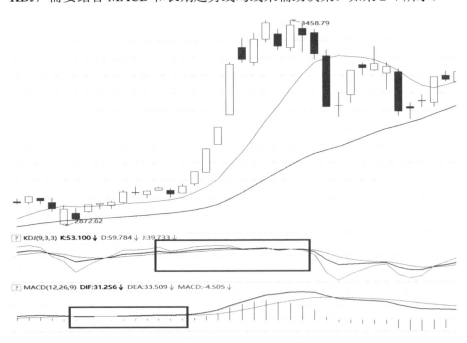

图 2-7　2020 年 7—8 月的上证综指走势图

当随机指数 KDJ 钝化出现时，难以判断股价走势，但是结合均线和 MACD 综合判断，可以弥补随机指数 KDJ 钝化现象的不足。如图 2-8 所示。

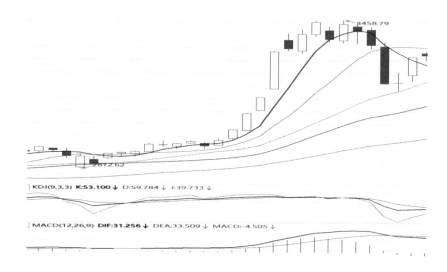

图 2-8　KDJ 配合均线和 MACD 研判上证指数走势

随机指数 KDJ 指标与 MACD 指标、均线指标、相对强弱 RSI 指标配合使用，当 KDJ 指标、MACD 指标、均线指标、RSI 指标均在低位出现黄金交叉时，是投资者难得的低位布局机会，预示着股价将会出现低位反转向上走势，如图 2-9 所示。

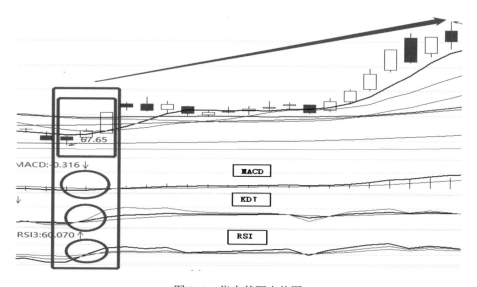

图 2-9　华大基因走势图

在实战运用中，当 J 线值在低位出现黄金交叉时，此时短期买入的信号较为准确。

均线的金叉滞后于 KDJ 指标的金叉。随机指数 KDJ 指标的灵活性从图 2-10 中可以得到证实。

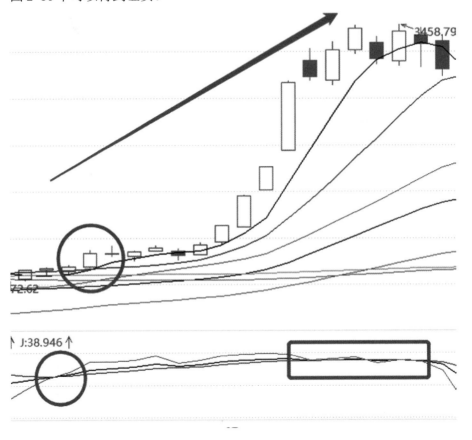

图 2-10　上证综合指数走势图

## 3. 随机指数 KDJ 指标实战秘诀

随机指数 KDJ 指标特别适合短线投资者使用，同时 KDJ 指标在使用时要特别注意钝化现象，也就是随机指数 KDJ 指标有一个共同的缺点，通常会出现高位钝化或低位钝化现象，让投资者无所适从。

随机指数 KDJ 指标主要研究的是最高价、最低价和收盘价之间的关系，同时也融合了相对强弱 RSI 指标和移动平均线指标的某些优点。投资者利用该指标能够迅速、快捷、直观地捕捉到某个股的短线交易机会。

一般情况下，当 D 值处于 80 以上时，股价呈现超买现象；而当 D 值在 20 以下时，股价呈现超卖现象。

投资者在使用随机指数 KDJ 指标时，只有 K 线与 D 线的交叉发生在 80 以上或 20 以下时，方为有效。

尽管随机指数 KDJ 指标具有许多优点，但是该指标并不适于发行量小、交易不活跃的个股。

和其他技术分析指标相同的地方是，当随机指数 KDJ 指标与股价走势出现顶背离时，表示股价处于短期见顶信号，当随机指数 KDJ 指标出现底背离时，表示股价处于短期的见底信号。

当股价经过一段时间的上升过程中的盘整行情，并且 J 线处于 100 以上，投资者要开始关注股价的走势，一旦 J 线的数值超过某个股的历史高位时，通常预示该个股处于短线超买状态，随时可能出现短期高位调整。

当股价处于下降过程中，股价连续创新低，并且 J 值处于 0 值以下，甚至达到负的极限值，通常预示该个股处于短线的超卖状态，可能随时出现反弹的行情。

随机指数 KDJ 指标仅适于投资者用于股票短线交易的技术分析。

当股价处于低位时，随机指数 KDJ 指标出现金叉，是买入股票信号；当股价处于高位时，随机指数 KDJ 指标出现死叉，是卖出股票信号。建议投资者应注意结合其他技术指标加以研判，以防止出现随机指数 KDJ 指标假金叉和随机指数 KDJ 指标假死叉的情况。

J 值在股价高位区域超过 100 开始关注，如果接近 110，投资者可考虑进行止盈操作，有时 J 值可能会出现高于 110 的极限情况。

J 值在股价低位区域为负值时开始关注，如果接近 -10，可以考虑结合其他的技术指标进行低位加仓，有时 J 值会出现低于 -10 的极限情况。

随机指数 KDJ 指标仅适合投资者做短线交易使用，同时随机指数 KDJ 指标在使用时要特别注意钝化现象。

投资者要提防主力人为制造假的金叉。一般情况下，在一个完整的股价升或跌的过程中，会出现二次或以上的金叉或死叉现象。建议投资者应结合 K 线形态和其他技术分析指标一起综合加以判断。

# 第3章 熟练运用 SAR 寻找反转机会

抛物线 SAR 指标称为停损点转向指标，也有人称为"傻瓜"指标，抛物线 SAR 指标和随机指数 KDJ 指标都是投资者常用的短线交易指标。抛物线 SAR 指标与 MACD 指标、DMI 指标等不同之处是抛物线 SAR 指标的计算方法十分复杂。

## 1. 抛物线 SAR 指标原理

SAR 是 Stop and Reverser 的缩写。中文意为抛物线指标。抛物线 SAR 指标是由美国技术分析大师威尔斯·威尔德（Wells Wilder）提出的，该指标是一种简单易学、比较准确的技术分析工具之一，与随机指数 KDJ 指标相比，相对滞后一到两个交易日。

抛物线 SAR 指标最基本的应用方法是根据转向点，向上向右推移时，该数字一直按时间推移而不断增加，增加的幅度取决于当时股票价格的升幅。

通常抛物线 SAR 指标是以红绿点来提示买入或卖出股票的时机。

当出现红点的时候，通常表示买入股票的机会；当出现绿点的时候，通常表示卖出股票的机会。如图 3-1 所示。

我们可以简单地把红色圆点线作为股价的支撑，绿色圆点线作为股价的压力。如图 3-2 所示。

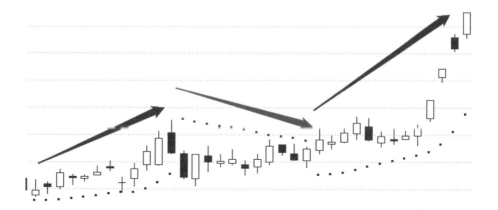

图 3-1　SAR 走势图

图 3-2　五粮液走势图

## 1.1 抛物线 SAR 指标的优点

1. 抛物线 SAR 指标显示的信号明确，容易理解。

2. 抛物线 SAR 指标的递增或递减与实际价格的升跌幅度及时间长短有密切关系，因而可适应不同种类的股票价格波动的特性。

3. 在有趋势市道中，抛物线 SAR 指标的信号相当准确。

4. 将抛物线 SAR 指标与动向指标配合应用效果更佳。

## 1.2 抛物线 SAR 指标的缺点

1. 抛物线 SAR 指标公式中的加速因子并不能完全适应不同种类股票，运用时需寻求最佳的加速因子。

2. 在无趋势市道中，抛物线 SAR 指标出现的频率非常高，导致信号追随者投资亏损。

3. 抛物线 SAR 指标有滞后性的缺点，实践中可结合其他指标改进其滞后性的缺点。

提醒投资者注意，抛物线 SAR 指标也不要单独使用，最好和其他技术分析指标合并使用效果最佳。

## 1.3 抛物线 SAR 指标的一般运用

1. 当 K 线处于 SAR 指标上方时，表示多头行情，投资者可继续持有股票。如图 3-3 所示。

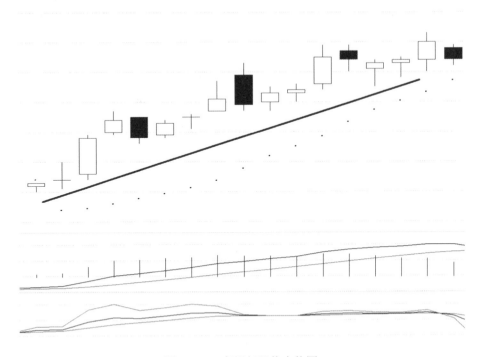

图 3-3　工商银行股价走势图

2. 当 K 线处于 SAR 指标下方，表示空头行情，可继续卖出股票。

如图 3-4 所示。

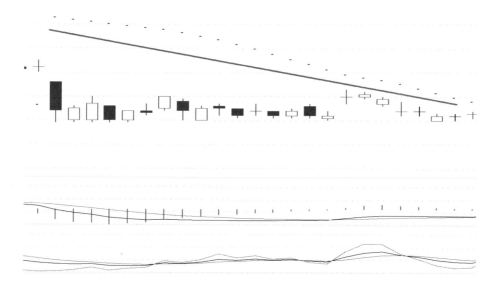

图 3-4　工商银行股价走势图

3. 当 K 线由下向上突破 SAR 指标时，为买进股票信号。以工商银行股价走势为例。当 K 线上穿抛物线 SAR 指标时，表示工商银行股价由低位反转向上，是买入的信号。如图 3-5 所示。

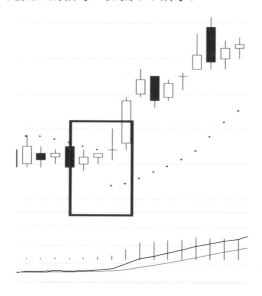

图 3-5　工商银行股价、SAR、MACD 指标走势图

4. 当 K 线由上向下突破抛物线 SAR 指标时，表示卖出股票信号。以中国银行为例，当 K 线下穿抛物线 SAR 指标时，表示中国银行的股价由高位反转向下，是卖出止盈信号。如图 3-6 所示。

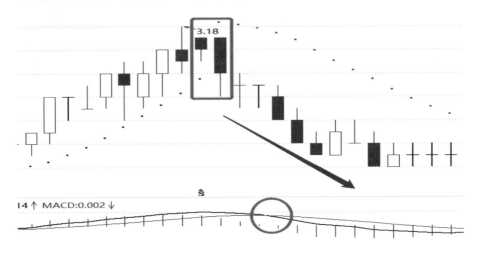

图 3-6　中国银行股价、SAR、MACD 指标走势图

5. 当抛物线 SAR 指标由红色变成绿色时，表示卖出股票信号。以百隆东方股价走势为例。当抛物线 SAR 指标由红色变成绿色时，表示百隆东方股价由高位反转向下，是卖出的信号。如图 3-7 所示。

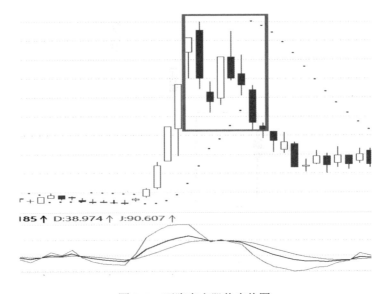

图 3-7　百隆东方股价走势图

6. 当抛物线 SAR 指标由绿色变成红色时，表示为买入股票信号。以招商银行股价走势为例。当抛物线 SAR 指标由绿色变成红色时，表示招商银行股价由低位反转向上，是买入的信号。如图 3-8 所示。

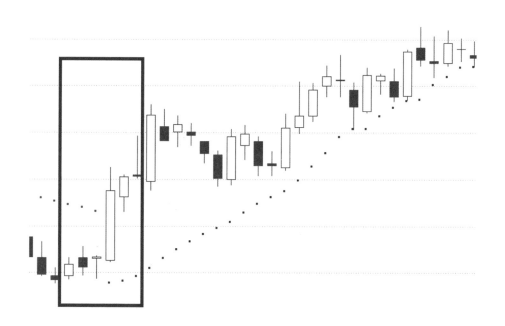

图 3-8　招商银行股价走势图

当股票 K 线从抛物线 SAR 指标下方开始向上穿出 SAR 曲线时，表示买入股票信号，预示股价一轮上涨行情展开，建议投资者可以买入股票；

当股票 K 线向上穿破抛物线 SAR 指标后，股价继续向上运行，抛物线 SAR 指标同时向上运行时，预示股价将会上涨。

当抛物线 SAR 指标对股价构成有力的支撑时，建议投资者可持股待涨或逢低买入股票。

当股票 K 线从抛物线 SAR 指标上方开始向下穿破 SAR 曲线时，通常提示卖出股票信号，预示着股价可能会出现一轮下跌行情，建议投资者择机卖出股票止盈。

当股票 K 线向下穿破抛物线 SAR 指标后继续向下运行，抛物线 SAR 指标同时向下运行，预示股价可能会出现下跌，建议投资者可持币观望或逢高止盈。

## 2. 抛物线 SAR 指标实战运用技巧解析

以上证综合指数走势为例，利用抛物线 SAR 指标能较好地反映出上证综合指数走势的变化。实证表明，投资者利用抛物线 SAR 指标分析大盘走势非常简单，直观有效。如图 3-9 所示。

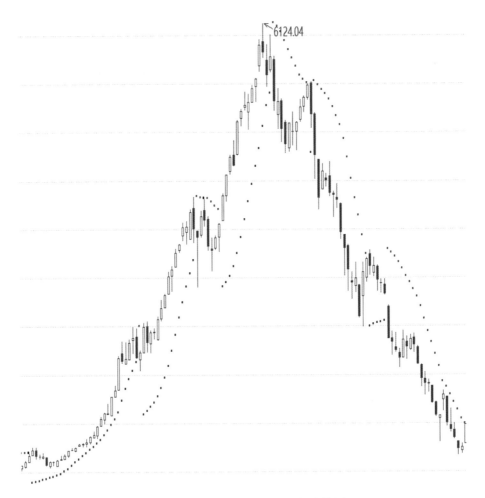

图 3-9　上证综合指数和 SAR 的走势图

当抛物线 SAR 指标图形线由绿变红，且 K 线在抛物线 SAR 图形线上方运行，配合随机指数 KDJ 指标，J 线处于数值 20 附近，J 线向上上穿 K 线和 D 线，形成黄金交叉，表示买入的时机。如图 3-10 所示。

图 3-10　工商银行股价走势和 SAR 的走势图

SAR 指标配合 MACD 指标相互验证。如图 3-11 所示。

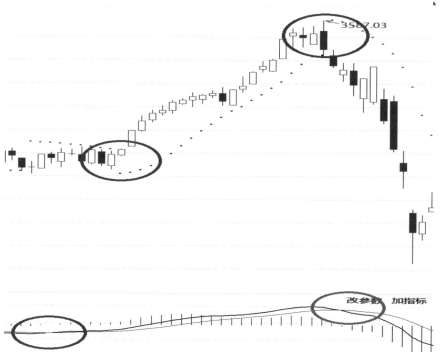

图 3-11　上证综合指数走势图

## 3. 抛物线 SAR 指标实战秘诀

当中线 MACD 指标和短线 KDJ 指标预示股价走势的方向一致时，运用抛物线 SAR 指标来判断股价走势的成功概率更高。

当股票 K 线向下突破抛物线 SAR 指标后继续向下运行，抛物线 SAR 指标也同时向下运行，通常表示股价的下跌趋势已经形成，抛物线 SAR 指标可能对股价构成压力，建议投资者可持币观望或逢高卖出股票止盈。

1. 抛物线 SAR 指标显示的信号明确，简单直观，容易理解。

2. 抛物线 SAR 指标的递增与递减与实际价格的升跌幅度及时间长短有密切关系，因而可适应不同种类的股票价格波动的特性。

3. 尽管抛物线 SAR 指标与随机指数 KDJ 指标相比具有一定的滞后性，但在有趋势市道中，抛物线 SAR 指标的信号也非常准确。

4. SAR 指标不宜单独使用，建议短线交易投资者应将该指标与 KDJ 指标、MACD 指标、相对强弱 RSI 指标等配合应用效果更佳。

# 第4章 VTY 助力成功逃顶与抄底

价格变异率 VTY 指标属于停损类指标。大多数投资者不熟悉该指标的特点，使用的人不像其他短线指标那么多。

价格变异率 VTY 指标类似 ASR 指标和 KDJ 指标，价格变异率 VTY 指标但比抛物线 SAR 指标反应更灵敏，能够及时抓住大盘或个股的短期顶部与底部机会，特别适合做短线交易的投资者。

## 1. 价格变异率 VTY 指标原理

价格变异率 VTY（Volatility System）指标对大多数投资者来说是一个不常见的股票技术分析指标。

价格变异率 VTY 指标在短线交易中非常有用，它的灵敏度极高，特别是在当天开盘价格变异率 VTY 指标出现红色，大概率是短线个股会有上涨的机会。如果当天开盘价格变异率 VTY 指标出现绿色，短线个股大概率会有下跌的可能。如图 4-1 所示。

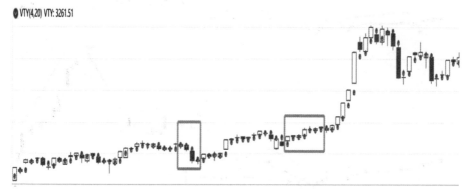

图 4-1　VTY 指标走势示意图

数据来源：中信证券交易系统。

价格变异率 VTY 指标的应用法则：

价格变异率 VTY 指标由红色变成绿色时，代表卖出股票信号。

当价格变异率 VTY 指标由绿色变成红色时，代表买入股票信号。

价格变异率 VTY 指标的用法是先要判断股票行情的大趋势，如果已经上涨较大的幅度，特别是当 KDJ 指标出现钝化时，担心股票下跌的投资者应关注价格变异率 VTY 指标的变化。

如果是做短线交易，当价格变异率 VTY 指标由红色变绿色，建议投资者应在股价高位或反弹时出售股票止盈；当价格变异率 VTY 指标由绿色变红色，建议投资者应在股价低位或反转时买入股票建仓。

投资者往往希望能够成功抄底与逃顶，但在股市的实战中实属不易。投资者在股价上升过程中通常拿不住好股票，一旦股价上涨很可能会提前卖出股票，错失了一段上涨大行情，后悔是常态，同样抄底也容易抄在半山腰，刚一买入某只股票就被套牢，好像有人和自己过不去一样，建议投资者还是要多掌握一些技术分析的方法与指标，就可以避免这种情况。

## 2. 价格变异率 VTY 指标实战运用技巧解析

1. 运用价格变异率 VTY 指标可以避免股价大跌的损失，特别是在开盘前和开盘后 5 分钟内，建议投资者全面观察价格变异率 VTY 指标的变化。如图 4-2 所示。

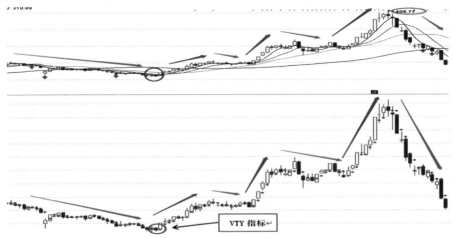

图 4-2　片仔癀（600436）股价、VTY 指标走势图

数据来源：中信证券交易系统。

2．价格变异率 VTY 指标的灵敏度与精确度优于抛物线 SAR 指标。如图 4-3 所示。

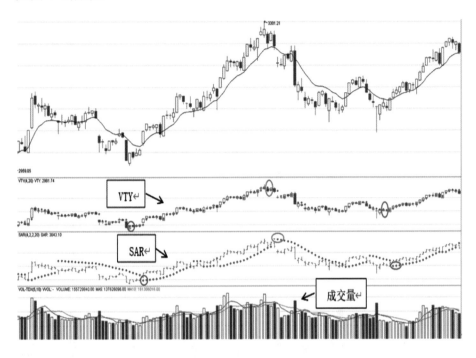

图 4-3　上证指数（000001）、VTY、SAR、成交量指标走势图

数据来源：中信证券交易系统。

价格变异率 VTY 指标对短线投资者而言是一项必须掌握的短线技术操作指标，特别适用于在开盘后观察该项指标颜色的变化和形态的变化，可以比较容易地把握交易当日某个股的涨跌。例如，某个股开盘后价格变异率 VTY 指标由绿色转变为红色，预示着当天大概率该个股会出现上涨行情；反之，若某个股开盘后价格变异率 VTY 指标由红色转变为绿色，则预示着当天大概率该个股会出现下跌行情。通常，许多投资者不太熟悉该项指标有如此大的帮助作用，建议短线投资者为了提高短线投资技巧，可以熟练运用价格变异率 VTY 指标配合其他股票技术分析的指标综合运用，从而进一步提升该项指标的有效性。

3．运用价格变异率 VTY 指标提前提示股价的涨跌。只要 K 线位于它的下面代表空头，不管是短线还是长线的投资，当天交易日大概率会下跌。

投资者如果能够把握这个趋势，市场出现再跌心中也会有底，提前可以做好买入或卖出什么股票的准备。如图 4-4 所示。

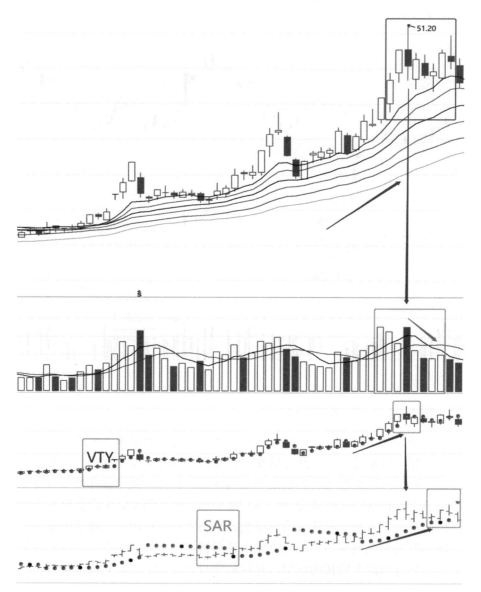

图 4-4 达安基因（002030）股价、VTY、SAR 指标走势图
数据来源：中信证券交易系统。

4. 运用价格变异率 VTY 指标准确捕捉到上证综合指数的最低点。

图 4-5 证实了 VTY 指标配合 KDJ 指标的金叉和 SAR 指标的有效性。

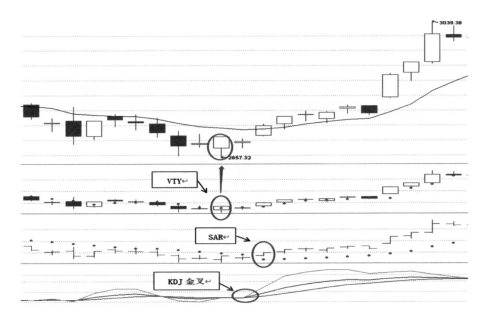

图 4-5　上证指数（000001）、VTY、KDJ（金叉）、SAR 指标走势图

数据来源：中信证券交易系统。

5．运用价格变异率 VTY 指标准确捕捉到了某个股的最低点。

从图 4-6 中可以看出，价格变异率 VTY 指标准确捕捉了某个股的最低点。

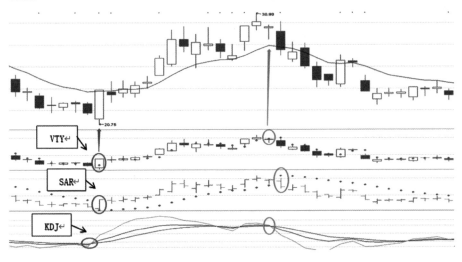

图 4-6　士兰微（600460）股价 VTY、SAR、KDJ 指标走势图

数据来源：中信证券交易系统。

6．运用价格变异率 VTY 指标成功验证达安基因（002030）逃顶的信号。配合 KDJ 指标的死叉和顶背离，进一步验证了 VTY 指标的灵活性和有效性。如图 4-7 所示。

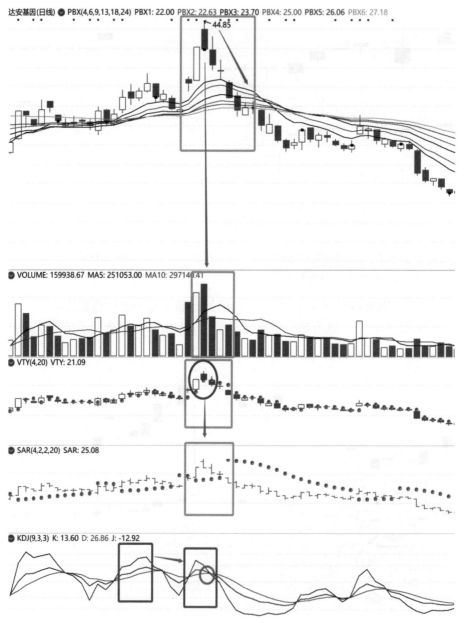

图 4-7　达安基因（002030）股价、VTY、SAR、KDJ 指标走势图

数据来源：中信证券交易系统。

7. 运用价格变异率 VTY 指标验证上证指数大盘顶部的有效性。如图 4-8 所示。

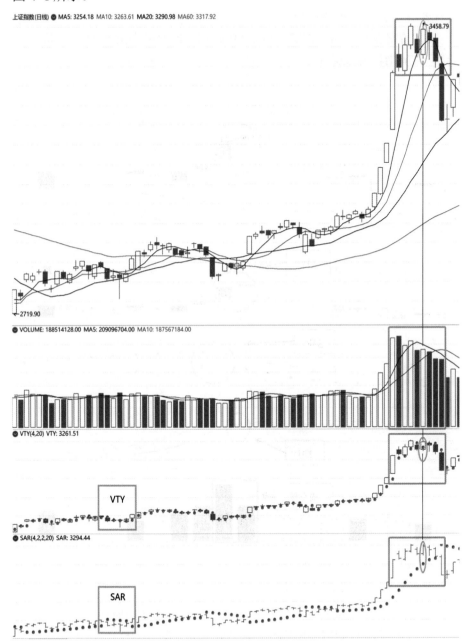

图 4-8　上证指数（000001）、VTY、SAR、KDJ、成交量指标走势图
数据来源：中信证券交易系统。

　　从图 4-8 中可以看出，价格变异率 VTY 指标搭配 KDJ 指标、SAR 指标和成交量指标成功验证了上证指数大盘顶部的有效性，该指标可以助力投资者成功逃顶，实现止盈操作。

　　8. 价格变异率 VTY 指标与 SAR 指标、KDJ 指标搭配使用，价格变异率 VTY 指标验证某个股顶部的有效性。如图 4-9 所示。

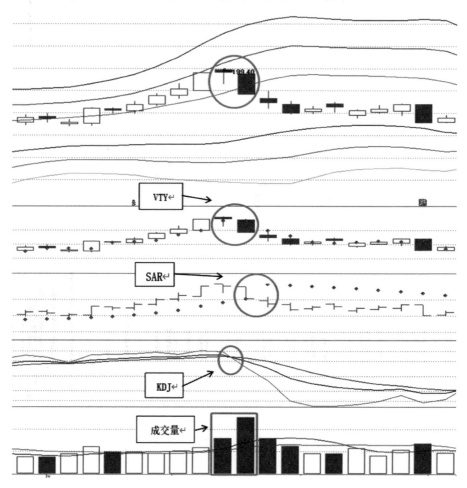

　　图 4-9　华大基因（300676）股价、VTY、SAR、KDJ、成交量走势图
　　数据来源：中信证券交易系统。

　　从图 4-9 中可以看出，价格变异率 VTY 指标准确捕捉到了某个股的最高点，同时 KDJ 指标出现高位死叉也验证了其有效性。SAR 指标的效应滞后，这也进一步验证了价格变异率 VTY 指标的有效性。

　　价格变异率 VTY 指标与 SAR 指标、OBOS 指标搭配使用，价格变异率 VTY 指标验证了上证综合指数顶部的有效性。

## 3. 价格变异率 VTY 指标实战秘诀

我 30 多年研究了 40 多项股票技术分析指标与形态，比较下来价格变异率 VTY 指标灵敏、简单、直观、有效，特别合适大多数投资者使用。

在股票实战中，最重要的是决定股价趋势，不是趋势的延续，而是决定趋势因素的延续。

价格变异率 VTY 指标与 SAR 指标和 OBOS 指标搭配使用，可以验证股票大盘指数顶部的有效性。

运用价格变异率 VTY 指标与 SAR 指标、KDJ 指标搭配使用，可以验证个股顶部的有效性，助力投资者成功逃顶止盈。

在灵敏度和精确度运用方面，价格变异率 VTY 指标优于 SAR 指标，正确运用价格变异率 VTY 指标便于投资者寻找到股价低位的配置机会。

相信价格变异率 VTY 指标会成为短线交易投资者青睐的好指标。

# 第5章　MACD 指标捕捉股市良机

MACD 指标是根据收市价的短期 12 日指数移动平均线与长期 26 日指数移动平均线之间的集合与分离状态，对买入与卖出股票的时机做出研判的技术分析指标。MACD 指标是研判股价中线走势十分流行的指标之一。

## 1. 指数平滑异同移动平均线 MACD 指标原理

指数平滑异同移动平均线 MACD（Moving Average Convergence and Divergence，MACD）是由美国专家查拉尔德·阿尔佩（Gerald Apple）和福雷德·海期尔（W. Fredrick HitschIer）于 1979 年提出的技术分析方法。

MACD 指标是利用两种不同速度的移动平均线来计算两者之间的差异状况，从而判断在股票市场当中买入与卖出股票的时机。如图 5-1 所示。

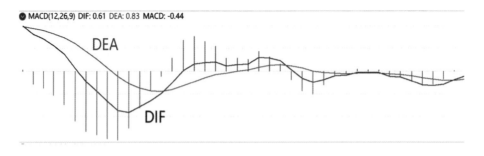

图 5-1　MACD 指标走势图

数据来源：中信证券交易系统。

DIF 是图中的黑线。DIF 是短期 12 日指数移动平均线与长期 26 日指数移动平均线的差值。由于 DIF 变动较为灵敏，因此又称其为快线。

DEA 是图 5-1 中的蓝线。DEA 是 M 日的平滑移动平均线。由于 DEA 变化较慢，因此又称其为慢线。

MACD 红柱线与绿柱线。红柱线与绿柱线的高低直接反应股价多空双方动能的强弱。如图 5-2 所示。

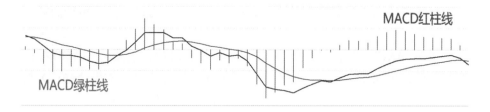

图 5-2　MACD 指标红绿柱线走势图

数据来源：中信证券交易系统。

零轴线是绿柱线与红柱线长出的地方。零轴线是表示 MACD 的多空分界线。DIFF 和 DEA 在零轴线之上为多头市场。在零轴线以下为空头市场。如图 5-3 所示。

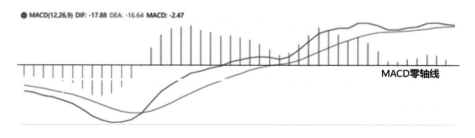

图 5-3　MACD 指标零轴图

数据来源：中信证券交易系统。

通常当红柱线柱状间隔时间越久，表示股价上涨力度可能越大；当绿柱线柱状维持时间越久，表示股价下跌空间和力度可能会越大。

## 2. MACD 指标优缺点

股票市场最常用的技术分析指标是 KDJ 指标与 MACD 指标。KDJ 指标是一种超前的短线指标，实战运用中多以短线操作为主。

而 MACD 指标是股票市场平均成本的离差值，MACD 指标通常能够反映股票市场中线的整体走势。

MACD 指标因为基本与市场价格同步运行，在实战中运用的准确性更高，可以避免出现假信号。

如果把短线 KDJ 指标与中线 MACD 指标结合起来判断，可以更准确地运用 KDJ 指标抓住短线买入与卖出股票的时机。同时运用 MACD 指标的特性所反映的中线趋势相结合，较好地研判股票市场中期、短期波动的机会。

虽然 MACD 指标对短线交易的提示性相对滞后，但如果 MACD 指标在股价低位出现金叉，表示股价在短期上涨的概率很高；如果 MACD 指标在股价高位出现死叉，则表示股价在短期下跌的概率很高。

## 2.1 M 头 W 底形态

MACD 指标的研判还可以从 MACD 指标形态来辅助研判股票行情。

当 MACD 的红柱线或绿柱线的形态构成双重顶底，例如 M 头、W 底、三重顶或底等形态时，投资者也可以按照形态理论的研判方法来分析研判。

## 2.2 顶背离和底背离

MACD 指标的背离是指 MACD 指标形态的走势与股价 K 线图的走势方向正好相反。MACD 指标的背离分为 MACD 指标顶背离和 MACD 指标底背离。

## 2.3 MACD 指标顶背离

所谓 MACD 指标顶背离是指当股价 K 线图上的股票走势一波比一波高，即股价持续向上涨，而 MACD 指标形态上的走势是一峰比一峰低，即当某个股股价的高点比前一次的高点高，而 MACD 指标的高点比指标的前一次高点低。

MACD 指标顶背离现象一般会出现在股价的高位，一旦在股价高位出现 MACD 指标顶背离表示股价即将出现反转的信号，表示股价短期内可能将要下跌，是卖出股票的止盈信号。如图 5-4 所示。

顶背离

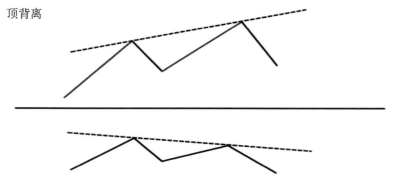

图 5-4　MACD 指标顶背离示意图

当 MACD 出现顶背离时，股价在高位一定会出现反转向下下跌。投资者一定不要抱有侥幸心理，应及时止盈离场。以某个股股价走势为例，当 MACD 在股价顶部区域出现一次顶背离，股价在高位区域出现反转，掉头向下下跌，如图 5-5 所示。

通常 MACD 顶背离一次有效，实践证明利用 MACD 顶背离形态去研判股价走势的准确率还是相当高的。如图 5-5 所示。

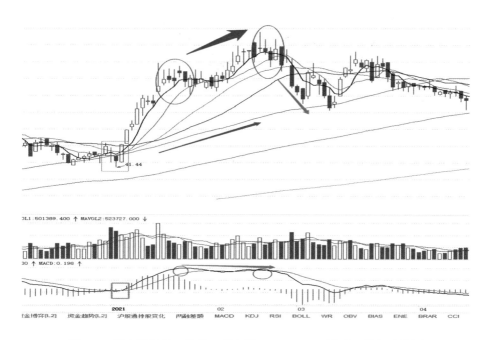

图 5-5　某个股股价、均线、成交量、MACD（顶背离）指标走势图

数据来源：东方财富。

## 2.4 MACD 指标底背离

所谓 MACD 指标底背离是指当股价 K 线图上的股票价格走势一底比一底低，股价处在持续下跌，而 MACD 指标形态的走势是后底比前底高，即股价的低点比前一次低点低，而 MACD 指标的低点却比前一次的低点高。通常 MACD 指标底背离的形态会出现在股价的低位区。如图 5-6 所示。

底背离

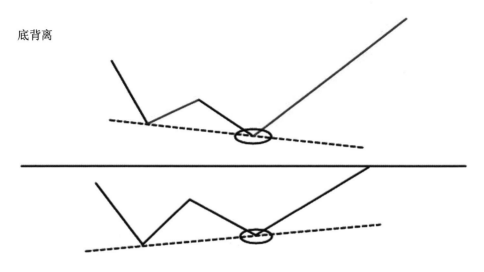

图 5-6　MACD 指标底背离示意图

如果 MACD 指标底背离现象出现，一般预示股价在低位可能出现反转向上升的走势，预示某个股短期内可能出现股价反弹向上，提示短期买入股票的信号。值得投资者注意的是 MACD 指标底背离需要多次验证方为有效。

以长城军工（601606）股价走势为例，MACD 指标在底部区域出现底背离，表示在低位区域的买入信号，该股股价后续持续上涨。如图 5-7 所示。

当 MACD 指标出现金叉，即 DIFF 线由下向上冲破 DEA 线，通常为买入股票信号。

当 MACD 指标出现死叉，即 DIFF 线由上向下跌破 DEA 线，通常为卖出股票信号。

图 5-7　长城军工（601606）、BOLL、成交量、MACD（底背离）指标走势图

数据来源：东方财富。

当 MACD 指标的绿柱转红柱，MACD 数值由负数转正数，表示股票市场由空头市场转为多头市场。

当 MACD 指标的红柱转绿柱，MACD 数值由正数转负数，表示股票市场由多头市场转为空头市场等。

在股市的实战应用中，投资者一定要记住 MACD 指标顶背离形态，该种形态一般会出现在强势行情中，股价高位反转的概率相当高，如果股价在高价位时一旦出现了 MACD 指标顶背离形态，应该择机选择出售股票止盈。

## 3. MACD 指标实战运用技巧解析

上证指数 MACD 指标出现死亡交叉。如图 5-8 所示。

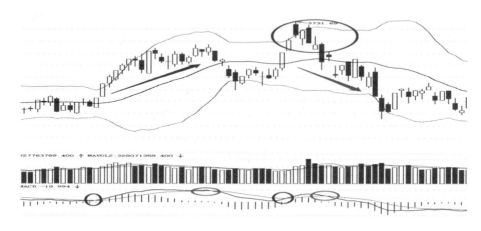

图 5-8　上证指数、BOLL、成交量、MACD 指标走势图

数据来源：东方财富。

MACD 指标在某个股走势中出现死亡交叉，股价呈现下跌走势。如图 5-9 所示。

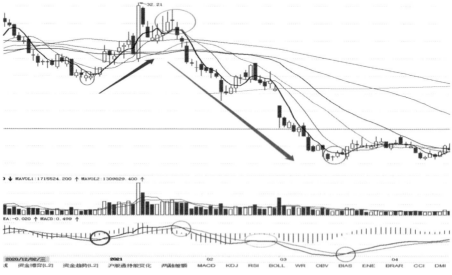

图 5-9　某个股股价、均线、成交量、MACD 指标走势图

数据来源：东方财富。

图 5-10 是京东方 MACD 指标顶背离实际走势图。

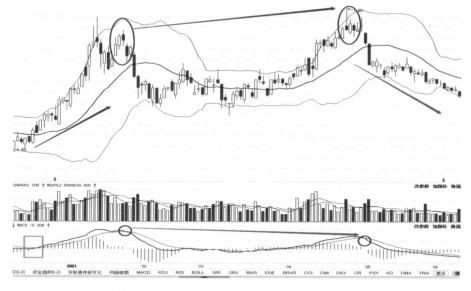

图 5-10　京东方 A（000725）股价、BOLL、成交量、MACD 指标走势图

数据来源：东方财富。

图 5-11 是达安基因指标实际走势图。

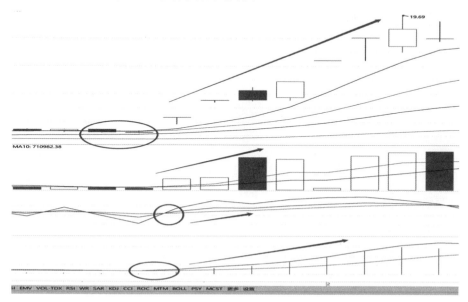

图 5-11　达安基因（0022030）股价、MACD、KDJ、成交量指标走势图

数据来源：东方财富。

投资者如能够很好地运用 MACD 指标所发出的买入和卖出信号辅助投资决策，将会给投资带来可观的投资收益。

## 4. MACD 指标实战秘诀

当 MACD 指标出现金叉，通常为买入股票信号。

当 MACD 指标出现死叉，通常为卖出股票信号。

当 MACD 指标的绿柱转红柱，MACD 数值由负数转正数，表示股票市场由空头市场转为多头市场。

当 MACD 指标的红柱转绿柱，MACD 数值由正数转负数，表示股票市场由多头市场转为空头市场等。

当 MACD 指标出现顶背离时，通常只要出现一次顶背离的形态，即可确认股价高位即将反转向下，而且 MACD 指标顶背离形态一次有效，投资者可以利用 MACD 指标的顶背离形态抓住顶部止盈机会。

当某个股股价处在低位时，通常 MACD 指标底背离需要反复出现多次后方能确认。因此，在实战运用中，MACD 指标顶背离研判的准确性要高于 MACD 指标底背离，建议投资者在使用该指标时要特别留意。

MACD 指标底背离需要配合其他指标相互验证使用更为有效。

# 第6章 利用 RSI 提升投资能力

相对强弱指数 RSI 是股市技术分析中常见指标之一，早期在期货交易中使用，后经发现该指标用于分析股票市场的投资效果也相当有效，并历经市场参与者对该指标的特点不断进行归纳、丰富与发展，相对强弱指数 RSI 现已成为广大股票投资者常用的技术分析指标之一。

## 1. 相对强弱指数 RSI 指标原理

相对强弱指数（Relative Strength Index）简称 RSI 指标。

相对强弱指数 RSI 是由韦尔斯·怀尔德（Welles Wilder）最早提出的用于判断股票价格内部本质强弱，研判股价未来运行方向的技术分析指标。

相对强弱指数 RSI 曾发表在美国《商品》（*Commodities*）杂志，现为《商品期货》（*Future*），并收录于同年推出的《技术交易系统新思路》（*New Concepts in Technical Trading Systems*）一书中。

在实战中，运用相对强弱指数 RSI 指标能够研判市场股价变动期间的景气度。如图 6-1 所示。

图 6-1 相对强弱 RSI 指标走势图

数据来源：东方财富。

## 1.1 **相对强弱指数** RSI **指标取值**

通常相对强弱 RSI 指标的变动范围在 0—100 之间，投资者需要注意的是，当股市强弱指数值分布在 20—80 时，相对强弱 RSI 指标的有效性不强。

当相对强弱 RSI 指标数值为 80—100 时，表示市场极强，提示卖出股票信号。

当相对强弱 RSI 指标数值为 50—80 时，表示市场强，提示买入股票信号。

当相对强弱 RSI 指标数值为 20—50 时，表示市场弱，提示观望信号。

当相对强弱 RSI 指标数值为 0—20 时，表示市场极弱，提示买入股票信号。

在相对强弱 RSI 指标的各种研判方法中，运用相对强弱 RSI 指标与股价的背离形态来判断行情最为可靠。如图 6-2 所示。

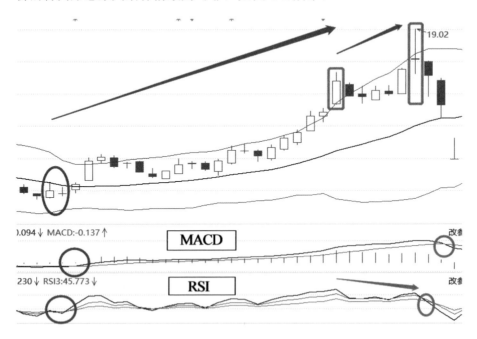

图 6-2　某个股股价走势图

数据来源：东方财富。

## 1.2  **相对强弱指数** RSI **指标长期线与短期线**

1．当长期相对强弱 RSI 指标强于短期相对强弱 RSI 指标时，表示市场处于多头状态。

2．当短期相对强弱 RSI 指标弱于长期相对强弱 RSI 指标时，表示市场处于空头状态。

3．当短期相对强弱 RSI 指标线在股价低位向上穿越长期强弱 RSI 指标线，表示买入股票信号。

4．当短期相对强弱 RSI 指标线在高位向下跌穿长期强弱 RSI 指标线，表示卖出股票信号。

## 1.3  **相对强弱指数** RSI **指标应用中的优点**

1．相对强弱 RSI 指标的图形形态常领先于股价，通常比股价提前出现到达股价的高峰和低谷的特征，因此，相对强弱 RSI 指标被视为股价变动的先行指标。

2．相对强弱 RSI 指标的波动幅度不会超越 100 或跌破 0 而出现负数的情形。

3．当相对强弱 RSI 指标形态走势与某个股股价走势出现背离现象时，通常表示股价将出现反转信号。

4．相对强弱 RSI 指标出现的形态可能有：三角形、头肩顶（底）形、W 底形、M 头形等，有经验的投资者根据形态的变化容易研判买入与卖出的时点。

## 1.4  **实战运用中相对强弱指数** RSI **指标应用中的不足**

1．尽管相对强弱 RSI 指标在实战运用中有许多优点，但当股价出现单边上涨或者下跌行情时，特别是在市场出现暴跌或暴涨的行情中，会出现该指标的钝化现象，容易造成投资者买卖决策的误判行为。

2．相对于其他技术指标的顶背离而言，相对强弱 RSI 指标顶背离形态常常出现相对滞后，对于及时提示股价反转信号不是特别灵敏。

3．相对强弱 RSI 指标，对于投资者的买入和卖出行为不能直接给予明确的提示信号。

4．相对强弱 RSI 指标设置参数十分关键，建议投资者不要轻易改变实战中有效果的参数设置，否则容易出现误导信息，其结果千差万别。

5．相对强弱 RSI 指标属于比率类的指标，对于研判股价趋势性的走势略显不足。

6. 当相对强弱 RSI 指标出现钝化现象时，建议投资者应配合其他指标加以研判。

7. 相对强弱 RSI 指标值以 50 为分界线，大于 50 表示市场开始处于相对强势位置，低于 50 表示市场处于相对弱势位置。

## 2. 相对强弱指数 RSI 指标实战运用技巧解析

1. 相对强弱 RSI 指标数值顶点 70 及底点 20 通常表示超买和超卖信号。

短期相对强弱 RSI 指标数值在 20 以下，短期相对强弱 RSI 指标曲线由下向上交叉长期相对强弱 RSI 指标曲线时，表示买入信号。如图 6-3 所示。

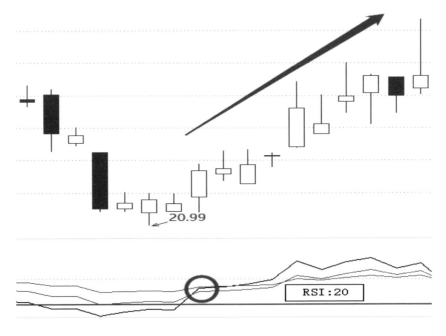

图 6-3　北斗星通（002151）走势图

数据来源：东方财富。

短期出现相对强弱 RSI 指标数值在 70 以上，短期 RSI 曲线由上向下交叉长期相对强弱 RSI 指标值时，表示卖出股票信号。如图 6-4 所示。

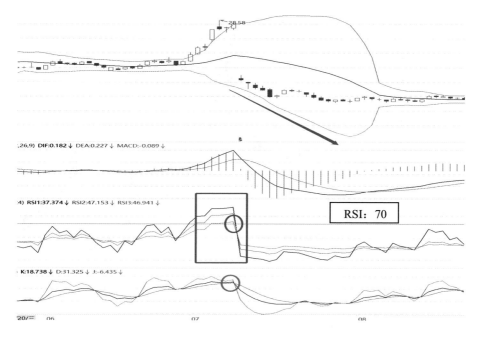

图 6-4  某个股股价走势图

数据来源：东方财富。

2. 相对强弱指数 RSI 指标的背离也分为顶背离和底背离，当相对强弱指数 RSI 指标形态出现背离时候，表示股价将会出现反转信号。

## 2.1  相对强弱指数 RSI 指标顶背离

所谓的顶背离，就是指当股价处在高位区域时，在股价不断升高的过程中，股价走势一顶比一顶高。相对强弱 RSI 指标则出现走势一顶比一顶低，这就是典型的相对强弱 RSI 指标的顶背离。如果在高位出现相对强弱 RSI 指标的顶背离，表明股价已处在高位区域，随时可能会出现股价的反转。

在实战当中，投资者应关注相对强弱 RSI 指标数值在 80 以上出现顶背离，一定要小心，股价大概率会出现高位向下的情形，建议投资者可以择时出售股票止盈。

例如，北斗星通（002151）的股价走势，在高位出现了相对强弱 RSI 指标的顶背离，从图 6-5 中可以看出，其股价走势一顶比一顶高，而相对强弱 RSI 指标一顶比一顶低，形成了相对强弱 RSI 指标的顶背离，北斗星通的行情由高位出现了反转下跌走势。如图 6-5 所示。

图 6-5　北斗星通（002151）股价走势图

数据来源：东方财富。

## 2.2　相对强弱指数 RSI 指标底背离

所谓的相对强弱 RSI 指标的底背离是指某个股的股价由高位向下跌到底部区域并逐步探底，股价出现一底比一底低，而相对强弱 RSI 指标的走势则是一底比一底高，表示该个股已接近了底部区域，随时可能出现反转向上的走势，建议投资者可以考虑底部区域择机进行建仓。

1. 当股价处在低位区域时，并且相对强弱 RSI 指标出现底背离，从实战经验来看，一次底背离未必一定能准确判断股价向上反转，通常需要多次底背离才有可能确认其效果，建议投资者可根据其他技术指标搭配使用，捕捉投资时机。

2. 从图 6-6 中可以看出，相对强弱 RSI 指标出现底背离，即股价走势与相对强弱 RSI 指标走势形成背离形态，在相对强弱 RSI 指标出现了底背离的情况下，股价出现了反转向上的走势。

图 6-6　RSI 指标的底背离走势图

数据来源：东方财富。

通常情况下，相对强弱 RSI 指标的背离形态中，相对强弱 RSI 指标的顶背离对股价研判的准确度远高于相对强弱 RSI 指标的底背离。

相对强弱 RSI 指标需与其他指标配合使用，最好不要单独使用。

3. 当相对强弱 RSI 指标 12 日曲线在 50 数值附近上穿相对强弱 RSI 指标 72 日曲线并形成金叉时，预示着某个股多空双方博弈，多方占据主导地位，后期看多。

如果能够配合成交量的带量上涨，这种信号更加可靠，建议投资者可以择机布局。

4. 当相对强弱 RSI 指标 12 日曲线与相对强弱 RSI 指标 72 日曲线在数值 60 上方盘整较长时间，在久盘之下如果相对强弱 RSI 指标 12 日曲线向下跌穿相对强弱 RSI 指标 72 日曲线形成死叉，代表买方力量衰减，股价可能会出现向下调整，这就提示市场短线可能需要止盈。

在实战中特别要关注某些前期涨幅过大的个股，一旦出现高位相对强弱 RSI 指标的死叉，这是较明显的卖出股票的信号。

5. 当相对强弱 RSI 指标 12 日曲线与相对强弱 RSI 指标 72 日曲线数值从高位回跌至 50 左右时，如果出现相对强弱 RSI 指标 12 日曲线向下穿出相对强弱 RSI 指标 72 日曲线时，表示买方力量不足，预示股价将可能出现向下调整。如图 6-7 所示。

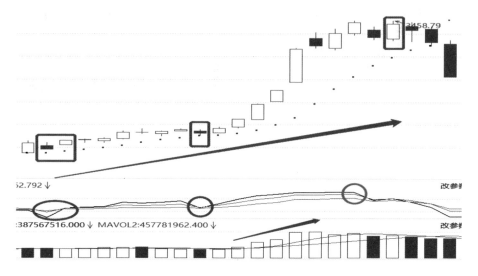

图 6-7　上证综合指数走势图和相对强弱 RSI 指标的走势图
数据来源：东方财富。

## 3. 相对强弱指数 RSI 指标实战秘诀

相对强弱 RSI 指标的变动范围在 0—100 之间，当股市强弱指数值分布在 20—80 时，该指标并不绝对可靠；但当相对强弱 RSI 指数值在 80—100 极强时和相对强弱 RSI 指数值在 0—20 极弱时，该指标发出的卖出信号和买入信号相对是可信的。

当股价在底部和顶部时，相对强弱 RSI 指标都非常灵敏地捕捉到买入股票和卖出股票的信号。实证表明，投资者能巧用相对强弱 RSI 指标并综合运用其他股票技术分析指标，能够助力提升投资能力。

当股价在高位出现相对强弱 RSI 指标顶背离时，预示股价见顶的可能性较大。投资者应该利用该指标在高位实现止盈操作。

当股价在低位出现相对强弱 RSI 指标的底背离时，通常相对强弱 RSI 指标的底背离一次判断股价是否会反转其有效性不强，一般要反复多次出现相对强弱 RSI 指标的底背离方可确认，建议投资者还应配合其他技术分析指标加以研判。

# 第7章　利用 ROC 弱市中捕捉牛股

变动率 ROC 指标是一种重点研究股价变动动力大小的中短期技术分析指标。

该指标综合了 CCI 指标、相对强弱 RSI 指标、威廉 WR 指标、随机指数 KDJ 指标等特点，同时在正常市场情形与极端市场行情下捕获投资机会。

变动率 ROC 指标也是股票投资技术分析中最常用的技术分析指标之一。

变动率 ROC 指标是一种能量类型的中短线股票技术分析指标。

## 1. 变动率 ROC 指标原理

变动率 ROC（Rate of Change）指标是以交易当日的收盘价与其 N 日前收盘价进行比较，采用比率的方式呈现出来。

变动率 ROC 指标是由杰拉尔德·阿佩尔和福雷德·海期尔（Gerald Apple & Fred Hitschler）两人在《股票交易系统》（Stock Market Trading Systems）一书中提出的。

变动率 ROC 指标通过股价的移动比较来衡量价位的动量，判断多空双方力量的强弱，据此分析股票价格走势和股价的转势时机。

变动率 ROC 指标是股票市场技术分析指标中的反趋势指标之一。

变动率 ROC 指标是以 0 线为基准，当变动率 ROC 指标跌至 0 线以下，代表卖方力量强劲，提示的是卖出股票的信号，建议投资者应关注股价的后期走势。如图 7-1 所示。

变动率 ROC 指标可以用于捕获常态下和非常态下的极端行情机会。

变动率 ROC 指标是以 0 线为基准，理论上可以上升至无穷大，也可以下降至无穷小。

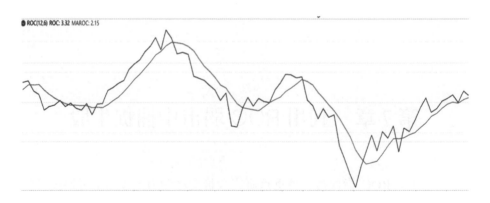

图 7-1　ROC 线走势图

数据来源：中信证券交易系统。

变动率 ROC 指标具备领先于股价的独有特证。

当变动率 ROC 指标自上而下跌穿 0 线，代表是卖出股票的信号。如图 7-2 所示。

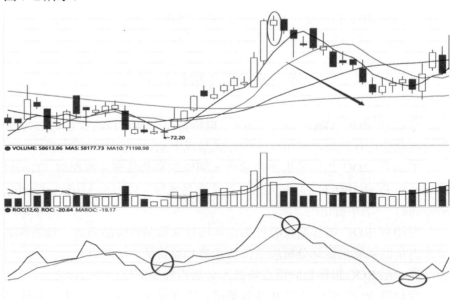

图 7-2　某个股股价走势图

数据来源：中信证券交易系统。

当变动率 ROC 指标从下往上穿越 0 线，代表是买入股票的信号。如图 7-3 所示。

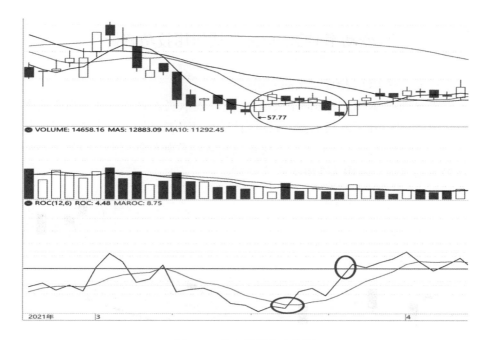

图 7-3 某个股股价走势图

数据来源：中信证券交易系统。

变动率 ROC 指标应用法则：

1．特别是在趋势性市场形成的时候，当变动率 ROC 指标自上而下交叉 0 线时，表示沽出股票的信号；当变动率 ROC 指标由下往上突破 0 线时，表示买入股票信号。

2．在箱形整理行情的时候，当变动率 ROC 指标曲线由上往下击穿 MAROC 曲线时，表示沽出股票的信号；反之，当变动率 ROC 指标曲线由下往上穿过 MAROC 曲线时，表示买入股票的信号。

3．变动率 ROC 指标与股价出现背离形态，分为变动率 ROC 指标的顶背离和变动率 ROC 指标的底背离。

当股价处在高位区域时，变动率 ROC 指标的形态出现顶背离，表示股价在高位大概率会出现反转向下信号，建议投资者可据此实现高位止盈操作。

当股价在持续下跌调整过程中出现止跌探底时，往往会出现多次变动率 ROC 指标的底背离现象。如果在低位区域出现变动率 ROC 指标底背离，投资者可以根据多次底背离配合其他指标综合运用，择机买入股票。

## 2. 变动率 ROC 指标实战运用技巧解析

1. 变动率 ROC 指标交叉的应用技巧。

当变动率 ROC 指标向上突破 0 线，表示买入股票信号。当变动率 ROC 指标曲线升至 0 线上方，表示当日的收市价超过了 12 个交易日的收市价，往往股价有上升的可能，建议投资者注意观察并配合其他技术指标择机买入股票。如图 7-4 所示。

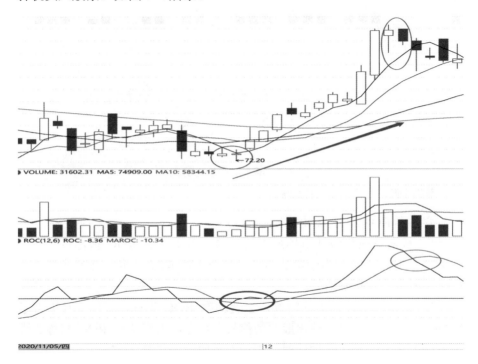

图 7-4　某个股股价走势图

数据来源：中信证券交易系统。

当变动率 ROC 指标曲线与 ROCMA 曲线均小于 0 线时，变动率 ROC 指标同时快速上穿 ROCMA 曲线，并且 ROCMA 同时也处于缓慢上升中，变动率 ROC 指标曲线与 ROCMA 曲线形成低位金叉，表示短线买入股票信号。

2. 变动率 ROC 指标排列的应用技巧。

变动率 ROC 指标曲线和 ROCMA 曲线的形态走势排列分为多头排列和空头排列。

如果变动率 ROC 指标曲线和 ROCMA 曲线处于多头排列，表明股价正运行在上升的通道中，如果能够配合成交量的温和放大，预示股价后续会有继续上升的动力。如图 7-5 所示。

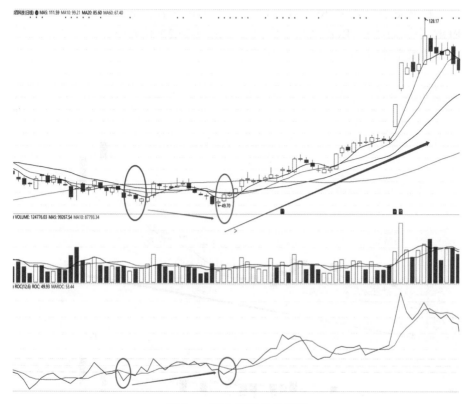

图 7-5　某个股股价走势图

数据来源：中信证券交易系统。

如果变动率 ROC 指标曲线和 ROCMA 曲线处于空头排列，表明股价正运行在下降的通道中，预示股价后续会有继续下跌的可能。

3．变动率 ROC 指标聚散的应用技巧。

根据变动率 ROC 指标曲线和 ROCMA 曲线的黏合和发散形态来研判股价的上涨或下跌的力度。

当变动率 ROC 指标曲线和 ROCMA 曲线的黏合时间越久，且其发散时所产生的爆发力就越猛烈，要么如火箭发射飞天要么如水流直下，容易给投资者带来快速的短线收益或产生相当大的投资风险。

4．变动率 ROC 指标曲线与 ROCMA 曲线低位金叉，表示买入股票信号。

当变动率 ROC 指标曲线跌至-10 或者更低的时候，变动率 ROC 指标曲线自下而上穿过 ROCMA 曲线出现金叉，则表示买入的信号，通常投资者可以抓住一波股价涨幅的机会。

特别是当变动率 ROC 指标曲线跌至-10 或者更低的时候，且变动率 ROC 指标曲线与 ROCMA 曲线的金叉出现在-20 位置时，则该买入点的可靠性概率非常高。如图 7-6 所示。

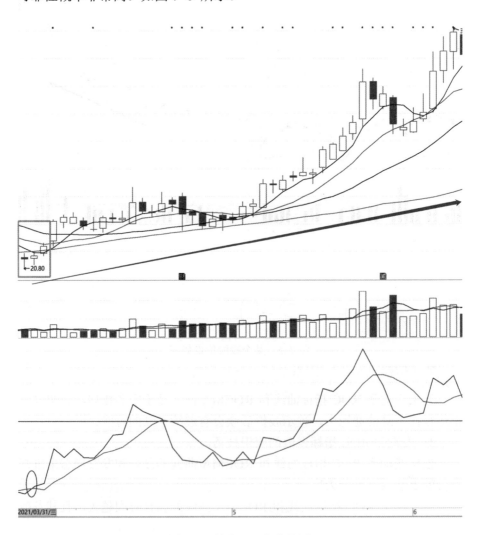

图 7-6  某个股股价走势图

数据来源：中信证券交易系统。

5．当变动率 ROC 指标曲线向下跌破 0 线，表示卖出股票的信号。表明股价走势将进一步转弱，建议投资者应适时沽出股票止盈。但当股价在 0 线附近处于窄幅横盘整理时，表示该卖点无效。如图 7-7 所示。

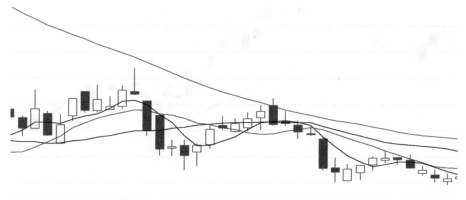

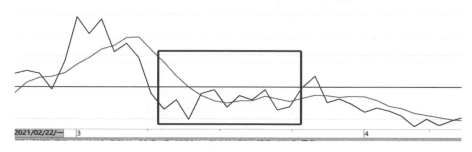

图 7-7　某个股股价走势图

数据来源：中信证券交易系统。

6．变动率 ROC 指标曲线和 ROCMA 曲线高位出现死叉，表示发出明显卖出股票信号。

当变动率 ROC 指标曲线指标升到 20，甚至更高的时候，表示股价短期内涨幅较大，股价随时可能出现高位回调，特别是当变动率 ROC 指标曲线和 ROCMA 曲线在高位出现死叉时，表示卖出股票信号，建议投资者需保持高度谨慎，应及时获利止盈。如图 7-8 所示。

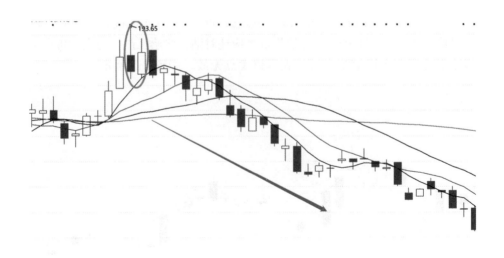

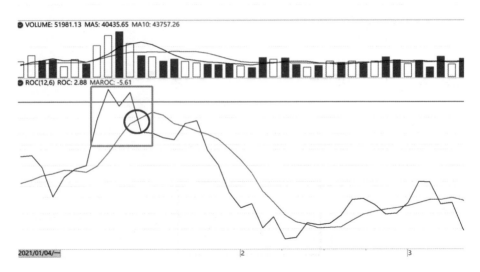

图 7-8　某个股股价走势图

数据来源：中信证券交易系统。

## 2.1 变动率 ROC 指标顶背离应用技巧

当变动率 ROC 指标曲线在股价顶部出现变动率 ROC 指标的顶背离时，表示股价可能会出现高位反转下跌，建议投资者应利用该形态在高位实现止盈操作，落袋为安，切勿因过分贪婪而错失止盈良机。

通常变动率 ROC 指标曲线的顶背离一旦出现，股票下跌的可能性是非常高的，不可不采取措施。如图 7-9 所示。

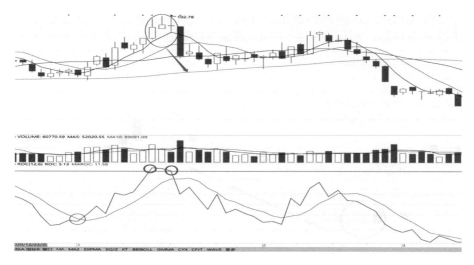

图 7-9　某个股变动率 ROC 指标顶背离及股价走势图

数据来源：中信证券交易系统

## 2.2 **变动率 ROC 指标底背离应用技巧**

当变动率 ROC 指标底背离时，如果同时配合 KDJ 指标在股价的底部区域出现 KDJ 指标的金叉，提示投资者可以择机进行买入布局，比较容易寻找到个股低位区域的买点。如图 7-10 所示。

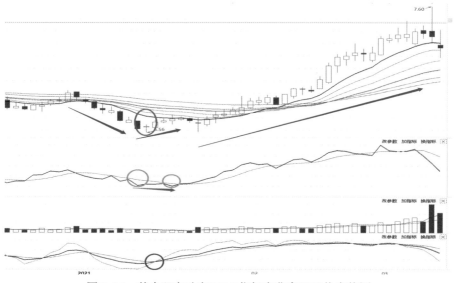

图 7-10　某个股变动率 ROC 指标底背离及股价走势图

数据来源：东方财富。

投资者喜欢在股票的弱市中寻找牛股，通常牛股也是短线投资者狙击的重要目标。利用变动率 ROC 指标就能够在弱市中寻找到牛股的机会。如图 7-11 所示。

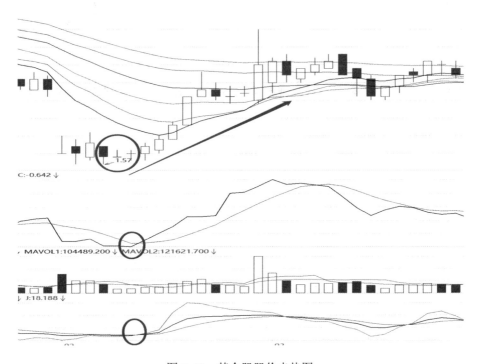

图 7-11　某个股股价走势图

数据来源：东方财富。

变动率 ROC 指标配合随机指数 KDJ 指标、K 线形态、瀑布线 PBX 指标等能够捕捉到个股的低位反转机会，详见图 7-11 所示。投资者可以利用变动率 ROC 指标非常高的实战价值提升投资效率。

## 3. 变动率 ROC 指标实战秘诀

变动率 ROC 指标有领先于股价的特征。变动率 ROC 指标的变化超前于股价的变化，由于变动率 ROC 指标的独有特点，变动率 ROC 指标曲线的变化总是领先于股价的变化，有时变动率 ROC 指标曲线比股价变化提前上涨或下跌。

当变动率 ROC 指标由上往下跌穿 0 线时，表示沽出股票信号，建议投资者应在高位止盈；当股价在 0 线附近处于窄幅横盘整理时，表示该卖点无效。

当变动率 ROC 指标由下往上突破 0 线时，表示为买入股票信号。

如果变动率 ROC 指标曲线和 ROCMA 曲线处于多头排列，表明股价正运行在上升的通道中，如果能够配合成交量的温和放大，预示股价后续会有继续上升的动力。

如果变动率 ROC 指标曲线和 ROCMA 曲线处于空头排列，表明股价正运行在下降的通道中，预示股价会有继续下跌的可能。

当变动率 ROC 指标曲线跌至-10 或者更低的时候，变动率 ROC 指标曲线自下而上穿过 ROCMA 曲线出现金叉，表示买入信号，通常投资者可以抓住一波股价涨幅的机会。

当变动率 ROC 指标曲线指标升到 20，甚至更高的时候，表示股价短期内涨幅较大，股价随时可能出现高位回调。特别是当变动率 ROC 指标曲线和 ROCMA 曲线在高位出现死叉时，表示卖出股票信号，建议投资者需保持高度谨慎，应及时获利止盈。

利用变动率 ROC 指标能够成功捕捉到牛股的底部的机会。变动率 ROC 指标形态背离通常也分为变动率 ROC 指标顶背离和变动率 ROC 指标底背离形态。

当变动率 ROC 指标在高位出现顶背离时，建议投资者可利用该指标并配合其他技术分析指标综合运用可成功逃顶实现止盈。

当变动率 ROC 指标底背离同时配合 KDJ 指标在股价的底部出现金叉，提示可以择机进行买入布局，比较容易寻找到个股低位区域的买点。

# 第 8 章　瀑布线成功捕捉波段行情

20 世纪 90 年代初，瀑布线 PBX 指标起源于欧美国家。瀑布线 PBX 指标广泛应用于股票市场中，它是判断股价趋势的主要技术分析方法。由于瀑布线 PBX 指标的形态呈瀑布状，人们给它起了瀑布线这个中文名。

瀑布线 PBX 指标是一种趋势型的移动平均线。

瀑布线 PBX 指标通常不会随意发出买卖股票的信号，但是如果瀑布线 PBX 指标发出了买入或卖出股票的信号，建议投资者应充分利用其有效性助力投资取得好的投资收益。

## 1. 瀑布线 PBX 指标原理

瀑布线 PBX 指标是由 6 条非线性加权移动平均线组合而成，名称应是非线性加权移动平均线。每条平均线分别代表着不同交易期间的股价成本状态，其形态走势直观，因此，便于大家进行对比分析。如图 8-1 所示。

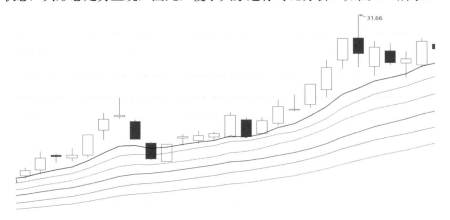

图 8-1　某个股瀑布线走势图

数据来源：东方财富。

与其他短线指标不同，瀑布线 PBX 指标是一种股票中线技术分析指标。投资者一般用该指标来研判股价的中期走势，它与普通的均线指标相比，具备发出信号反应快的特点，并且能够明确提示买入或卖出的时点。

## 1.1 瀑布线 PBX 指标的优点

瀑布线 PBX 指标不会频繁发出买卖股票的信号。通常瀑布线 PBX 指标发出的买卖信号并不多，一旦发出了买入或卖出股票的信号，其有效性值得投资者重视。

特别是在市场出现明显趋势的行情中，瀑布线 PBX 指标能发出明确的买入或卖点股票的信号。如果运用得当，是投资者把握股票波段行情的法宝。瀑布线 PBX 指标不仅适用于平衡市的运作，更适合抓住股市上升趋势的机会。

## 1.2 瀑布线 PBX 指标应用法则

1. 利用瀑布线 PBX 指标捕捉股价反转买入信号。当瀑布线 PBX 指标呈现空头排列，瀑布线处于向下发散状态，股价位于瀑布线 PBX 指标之下时，如果瀑布线 PBX 指标形态开始转向走平运行，且有成交量的配合，表示股价止跌企稳，之后股价可能会快速向上运行，投资者需要关注瀑布线 PBX 指标形态是否扭转形成多头排列趋势，如果是则建议投资者可择机上车。

2. 利用瀑布线 PBX 指标发出的持股待涨信号。当利用瀑布线 PBX 指标由低位汇聚开始向上发散，且股价运行在瀑布线之上时，投资者应坚定持股待涨。

3. 利用瀑布线 PBX 指标发出止盈信号。当瀑布线 PBX 指标形态呈现多头排列，瀑布线处于向上发散，股价位于瀑布线 PBX 指标之上运行了一段时间，如果瀑布线 PBX 指标出现由升转平，表示股价上涨的动力不足，预示股价难以持续维持上升趋势，且无须成交量配合的情况下，投资者需要密切关注瀑布线 PBX 指标形态的趋势反转，建议投资者应采取股价高位实现止盈的策略。

4. 利用瀑布线 PBX 指标发出持币观望信号。当瀑布线 PBX 指标形态在股价高价区由高位汇聚开始向下发散，形成瀑布线 PBX 指标形态空头排列时，建议投资者应采用持币观望的策略。

## 2. 瀑布线 PBX 实战运用技巧解析

1. 当股价 K 线穿越瀑布线 PBX 指标线，且收市价在瀑布线 PBX 指标线之外，投资者可以顺势买入股票。如图 8-2 所示。

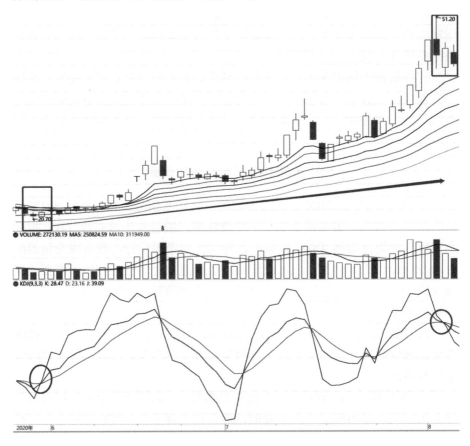

图 8-2 某个股股价走势图

数据来源：中信证券交易系统。

在股市的实用战法中，运用瀑布线 PBX 指标可以捕捉到股票的趋势性机会。

2. 当股价出现多空转换时，瀑布线 PBX 指标的金叉或死叉可能会比较明显，但由于该指标的滞后性，其可操作性并不强。

3. 瀑布线 PBX 指标在股票单边行情中具有出众的表现，特别是当瀑布线 PBX 指标的 6 根均线呈现多头排列时，预示着股价将要出现上升趋势，建议投资者应逢低建仓，分享一波趋势性上涨行情。如图 8-3 所示。

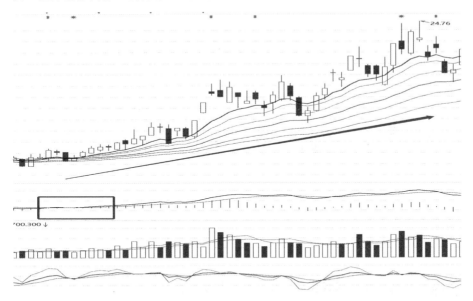

图 8-3 某个股股价走势图

数据来源：东方财富。

4．当瀑布线 PBX 指标形态出现空头排列时，可逢高止盈。如图 8-4 所示。

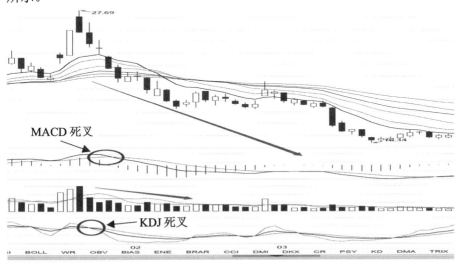

图 8-4 某个股股价走势图

数据来源：东方财富。

5. 当瀑布线 PBX 指标出现横盘震荡整理行情时，多线黏合在一起，表示瀑布线 PBX 指标失效。通常无论是出现金叉还是死叉，提示的信号都不明显，建议投资者可放弃运用该指标，应切换其他技术指标进行研判。如图 8-5 所示，改用随机指数 KDJ 指标提示短期的买卖信号。

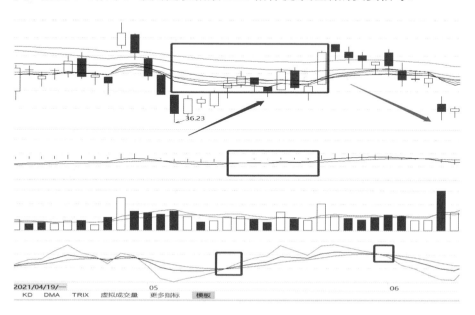

图 8-5　某个股股价走势图

数据来源：东方财富。

投资成功的关键在于执行交易纪律。但是交易纪律执行难的根本原因是人性的贪婪与恐惧。贪婪与恐惧就像是天平的两极，如果能够很好地处理，投资已经成功了一半。交易纪律的执行会极大束缚人性对自由的向往，随心所欲是人性之本能。任何的束缚都将会造成自然的排斥，因此，多数投资者不会欢迎被纪律的约束。投资者想要获得投资收益就必须克服内心的贪婪与恐惧。

## 3.瀑布线 PBX 指标实战秘诀

瀑布线 PBX 指标最主要的作用在于客观准确地反映股价走势的大趋势，通常股市会有三种运行大趋势，即上升趋势、下跌趋势、横盘整理趋势。

当股价处于上升途中，瀑布线 PBX 指标会呈现多头排列，当股价经过较长时间大幅上涨后，若股价上涨走势出现见顶信号，瀑布线 PBX 指标会由原来的多头排列转变为横盘缠绕形态，随后瀑布线 PBX 指标在高位区由横盘缠绕形态逐渐转为空头形态，表示趋势出现反转，投资者应把握中长线止盈离场的时机。

当股价 K 线穿越瀑布线 PBX 指标线，且收市价在瀑布线 PBX 指标线之外，投资者可以顺势买入股票。

当瀑布线 PBX 指标出现横盘震荡整理行情时，瀑布线 PBX 指标会呈现相互缠绕的形态，多线黏合在一起，表示瀑布线 PBX 指标失效，预示股价趋势运行方向并不明确，投资者可以选择其他技术分析指标进行研判。

当股价处在下跌过程中，瀑布线 PBX 指标呈现向下发散的空头排列形态，表示股价下跌的趋势已经形成。投资者切勿盲目抄底，避免抄底抄在半山腰，静待股价企稳后再出手不迟。

由于瀑布线 PBX 指标是一种中线技术分析指标，通常用来研究股价的中期趋势走势行情。由于瀑布线 PBX 指标具有简单易用，发出的买卖信号明确，并能够直观有效地把握股市大盘与个股的运行趋势等特点，深受广大投资者的喜爱。

# 第 9 章　BBI 有效研判市场强弱

　　多空 BBI 指标是一种建立在均线基础上的趋势类指标。它对移动平均线进行了有效的改良，即用加权平均方法计算出一条移动平均线的综合技术分析指标。

　　由于多空 BBI 指标能够解决中短期移动平均线期间长短合理性的不足，所以多空 BBI 指标是投资者研判市场强弱趋势的重要指标之一，多空 BBI 指标运用起来非常简单且实用，也是股市技术分析中的常用指标。

## 1. 多空 BBI 指标原理

　　多空 BBI（Bull and Bear Index，BBI）指标走势如图 9-1 所示。

　　移动平均线是一种反映市场平均持仓变化情况的很好的指标。但是关于移动平均线取值周期的问题，投资者往往对此存在不少分歧。若移动平均线取值周期过短，则均线很容易受到股价短期波动的干扰，使多空 BBI 指标容易发出错误买卖信号；反之，若移动平均线周期取值过长，均线往往滞后，难以及时反映股票价格变化的趋势。

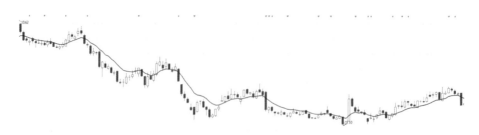

图 9-1　BBI 指标走势图

数据来源：东方财富。

多空 BBI 指标线是由一条比较直观平均线构成，尽管只有一条移动平均线，但它的应用效果可是不错。

多年以来，理论界由于没有一条公认的应用法则，争论最多的是中短期的移动平均线究竟采用多少个交易日更为合理，而多空 BBI 指标则通过将不同天数的多条移动平均线加权平均的方法解决了这个有争论的问题，多空 BBI 指标应运而生。

多空 BBI 指标代表了股市中多空双方实力的分水岭，是投资者研判市场强弱的重要指标之一。

### 1.1　**多空** BBI **指标应用法则**

1. 当股价处在高价区运行时，如果收盘价向下跌穿多空 BBI 指标线时，表示卖出股票的信号。

2. 当股价处在低价区运行时，如果收盘价向上穿越多空 BBI 指标线时，表示买入股票的信号。

3. 当股价处在多空 BBI 指标线上方时，表示买方力量强劲，建议投资者可以继续持股待涨。

4 当股价处在多空 BBI 指标线下方时，表示卖方力量强劲，建议投资者先以观望为主，不要急于买入股票。

### 1.2　**多空** BBI **指标形态应用**

1. 当股价长时间位于多空 BBI 指标上方运行时，且呈现股价重心逐渐上移的走势，此时多空 BBI 指标也出现上扬形态，这通常表示股价处于上升趋势的信号。

2. 当股价长时间位于多空 BBI 指标下方运行时，且呈现股价重心逐渐下移的趋势，此时多空 BBI 指标也呈现下降的形态，这通常表示股价处于下跌趋势的信号。

3. 多空 BBI 指标可以视为一条反映多空力量博弈均衡的曲线。当股价处于多空 BBI 指标上方运行时，代表买方力量强劲；反之，当股价处于多空 BBI 指标下方运行时，代表卖方力量较强。

### 1.3　**多空** BBI **指标应用的优缺点**

投资者明白多空 BBI 指标是综合不同时间段的移动平均线的具体计算原理之后，投资者自然了解使用多空 BBI 指标来预判股票市场多空是非常实用和有效的指标，对长线运作的投资者来说，多空 BBI 指标能够更好地帮助投资者分析股价趋势性机会。

投资者通常运用多空 BBI 指标线主要是为了研判中级以上趋势行情。多空 BBI 指标既吸收了短期移动平均线的灵敏、快速和可以及时反映股价当时运行情况的优点，同时又摒弃了它过于频繁波动，且容易受到干扰的缺点。

对于很多投资新人来说，多空 BBI 指标的应用不仅特别简单，而且特别有效。

当股价运行在多空 BBI 指标线的上方时，表示股市正处于买方的趋势；相反，当股价运行在多空 BBI 指标线的下方时，表示股市是处于卖方的趋势。投资者使用多空 BBI 指标可以轻松研判股市的多空趋势。在实战中应用多空 BBI 指标分析周 K 线时，应用的效果更佳。

尽管多空 BBI 指标对移动平均线 MA 进行了改进，但仍然具有某些类似于移动平均线 MA 的不足：

1. 多空 BBI 指标发出的信号存在一定的滞后性，有时股价已接近短期顶部时，多空 BBI 指标才发出现买入股票的信号；股价已接近短期底部时，多空 BBI 指标才发出现卖出股票的信号。

2. 多空 BBI 指标还存在频发信号现象，特别是在市场出现趋势不清晰时，这种现象显得更为严重。

3. 在移动平均线 MA 指标中，设置了短、中、长期多条平均线，并且同时应用，相互比对与验证，能够有效地弥补单一平均线的某些缺陷。由于多空 BBI 指标只设置了一条平均线，仅对短期多空双方博弈起到分水岭作用。

## 2. 多空 BBI 指标实战运用技巧解析

1. 当某个股前期出现了较长时间且累计升幅较大的上涨时，股价处于高位区域，多空 BBI 指标线的形态由上向下，股价的收市价位移 BBI 指标线下方运行，预示着股价上升趋势已经见顶，表示多方力量衰竭，空方力量转强的信号。股价下跌趋势可能即将展开，建议投资者中长线应离场的信号。

2. 当某个股前期出现长时间且累计幅度巨大的下跌，此时股价处于深度下探后的低位区域。多空 BBI 指标线由原有的下降形态转而开始走平，且连续 3 日的收市价位于多空 BBI 指标线上方，预示着股价下跌趋势已经见底，表示空方力量衰竭，多方力量转强的信号。股价上涨趋势有可能即将展开，通常是中长线入场买入股票的信号。如图 9-2 所示。

图 9-2　某个股股价、BBI 指标、KDJ 指标走势图

数据来源：东方财富。

3．当某个股处于上升初期或上升途中时，多空 BBI 指标线处于稳步上升形态中时，如果某个股在短期内股价出现快速下跌，使得其向下远离多空 BBI 指标曲线，通常表示当市场出现回调时的买入信号。

4．当某个股处于下跌初期或下跌途中时，多空 BBI 指标线处于稳步下降形态中时，若股价在短期内出现快速反弹，使得其向上远离 BBI 曲线，通常表示反弹时短期卖出止盈信号。

5．当股价处在多空 BBI 指标上方时，该股处在多头行情中；相反，股价处在多空 BBI 指标下方时，表示该股为空头市场。如图 9-3 所示。

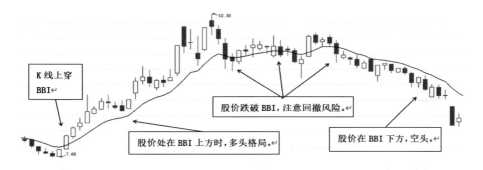

图 9-3　BBI 指标走势图

数据来源：东方财富。

6. 如果股价从多空 BBI 指标下方向上运行，并且上穿多空 BBI 指标线，表示股价发出了建仓确认信号，建议先观察，如果连续几个交易日股价仍然站稳在多空 BBI 指标上方，建议尽可能在股价回撤到多空 BBI 指标线附近的时候考虑择机买入股票。如图 9-4 所示。

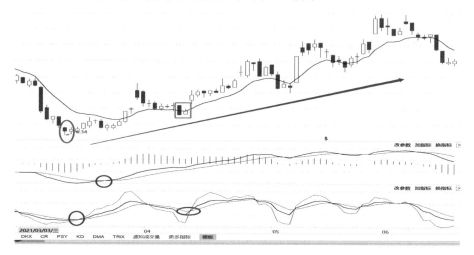

图 9-4　某个股股价、BBI 指标、KDJ 指标走势图

数据来源：东方财富。

7. 当股价在上穿多空 BBI 指标线之后，如果成交量突然放大并拉升股价，一旦次日成交量不能跟上，甚至萎缩，那么接下来的股价必然会出现短期回调，如果趋势没变，是投资者上车的良机，后市看涨的概率很高。如图 9-5 和图 9-6 所示。

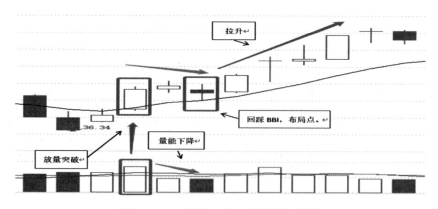

图 9-5　BBI 指标、成交量指标走势图

数据来源：东方财富。

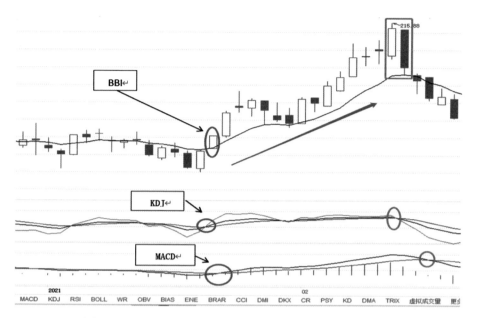

图 9-6　BBI 指标、KDJ 指标金叉、MACD 指标金叉走势图

数据来源：东方财富。

## 3. 多空 BBI 指标实战秘诀

多空 BBI 指标线主要用于研判中级以上趋势，透过多空 BBI 指标形态可以研判股价运行的大趋势。

在股市实战操作中，我们可以把多空 BBI 指标看作一条反映多空双方力量均衡曲线。当股价在多空 BBI 指标在上方运行时，表示多方力量较强；反之，当股价在多空 BBI 指标下方运行时，则表明空方力量较强。

多空 BBI 指标不仅能很好地反映股价运行的大趋势，投资者也可以运用该指标进行买入与卖出股票的操作。

当股价处于高位区时，多空 BBI 指标线由原有的下降形态转而开始走平且个股连续 3 日收市价都位于多空 BBI 指标下方，表示多方力量衰竭，空方力量转强，是离场信号。

当股价前期出现较长时间的下跌，多空 BBI 指标线由原有的下降形态转而开始走平且个股连续 3 日收市价位于多空 BBI 指标上方，表示股价下跌趋势已见底，多方力量转强，预示着股价上涨趋势即将展开，是中长线入场买入股票的信号。

当股价处于上升初期或上升途中时，多空 BBI 指标线处于稳步上扬形态中，若股价在短期内出现快速下跌，使得其向下远离多空 BBI 指标曲线时，表示市场回调是买入股票的信号。

当股价处于下跌初期或下跌途中时，多空 BBI 指标处于稳步下降的形态中，若股价在短期内出现快速反弹，使得其向上远离 BBI 曲线，则表示市场出现反弹是卖出股票的信号。

投资者通常运用多空 BBI 指标线主要是为了研判中级以上趋势行情。多空 BBI 指标既吸收了短期移动平均线的灵敏、快速和可以及时反映股价当时运行情况的优点，同时又摒弃了其过于频繁波动，且容易受到干扰的缺点。

多空 BBI 指标发出的信号存在一定的滞后性，有时股价已接近短期顶部时，多空 BBI 指标才发出现买入股票的信号；股价已接近短期底部时，多空 BBI 指标才发出现卖出股票的信号。

当股价从多空 BBI 指标下方向上运行，并且上穿多空 BBI 指标线，表示股价发出了建仓确认信号，建议先观察，如果连续几个交易日股价仍然站稳在多空 BBI 指标上方，建议尽可能在股价回撤到多空 BBI 指标线附近的时候考虑择机买入股票。

对于很多投资新人来说，多空 BBI 指标的应用不仅特别简单，而且非常有效。

# 第10章  DMI 把握最佳入市和止盈

动向指数 DMI 指标是通过分析股价在上升和下跌过程中多空双方力量均衡点的变化状态，即买卖双方动能的变化受股价波动的影响，发生从均衡到非均衡的转换。根据其原理，动向指数 DMI 指标能够为投资者提供对股价变动趋势做出研判依据。

动向指数 DMI 指标也称为趋向指标或动向指数。

## 1. 动向指数 DMI 指标应用原理

动向指数 DMI 指标（Directional Movement Index，简称 DMI 指标），由美国股票技术分析大师威尔斯·威尔德（Wells Wilder）在 1978 年首次提出。

动向指数 DMI 指标属于股市中长期技术分析（Technical Analysis）的指标之一。

动向指数 DMI 指标与相对强弱指数 RSI 指标相比，相对强弱指数 RSI 指标是通过多空双方每天收盘价格波动的累积来计算市场的动能相对强势与相对弱势，相对强弱指数 RSI 指标没有重视整个市场股价的日内波幅。由于在股票市场股价的波幅中，当天的最高价和最低价对股价后市运行发挥关键性的作用，特别是在压力位和支持位被突破的关键时点。作为对于股票市场的股价运行能够做出全面性的分析的指标，动向指数 DMI 指标是一个很好的技术分析指标。

动向指数 DMI 指标是由-DI（即 MDI）指标线、+DI（即 PDI）指标线、ADXR 指标线、ADX 指标线共 4 条指标线组成。如图 10-1 所示。

动向指数 DMI 指标中 4 个参数值分别为：多空（+DI、-DI）指标和趋向（ADX、ADXR）指标。

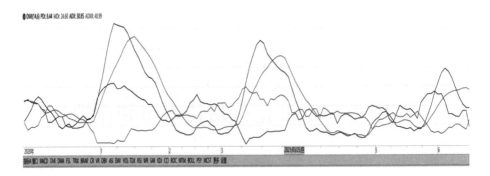

图 10-1　DMI 走势图

数据来源：中信证券交易系统。

动向指数 DMI 指标中 MDI 指标线记录了卖方力量强度。

动向指数 DMI 指标中 PDI 指标线记录了买方力量强度。

当 PDI 指标线运行在 MDI 指标线上方时，表示买方强于卖方，多方占主导地位。

当 PDI 指标线运行在 MDI 指标线下方时，表示卖方强于买方，空方占主导地位。

动向指数 DMI 指标中 ADX 指标线统计的是 MDI 指标线与 PDI 指标线之间的差距。

当 MDI 指标线和 PDI 指标线之间的距离拉大，不管 MDI 线和 PDI 线谁在上方运行，ADX 指标线都会出现迅速上升。

动向指数 DMI 指标中 ADXR 线是 ADX 线的移动平均线。

动向指数 DMI 指标的基本原理是寻找股价在上升和下跌过程中多空双方力量均衡点的变化状态，即买卖双方动能的变化受股价波动的影响，因此发生从均衡到非均衡的转换，从而来研判买卖双方的力量。

在股市技术分析指标中，绝大多数都是以每一天的收市价的走势和涨跌幅度的累计值来分析与计算，忽略了每一天交易中的最高价与最低价之间的波动幅度。

由于动向指数 DMI 指标考虑了每天的最高价与最低价之间的波动幅度，从而可以更准确地反应与预测股票行情的走势和趋势。

1. 当日动向值 DM 指标。

动向变动值 DM 指标，是指当日价格波动幅度大于昨日价格波动部分的最大值，即最大变动值，表示价格波动增减的幅度是上涨还是下跌。

DM 指标具体分为三种：上升动向+DM 指标、下降动向-DM 指标和无动向 ZDM 指标。

上升动向+DM（Up Directional Movement，PDM）指标是指当日最高价高于昨日最高价，且当日最低价高于昨日最低价，则趋势向上。上升动向变动的值，为当日最高价和昨日最高价之差的绝对值。

下降动向-DM（Down Directional Movement，MDM）指标是指当日最高价低于昨日最高价，且当日最低价低于最日最低价，则趋势下降。下跌动向变动的值，为当日最低价和昨日最低价之差的绝对值。

无动向 ZDM（Zero Directional Movement，ZDM）指标是指当日最高价低于昨日最高价，且当日最低价高于昨日最低价时，为无趋向，称为内移日。

2. 真正波幅 TR（True Range，TR）指标。

TR 是指当日价格和昨日价格的比较，即今日收盘价和最低价之差、今日最高价和昨日收盘价之差、今日最低价和昨日收盘价之差，这是三个差值中，取最大一个为 TR。

3. 方向线 DI 指标。

DI 是揭露价格上升或下降的方向性指标。如当日最高价高于昨日最高价，但当日最低价低于昨日最低价，如果这时前者的绝对值大于后者，则取+DI（PDI），即上升方向线，也叫创新涨势幅度比率，其值是前者的绝对值。

相反，如果前者的绝对值小于后者，则取-DI（MDI），即下跌方向线，也叫创新跌势幅度比率，其值是后者的绝对值。

如果股价持续上涨，就会不断出现正动向变动值，+DI 也会不断升高，持续下跌则-DI 持续升高，而当股价盘整时，两根方向线的值非常接近。

4. 趋向平均线 ADX 指标。方向指标除了上升方向线和下跌方向线，还有一个重要分析指标就是 ADX。它是根据+DI 和-DI 之差的绝对值除以两者之和的百分比，得到动向指数 DX，再去一段时间内 DX 平均值得出的。

5. 趋向评估线 ADXR 指标。ADXR 是评估 ADX 方向的标尺，若 ADX 上升，ADXR 也随之上升，则表明涨跌均有一段时间。

## 1.1 动向指数 DMI 指标的应用法则

1. 动向指数 DMI 指标中，当 PDI 指标线自下而上穿越其他 3 条指标线时，代表新的买方进入，提示买入股票信号。

2．动向指数 DMI 指标中，当 PDI 指标线从顶部跌穿 MDI 指标线时，代表新的卖方涌入，提示卖出股票信号。

3．动向指数 DMI 指标中的 ADX 指标值继续大于前一日的 ADX 值时，代表股价可能会持续维持原有趋势运行。

4．动向指数 DMI 指标中的 ADX 指标值下降，当 ADX 值跌到 20 以下时，代表市场情绪得以巩固。

5．动向指数 DMI 指标中的 ADX 指标值从上升趋势变为下降趋势时，代表市场可能即将出现反转行情。

### 1.2　多方（+DI）指标与空方（-DI）指标

1.动向指数 DMI 指标中的+DI 指标线在-DI 指标线下方运行时，代表股票行情以下跌为主。

2.动向指数 DMI 指标中的+DI 指标线在-DI 指标线上方运行时，代表股票行情以上升为主。

3. 当股价上涨时，动向指数 DMI 指标中的+DI 指标线向上交叉-DI 指标线时，代表买入股票信号。

4. 当动向指数 DMI 指标中的+DI 指标线向下交叉-DI 指标线时，代表沽出股票信号。

5. 当动向指数 DMI 指标中的+DI 指标线从 20 以下上升到 50 以上时，预示股价后市可能走出一波中级上升行情。

6. 当动向指数 DMI 指标中的-DI 指标线从 20 以下上升到 50 以上时，预示股价后市可能会走出一波中级下降行情。

7. 当动向指数 DMI 指标中-DI 与+DI 在围绕 20 为基准线上下运行时，预示股价后市可能会走出一波箱形整理为主行情。

### 1.3　动向指数 DMI 指标的趋向指标

动向指数 DMI 指标中的趋向指标包括：ADX 指标与 ADXR 指标。

ADX 指标和 ADXR 指标是+DI 和-DI 的引导指标，同时 ADX 指标和 ADXR 指标又是研判股市行情的趋势指标。

当动向指数 DMI 指标中的 ADXR 指标与 ADX 指标在股价高位出现交叉点时，这个交叉点就是大家所熟悉的死叉。

如果在股价高位 ADXR 指标与 ADX 指标出现死叉，表示股价在高位将会反转，股票上涨行情即将终结，即股价在高位将会由升转降，建议投资者应把握股价高位止盈的机会。

当动向指数 DMI 指标中的 ADX 指标与 ADXR 指标在高位形成指标的死叉时，预示股价上升行情的终结。

当动向指数 DMI 指标中的 ADX 指标和 ADXR 指标下降到 20 左右，ADX 指标线和 ADXR 指标线并交织在一起时，代表股价将进入横盘整理阶段。如图 10-2 所示。

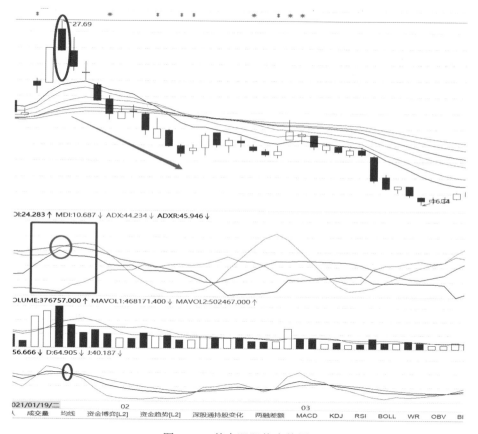

图 10-2　某个股股价走势图

数据来源：东方财富。

当动向指数 DMI 指标中的 ADX 指标在 50 以上出现反转向下，在实战中发现，不论股价是升还是跌，大概率会出现即将反转行情。例如，当动向指数 DMI 指标中的 ADX 指标在 77.03 时，股价出现了反转向下走势，股价开始了向下调整运行。如图 10-3 所示。

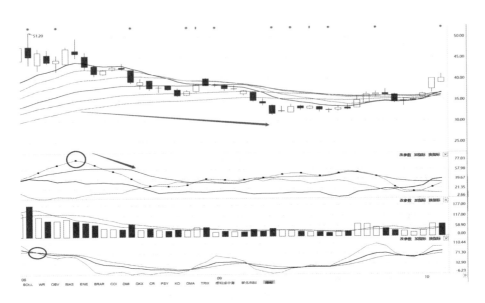

图 10-3　某个股股价走势图

数据来源：东方财富。

当 ADX 指标线从下向上穿越 ADXR 指标线时，形成的交叉点称为金叉。如图 10-4 所示。

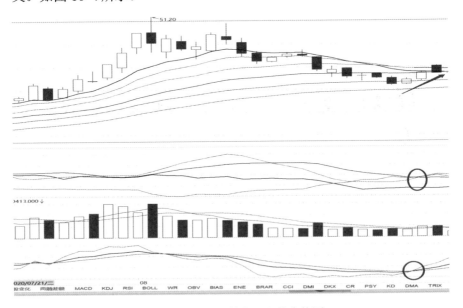

图 10-4　某个股股价走势图

数据来源：东方财富。

当动向指数 DMI 指标中的 ADX 指标线与 ADXR 指标线在高位出现金叉时，预示着股价将会走出一波上升行情。当 ADX 指标线的 ADXR 指标线运行到 50 以上时，有可能会出现一轮中级行情；当 ADX 指标线和 ADXR 指标线上升到 80 以上时，市场将有可能出现倍增行情。如图 10-5 所示。

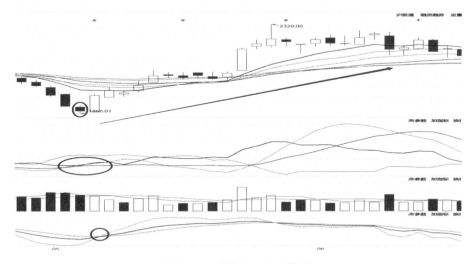

图 10-5　某个股股价走势图

数据来源：东方财富。

当动向指数 DMI 指标中 4 条指标线间距收窄时，表示股价处于盘整阶段，动向指数 DMI 指标失效。如图 10-6 所示。

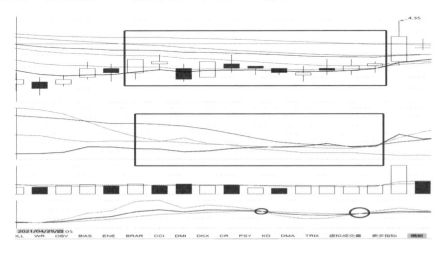

图 10-6　某个股股价走势图

数据来源：东方财富。

动向指数 DMI 指标提示投资者不要在股价盘整阶段买入，当市场变得有获利空间时，动向指数 DMI 指标会提示投资者入场与止盈出局的时机，因此，动向指数 DMI 指标越来越受到投资者的青睐。

### 1.4　动向指数 DMI 指标的优缺点

动向指数 DMI 指标的优点：

1. 自从相对强弱指数 RSI 指标面试以来，一种走势三种意见之说已被冲淡不少。但相对强弱指数 RSI 指标所提供的出入货的信号或多或少仍然带有主观判断的成分在内。因此，相对强弱指数 RSI 指标可以说能够远离一种走势三种意见的缺点，但仍然无法脱离主观判断的成分。

动向指数 DMI 指标提出后，在有趋势的市场中可以完全依据本身的信号买入或卖出，无须凭据主观判断，这是股票技术分析的一大突破。

2. 动向指数 DMI 指标透过数据表示市场内部的气势，是一种客观的数量化分析，因此无须投资者凭着经验去判别目前处于何种市况，仅从 PDI 指标线和 MDI 指标线交叉信号，就可以决定买卖信号。

3. 动向指数 DMI 指标除了可以观察买卖双方力量的强弱外，还可以了解此时市场是处于多头、空头还是盘整，特别适合于中长期投资者使用。

动向指数 DMI 指标的缺点：

1. 动向指数 DMI 指标所考虑的市场内部多空双方的范围较广，同时考虑当天价格波动的最高价、最低价和收市价以及其累积运算关系，但是计算所需的数据比较多且复杂。

2. 动向指数 DMI 指标同样不符合全面性要求，当股价处于盘整阶段，动向指数 DMI 指标失效。

3. 动向指数 DMI 指标中的 ADX 指标应达到具体值是多少才属于股价高峰或谷底的反转点，没有标准。

任何股票技术分析指标本身均有优点和缺点，动向指数 DMI 指标也不例外。

## 2. 动向指数 DMI 指标实战运用技巧解析

在股市的实战运用中，动向指数 DMI 指标的实战运用技巧主要集中在如何关注动向指数 DMI 指标的 PDI 指标线、MDI 指标线、ADX 指标线和 ADXR 指标线的交叉情况，以及 PDI 指标线出现的位置和运行趋势等。

1. 当动向指数 DMI 指标中的 PDI 指标线、MDI 指标线、ADX 指标线与 ADXR 指标线在 20 附近区域内窄幅盘整，如果 PDI 指标线先后向上突破 MDI 指标线、ADX 指标线、ADXR 指标线，同时股价与成交量配合上攻突破中长期均线时，代表市场上买方主力强劲，预示着股价将进入短期强势拉升，这就是动向指数 DMI 指标发出买入股票的信号。如图 10-7 所示。

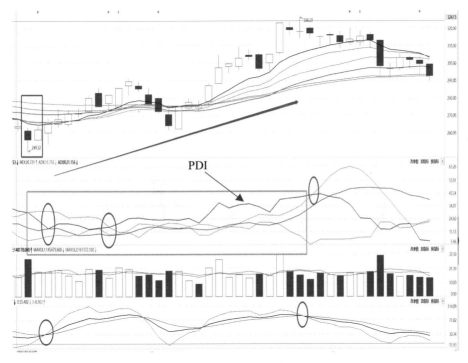

图 10-7  某个股股价走势图

数据来源：东方财富。

2. 当动向指数 DMI 指标中的 PDI 指标线、MDI 指标线、ADX 指标线和 ADXR 指标线在 20—40 区间宽幅整理，如果 PDI 指标线先后向下跌穿 ADX 指标线和 ADXR 指标线时，建议投资者应密切关注行情反转向下的风险。

如果 PDI 指标线又向下跌穿了 MDI 指标线，同时股价也向下跌穿了中长期均线，预示市场卖方主力占上风，后市股价短期内可能还将下挫，这就是动向指数 DMI 指标会发出的卖出止盈信号。如图 10-8 所示。

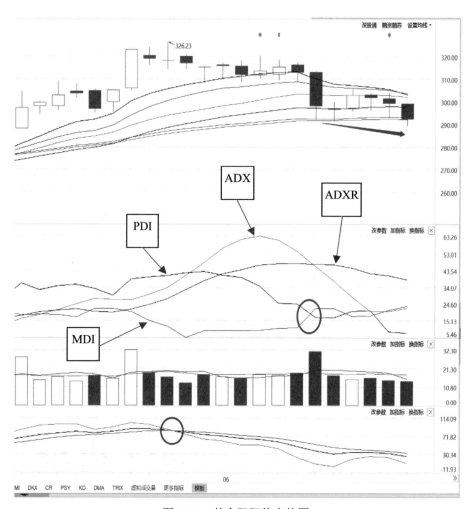

图 10-8　某个股股价走势图

数据来源：东方财富。

3．当动向指数 DMI 指标中的 PDI 指标线分别向上超越 MDI 指标线、ADX 指标线、ADXR 指标线后，且在这 3 条指标线上方运行，同时股价也呈现中长期均线向上运行，预示市场上买方力量依然占据主导地位，后市股价还将会出现上升，这是动向指数 DMI 指标发出强烈的持股待涨信号。

只要动向指数 DMI 指标中的 PDI 指标线没有向下跌穿 MDI 指标线、ADX 指标线、ADXR 指标线中的任何一条，建议投资者就可坚决持股待涨，分享一波上涨行情。如图 10-9 所示。

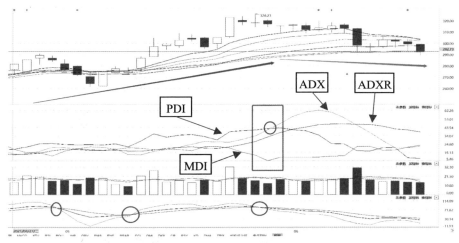

图 10-9　某个股股价走势图

数据来源：东方财富。

4. 当动向指数 DMI 指标中的 PDI 指标线分别向上上穿 MDI 指标线、ADX 指标线、ADXR 指标线后，如果股价在高位盘整了一段时间，PDI 指标线向下运行，但在 ADXR 指标线处获得支撑，并重新调头向上运行，同时在中期均线附近获得支撑，预示市场强势地位没有变化，后市股价可能还会上涨，这就是动向指数 DMI 指标发出的继续持股信号，建议投资者短线还可持股待涨。如图 10-10 所示。

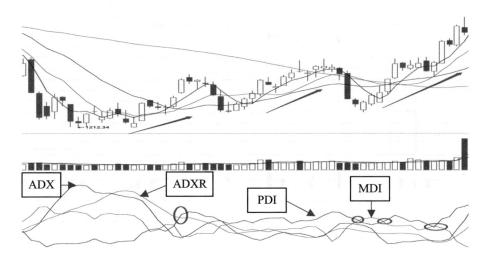

图 10-10　某个股股价走势图

数据来源：中信证券交易系统。

利用动向指数 DMI 指标捕捉暴涨股的实战技巧，如图 10-11 和图 10-12 所示。

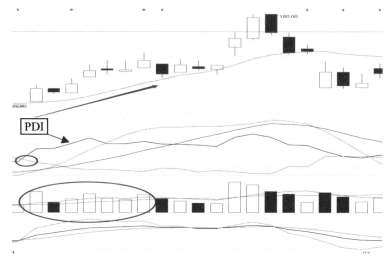

图 10-11　某个股股价走势图

数据来源：东方财富。

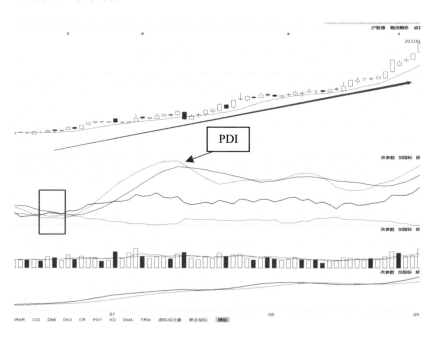

图 10-12　某个股股价走势图

数据来源：东方财富。

　　如何利用动向指数 DMI 指标抓住牛股，在股票战法中发现需要满足以下几个条件：

　　第一，动向指数 DMI 指标 PDI 指标线有很长一段时间运行在 MDI 指标线、ADX 指标线、ADXR 指标线的下方，突然某一交易日或两个交易日，PDI 指标线以极强的力度连上穿 MDI 指标线、ADX 指标线、ADXR 指标线 3 线。

　　第二，当天某个股价的涨幅要达到 5% 以上，如果盘中涨幅出现涨停最佳。

　　第三，关注成交量的变化，成交量与较前几个交易日出现明显有效放量。

　　如果某个股满足以上 3 个条件，预示该只个股符合我们利用动向指数 DMI 指标抓住牛股的条件。只要某个股满足以上 3 个条件，建议投资者可大胆买入，实战表明，正确利用动向指数 DMI 指标来研判抓住暴涨股的准确率还是相当高的。

## 3. 动向指数 DMI 指标实战秘诀

　　动向指数 DMI 指标比较适合的长线投资者使用，短线投资者不建议使用该指标。

　　根据我 30 年多来的股市实战的观察和跟踪分析，动向指数 DMI 指标较其他技术分析指标更为敏感。动向指数 DMI 指标无论是运用于对大盘走势还是个股行情，选择的准确率相当高。

　　如何运用动向指数 DMI 指标捕捉牛股机会，需满足以下 3 个条件：

　　第一，动向指数 DMI 指标 PDI 指标线有很长一段时间运行在 MDI 指标线、ADX 指标线、ADXR 指标线的下方，突然某一交易日或两个交易日，PDI 指标线以极强的力度连上穿 MDI 指标线、ADX 指标线、ADXR 指标线 3 线。

　　第二，当天某个股价的涨幅要达到 5% 以上，如果盘中涨幅出现涨停最佳；

　　第三，关注成交量的变化，成交量与较前几个交易日出现明显有效放量。

　　当动向指数 DMI 指标中的 ADX 指标在 50 以上出现反转向下运行，在实战中发现，不论股价是升还是跌，大概率会出现即将反转行情。

当动向指数 DMI 指标中的 ADX 指标线与 ADXR 指标线在高位出现金叉时，预示着股价将会走出一波上升行情。当 ADX 指标线的 ADXR 指标线运行到 50 以上时，有可能会出现一轮中级行情；当 ADX 指标线和 ADXR 指标线上升到 80 以上时，市场将有可能出现倍增行情。

当动向指数 DMI 指标中的 PDI 指标线、MDI 指标线、ADX 指标线与 ADXR 指标线在 20 附近区域内窄幅盘整，如果 PDI 指标线先后向上突破 MDI 指标线、ADX 指标线、ADXR 指标线，同时股价与成交量配合上攻突破中长期均线时，代表市场上买方主力强劲，预示着股价将进入短期强势拉涨，这就是动向指数 DMI 指标发出买入股票的信号。

如果 PDI 指标线又向下跌穿了 MDI 指标线，同时股价也向下跌穿了中长期均线，预示市场卖方主力占上风，后市股价短期内可能还将下挫，这就是动向指数 DMI 指标会发出的卖出止盈信号。

只要当动向指数 DMI 指标中 PDI 指标线没有向下跌穿 MDI 指标线、ADX 指标线、ADXR 指标线中的任何一条，建议投资者就可坚决持股待涨，分享一波上涨行情。

股市每天涨涨跌跌，一些短线投资者往往在大盘暴跌的时候恐慌全部出货，待大盘猛涨的时候又满仓杀入。一旦大盘出现回调，往往又无法忍受较大回撤而出现反复止损割肉的行为，如此往复，造成不小的亏损。其实，这些投资者忽略了一个常见的投资技巧——仓位管理。

持仓比例的大小决定于投资者的心态，投资者的心态决定持股的耐心。有效的仓位管理不但能控制风险，而且投资者在这个过程中能做到进退有度，游刃有余。

# 第 11 章　ENE 短线轻松赚钱好指标

轨道线 ENE 指标属于股票技术分析指标的一种。轨道线 ENE 指标的性质与布林线 BOLL 指标类似，都是 "趋势轨道线"类指标。

## 1. 轨道线 ENE 指标原理

ENE 指标通常称为轨道线指标。轨道线 ENE 指标用法相对简单，对于通道类指标来说，最简单的使用方法就是上轨卖出，下轨买入。但是因为轨道线 ENE 指标有 3 条线，而且还掺杂着趋势的因素，因此轨道线 ENE 指标的用法和技巧更多，准确度也大幅度提升。

轨道线 ENE 指标由 3 条线组成：上轨线（UPPER）、下轨线（LOWER）及中轨线。如图 11-1 所示。

图 11-1　ENE 指标走势图

数据来源：东方财富。

上轨线：10日收市价的平均线再上浮一个涨停板。

下轨线：10日收市价的平均线再下浮一个跌停板。

中轨线：上下轨线的平均值。

### 1.1 轨道线 ENE 指标与布林线 BOLL 指标比较优势

利用轨道线 ENE 指标获利机会多。

轨道线 ENE 指标与布林线 BOLL 指标相比较，布林线 BOLL 指标很难在短线中使用。但是轨道线 ENE 指标不同，短期一个月内可能都有不少机会应用，对于交易性投资者来说，正确应用轨道线 ENE 指标甚至短短几天内就可以获利。

1. 使用轨道线 ENE 指标方法更为简单。

布林线 BOLL 指标作为长线操作的指标来看，很难确定底部。但是，轨道线 ENE 指标核心就是短线。短线交易赚 3—5 个点就可以离场，这种积少成多后的复利收益也非常理想。

2. 使用轨道线 ENE 指标准确度更高。

布林线 BOLL 指标的变量太多：股价是个变量，中轨滞后性明显，轨道宽度也不断在变化，由于偏差导致研判不准确。

轨道线 ENE 指标变量相对较少，最主要的变量是 10 日均线和股价的变动，具体的参数还可以结合不同的个股设定。

3. 正确使用轨道线 ENE 指标在熊市中也能赚钱。

轨道线 ENE 指标是可以帮助投资者在熊市中也能够赚钱的指标，即便股价是持续下跌的，正确使用轨道线 ENE 指标同样可以在股价下跌中寻找到投资机会。

### 1.2 极端行情的轨道线 ENE 指标

轨道线 ENE 指标属于短线指标。

正常行情下，股价一般是围绕中轨震荡运行。90％的股票属于正常行情走势，另外有 10％的股票属于极端行情走势。

例如，当某个股出现单边下跌时，股价一直会贴着下轨运行，这种走势短期内不会出现大的反弹。如图 11-2 所示，建议投资者可配合短线随机指数 KDJ 指标和中线 MACD 指标来研判股价底部的反转机会。

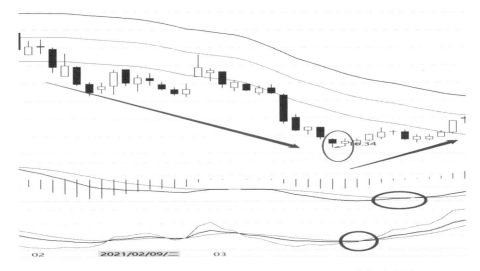

图 11-2　某个股股价、ENE 指标、KDJ 指标、MACD 指标走势图

数据来源：东方财富。

当某个股出现单边上涨时，K 线会一直贴着上轨运行，如果上涨趋势形成，短期内股价不会出现大幅度的回调。如图 11-3 所示。

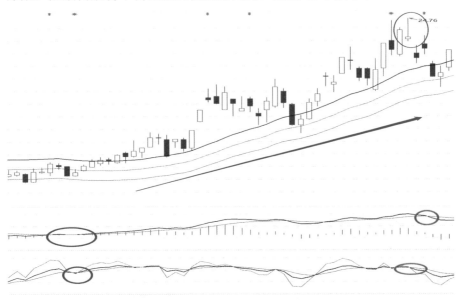

图 11-3　某个股股价、ENE 指标、KDJ 指标、MACD 指标走势图

数据来源：东方财富。

如果在股票实战中运用轨道线 ENE 指标效果不理想时，这就需要我们对个股的历史走势进行观察。

一般股价的震荡属于宽幅震荡，但是如果股价是窄幅震荡时，往往 K 线仅围绕中轨运行，通常不会触碰上下轨运行。

### 1.3 使用轨道线 ENE 指标的操作方法

当股价处在上升趋势或下跌趋势时，投资者需要参考 5 分钟均线来确定买入与卖出的条件。

1. 当股价处在上升趋势中，如果股价触及上轨后，观察 5 分钟级别的均线，当均线出现空头排列时，表示卖出股票信号。

2. 当股价处在上升趋势中，如果股价触及中轨后，观察 5 分钟级别的均线，当均线出现多头排列时，表示买入股票信号。

3. 当股价处在下降趋势中，如果股价触及中轨后，观察 5 分钟级别的均线，当均线出现空头排列时，表示卖出股票信号。

4. 当股价处在下跌趋势中，如果股价触及下轨后，观察 5 分钟级别的均线，当均线出现多头排列时，表示买入股票信号。

## 2. 轨道线 ENE 指标实战运用技巧解析

轨道线 ENE 指标并不是所有的炒股软件中都有。

1. 如何利用轨道线 ENE 指标做短线交易。当股价沿着轨道线 ENE 指标向上缓慢运行时，如果股价上涨穿越上轨 UPPER 后，股价高位开始快速掉头向下并跌穿上轨 UPPER 时，建议投资者可以高位止盈，短线可以卖出股票。如图 11-4 所示。

2. 当股价沿着轨道线 ENE 指标向下缓慢运行时，如果股价跌穿下轨 LOWER 后，很快重新上涨穿越下轨 LOWER 时，表示是短线买入股票信号，投资者可以根据轨道线 ENE 指标发出的短线买入信号买入股票。如图 11-5 所示。

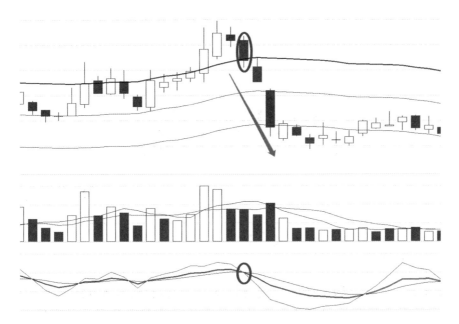

图 11-4　海兰信（300065）股价、ENE 指标、KDJ 指标、成交量指标走势图

数据来源：东方财富。

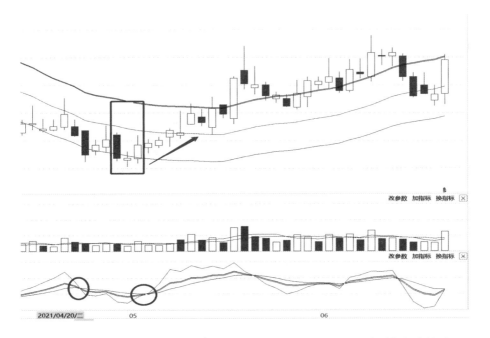

图 11-5　中能电气（300062）股价、ENE 指标、KDJ 指标、成交量指标走势图

数据来源：东方财富。

轨道线 ENE 指标需要搭配其他技术指标一同使用效果更佳。

3. 轨道线 ENE 指标搭配 KDJ 指标、MACD 指标、成交量指标一同使用相互验证有效性。如图 11-6 所示。

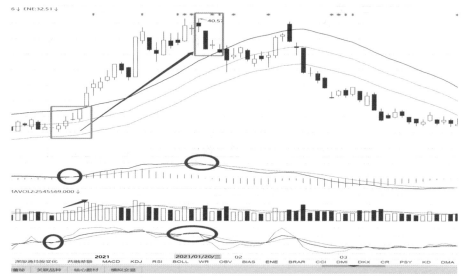

图 11-6　东方财富（300059）股价、ENE、KDJ、MACD、成交量走势图

数据来源：东方财富。

4. 轨道线 ENE 指标搭配 KDJ 指标、MACD 指标一同使用效果更佳。如图 11-7 所示。

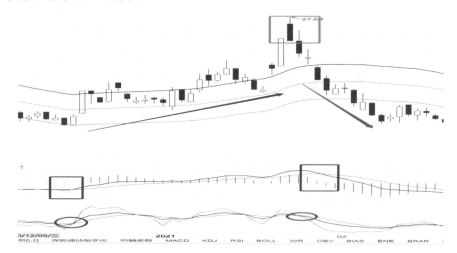

图 11-7　达安基因（002030）股价、ENE 指标、KDJ 指标、MACD 指标走势图

数据来源：东方财富。

## 3. 轨道线 ENE 指标实战秘诀

轨道线 ENE 指标属于短线通道类指标。当股价处在上升趋势或下跌趋势时，投资者都需要参考 5 分钟均线来确定买入与卖出的条件。

轨道线 ENE 指标用法相对简单，当股价沿着轨道线 ENE 指标向上缓慢运行时，如果股价在持续沿着上轨运行上涨穿越上轨 UPPER 后，股价高位开始快速掉头向下并跌穿上轨 UPPER 时，建议投资者可以高位止盈，短线卖出股票。

当股价沿着轨道线 ENE 指标向下缓慢运行时，如果股价跌穿下轨 LOWER 后，很快重新上涨穿越下轨 LOWER 时，表示短线买入股票信号，投资者可以根据轨道线 ENE 指标发出的短线买入信号买入股票。

投资者在应用轨道线 ENE 指标进行短线交易时，建议搭配 KDJ 指标、MACD 指标和成交量指标一同使用效果更明显。

# 第12章 FSL 提示股票强弱势

在诸多的股票技术分析指标中，分水岭 FSL 指标是最简单、实用的股票技术分析指标之一。

## 1. 分水岭 FSL 指标的原理

分水岭 FSL 指标是股市中一个强势与弱势的分界线。分水岭 FSL 指标最大的特点就是使投资者在纷繁复杂的各种股票技术分析指标中实现一目了然，分水岭 FSL 指标对投资者的操作指导性与便捷性极强。如图12-1 所示。

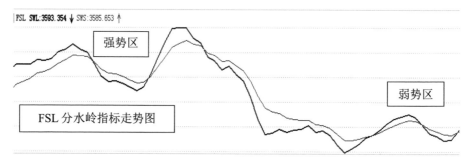

图 12-1 分水岭 FSL 指标走势图

数据来源：东方财富。

分水岭 FSL 指标是由 SWL 指标线和 SWS 指标线组成。当 SWL 指标线位于 SWS 指标线之上运行时，表示为市场强势；反之，当 SWL 指标线位于 SWS 指标线之下运行时，表示为市场为弱势。

分水岭 FSL 指标的应用法则：

1. 当分水岭 FSL 指标中的 SWL 指标线位于 SWS 指标线之上运行时为强势；反之，当分水岭 FSL 指标中 SWL 指标线位于 SWS 指标线之下运行为弱势。如图 12-2 所示。

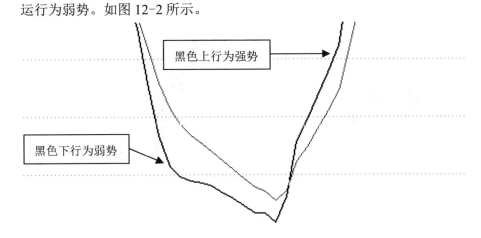

黑色上行为强势

黑色下行为弱势

图 12-2　分水岭 FSL 指标示意图

数据来源：东方财富。

2．当股价从上方向下方运行，如果在分水岭 FSL 指标上方获得支撑，同时分水岭 FSL 指标向上运行，表示股价下行获得了支撑，提示买入股票信号。

3．当股价从下方向上方运行，如果在分水岭 FSL 指标遇到阻力出现回调，同时分水岭 FSL 指标向下运行，表示股价上行遇到压力，提示卖出股票信号，建议投资者注意防范投资风险。

这种分析方法不仅适用于个股研判，同样也适用于对大盘走势的分析。

4．当分水岭 FSL 指标向下运行，且股价出现由下向上突破分水岭 FSL 指标线时，表示某个股的走势在由弱势转为强势，投资者可以考虑买入股票。

5．当分水岭 FSL 指标向上运行，且股价出现由上向下跌破分水岭 FSL 指标线时，表示某个股的走势在由强势转为弱势，投资者可以考虑必要时卖出股票止损。

## 2. 分水岭 FSL 指标实战运用技巧解析

1．如何运用分水岭 FSL 指标在股价高位提示止盈信号。如图 12-3 所示。

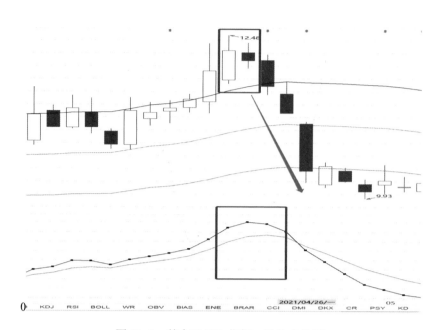

图 12-3　某个股 FSL 指标、股价走势图

数据来源：东方财富。

2. 运用分水岭 FSL 指标验证了上证综合指数的走势。如图 12-4 所示。

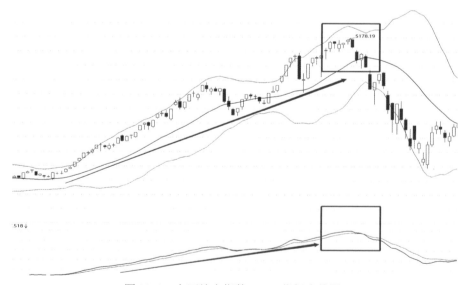

图 12-4　上证综合指数、FSL 指标走势图

数据来源：东方财富。

3．当股价由下向上运行，突破轨道线 ENE 指标的上轨，分水岭 FSL 指标出现上穿运行时，预示某个股正在由弱转强，分水岭 FSL 指标提示投资者可以买入股票信号。如图 12-5 所示。

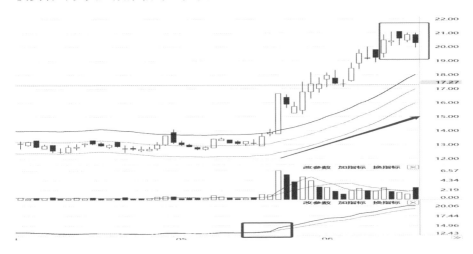

图 12-5　金利华电（300069）FSL 指标、ENE 指标走势图

数据来源：东方财富。

4．当股价从上方向下运行，且分水岭 FSL 指标线下穿向下运行，投资者需要防范股价下跌风险，应该采取高位止盈策略。如图 12-6 所示。

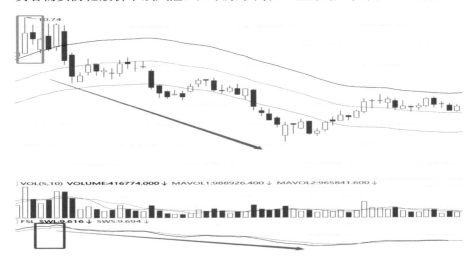

图 12-6　某个股股价、FSL 指标、ENE 指标走势图

数据来源：东方财富。

## 3. 分水岭 FSL 指标实战秘诀

分水岭 FSL 指标是股市中一个强势与弱势的分界线。分水岭 FSL 指标最大的特点就是使投资者在纷繁复杂的各种股票技术分析指标中实现一目了然，分水岭 FSL 指标对投资者的操作指导性与便捷性极强。

当分水岭 FSL 指标中的 SWL 指标线位于 SWS 指标线之上运行时为强势；反之，当分水岭 FSL 指标中 SWL 指标线位于 SWS 指标线之下运行为弱势。

当分水岭 FSL 指标向下运行，且股价出现由下向上突破分水岭 FSL 指标线时，表示某个股的走势在由弱势转为强势，投资者可以考虑买入股票。

当分水岭 FSL 指标向上运行，且股价出现由上向下跌破分水岭 FSL 指标线时，表示某个股的走势在由强势转为弱势，投资者可以考虑必要时卖出股票止损。

分水岭 FSL 指标的运用不仅适用于个股研判，同样也适用于对大盘走势的分析。

# 第13章 巧用TAPI指标抓住投资机会

指数点成交值 TAPI 指标是研究股票市场的每日成交值与指数之间的关系，据此来呈现股票市场中投资者的买卖意愿强弱程度和对未来股票市0 场股价期望的技术分析指标。指数点成交值 TAPI 指标重点关注的是成交值。

指数点成交值 TAPI 指标是投资者喜欢的超短线的股票技术分析指标。

## 1. 指数点成交值 TAPI 指标原理

指数点成交值 TAPI（Total Amount Weighted Stock Price Index）指标呈现了投资者买卖意愿的强弱程度和对未来股票市场股价期望的技术分析指标。

指数点成交值 TAPI 把成交量值视为股票市场的生命源泉。通过研究成交量值的变化来呈现投资者买卖意愿的强弱程度和对未来股票市场股价期望。因此，指数点成交值 TAPI 指标是通过分析每日成交值和加权指数间的关系来研判未来股票市场的走势。如图 13-1 所示。

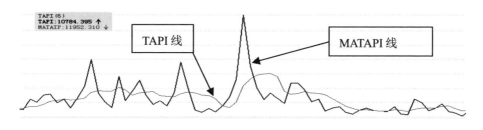

图 13-1 指数点成交值 TAPI 指标走势图例

数据来源：东方财富。

指数点成交值 TAPI 指标的运用法则：

1. 通常指数点成交值 TAPI 指标的上升和下降与成交量同步。如果发生背离现象，提示买入或卖出信号。

当股价指数上升创新高，指数点成交值 TAPI 指标不但没有创新高反而出现下降，这就是指数点成交值 TAPI 指标的顶背离现象，如果出现指数点成交值 TAPI 指标的顶背离，通常提示沽出股票信号，应高位止盈。

2. 当股价指数下跌创新低，指数点成交值 TAPI 指标不但没有创新低反而出现上升，这就是指数点成交值 TAPI 指标的底背离现象，如果出现指数点成交值 TAPI 指标的底背离，通常提示买入股票信号，应逢低买入。

3. 当股价指数上升到高位并出现明显反转信号，如果指数点成交值 TAPI 指标值快速递减，预示着股价指数可能向下回调，建议投资者可以采取逢高止盈策略。

4. 当股价处在持续下降过程中，股价指数下跌到出现明显反转信号时，如果指数点成交值 TAPI 指标成交值出现异常增长，预示股票市场向上反转的可能性较大，建议短线投资者可逢低买入股票。

5. 当股票市场行情向上运行了一段时间，现进入高位一段上涨行情中，股价指数在持续创新高，但是指数点成交值 TAPI 指标的值没有随之向上，预示股票大势在高位可能会出现回调。

6. 当股票市场处在买方市场中，伴随成交量的减少，股票大盘出现回调整理，如果出现股价指数上升，指数点成交值 TAPI 指标出现下跌，预示着短线反弹的信号，建议投资者可以择机短线买入股票。

7. 当股票市场处在卖方市场的末期，股价指数已经跌到了谷底，如果指数点成交值 TAPI 指标值已经无法再降，预示股票大盘走势运行在股票的底部区域。

8. 当股票市场处在买方市场走强时，指数点成交值 TAPI 指标值创新低的可能性极低，卖方市场里指数点成交值 TAPI 指标值创新高的可能性也极低，投资者可根据市场情况结合大势、K 线和其他技术分析指标使用。

9. 如果应用指数点成交值 TAPI 指标研判大盘指数，由于在相同或不同的股票市场中存在着各种不同的加权指数，在实际应用中可以选用不相同的加权指数。为了使指数点成交值 TAPI 指标在实际运用中能够更好地发挥功效，建议最好选择有代表性的加权指数。

## 2. 指数点成交值 TAPI 指标实战运用技巧解析

过去很长时间指数点成交值 TAPI 指标主要是用来研判股票大盘的量价关系，很少将指数点成交值 TAPI 指标应用于研判个股。

但是随着股市分析技术的应用与普及，指数点成交值 TAPI 指标也被股票技术分析人员应用于对某个股进行研判。

1. 当指数点成交值 TAPI 指标曲线向上运行，并且一波比一波高，同时股价走势也同步上扬，预示着股价行情处于上升的阶段，由于股票市场景气度高，股价走势将维持向上升的趋势，建议投资者可逢低布局。如图 13-2 所示。

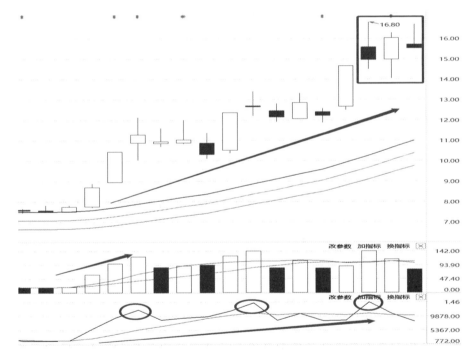

图 13-2　国民技术（300077）指数点成交值 TAPI 指标走势图例

数据来源：东方财富。

2. 当指数点成交值 TAPI 指标曲线呈现持续下跌，同时股价走势也出现同步下行，预示着某个股行情处于下行的阶段，如果股价出现持续下跌的走势，表示股票市场某个股处于下降通道，人气低落，建议投资者不宜急于介入，应以保持持币观望为主。如图 13-3 所示。

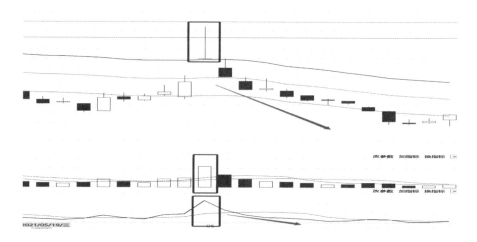

图 13-3　康芝药业（300086）指数点成交值 TAPI 指标走势图例

数据来源：东方财富。

3．当股价已经走出了一段较长时间的上涨行情以后，指数点成交值
TAPI 指标曲线出现从高位向下运行，而股价走势却出现缓慢向上运行，
预示着指数点成交值 TAPI 指标出现了顶背离现象，表示股价高位反转信
号。如图 13-4 所示。

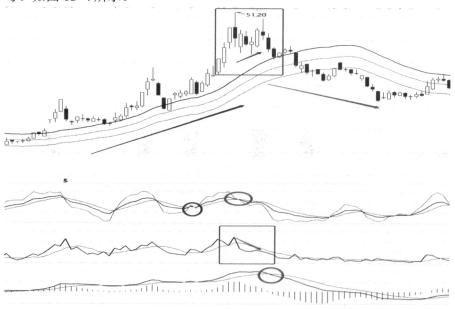

图 13-4　达安基因（002030）指数点成交值 TAPI 指标顶背离走势图例

数据来源：东方财富。

4．当股价已经走出了一段较长时间的下跌行情之后，指数点成交值 TAPI 指标曲线出现低位区域由上向下运行，而股价走势却开始出现反弹上涨运行，预示着指数点成交值 TAPI 指标出现了底背离现象，表示股价低位可能会出现反转信号。如图 13-5 所示。

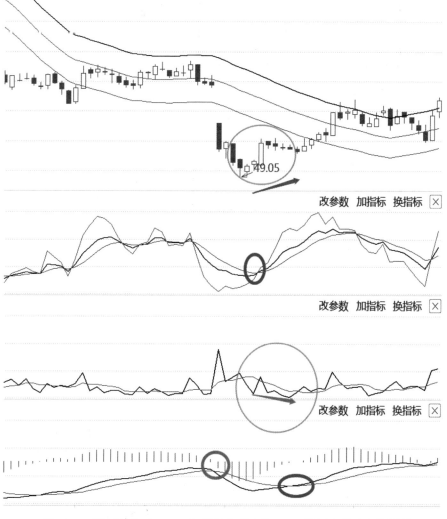

图 13-5　澜起科技（688008）指数点成交值 TAPI 指标底背离走势图例

数据来源：东方财富。

5．当指数点成交值 TAPI 指标曲线和 TAPIMA 曲线交织在一起出现钝化现象，代表指数点成交值 TAPI 指标失效，预示行情将会进入一个箱形整理的阶段，代表着股价处于一个横盘整理的格局中，投资者应以持币观望为主。如图 13-6 所示。

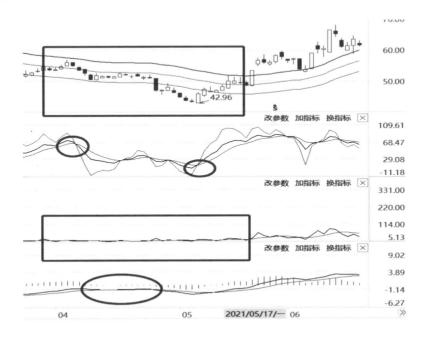

图 13-6　中国软件（600536）TAPI 指数点成交值和 TAPIMA 曲线始终交织一起的走势图

数据来源：东方财富。

6. 当指数点成交值 TAPI 指标形成 W 底形态，如果指数点成交值 TAPI 指标走势出现突破颈线时，预示是买入股票的信号。如图 13-7 所示。

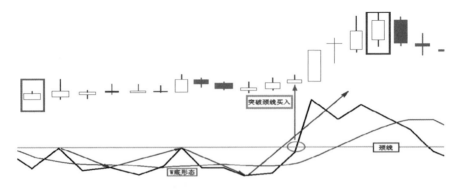

图 13-7　某个股 TAPI 指数点成交值形成 W 底突破颈线走势图

数据来源：东方财富。

7. 当指数点成交值 TAPI 指标运行在 MATAPI 线上获支撑时，预示着股价会出现上涨行情的展开，提示是买入股票的信号。如果配合轨道线 ENE 指标共同研判，其效果更佳。如图 13-8 所示。

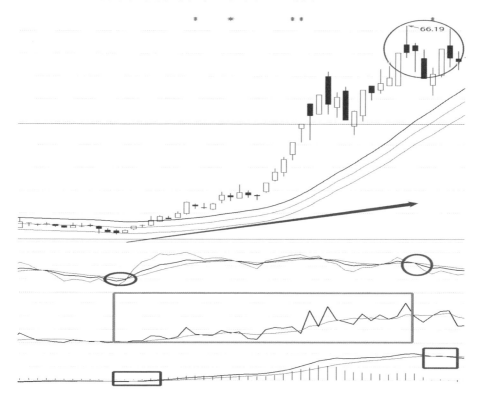

图 13-8　中国软件（600536）TAPI 指数点成交值在 TAPIMA 曲线上方走势图

数据来源：东方财富。

## 3. 指数点成交值 TAPI 指标实战秘诀

指数点成交值 TAPI 指标通常应用于大盘研究，随着股市分析技术的应用与普及，指数点成交值 TAPI 指标也被股票技术分析人员广泛应用于对某个股进行研判。

当指数点成交值 TAPI 指标形成 W 底形态，如果指数点成交值 TAPI 指标走势出现突破颈线时，预示是买入股票的信号。

当股价指数上升到高位并出现明显反转信号，如果指数点成交值TAPI 指标值快速递减，预示着股价指数可能向下回调，建议投资者可以采取逢高止盈策略。

当指数点成交值 TAPI 指标运行在 MATAPI 线上获得支撑时，预示着股价会出现上涨行情的展开，提示是买入股票的信号。如果指数点成交值TAPI 指标搭配轨道线 ENE 指标进行共同研判，其效果更佳。

通常可以利用指数点成交值 TAPI 指标的形态背离来分析股价的反转行情。指数点成交值 TAPI 指标的形态背离也包括顶背离和底背离。

如果出现指数点成交值 TAPI 指标的底背离，通常是提示买入股票信号，应逢低买入。

特别是在股价的顶部出现指数点成交值 TAPI 指标的顶背离时，通常指数点成交值 TAPI 指标的顶背离一次就有效，建议投资者可以利用指数点成交值 TAPI 指标的顶背离来捕捉高位止盈机会。

# 第14章 应用 TRIX 指标抓住长期趋势机会

三重指数平滑平均线（Triple Exponentially Smoothed Average，TRIX）指标是股票技术分析指标中的中长线指标。三重指数平滑平均线 TRIX 指标是广泛应用于研究股票市场中股价趋势的技术分析工具。

三重指数平滑平均线 TRIX 指标的特点是可以过滤掉一些不必要的波动信号，能够较好地利用该指标来分析股票市场的股价长期波动趋势。

## 1. 三重指数平滑平均线 TRIX 指标应用原理

有经验的投资者或许会发现在使用均线系统的交叉时，通常容易出现均线系统频繁交叉或骗线的情形，三重指数平滑平均线 TRIX 指标能够解决好上述问题，因为三重指数平滑平均线 TRIX 指标是根据移动平均线理论对一条平均线进行三次平滑处理，即把均线的数值再一次计算出平均值，并在此基础上算出第三重的平均值，从而有效地避免频繁发出均线系统的交叉信号。

在交易软件中，三重指数平滑平均线 TRIX 指标由两条线构成：一条为 TRIX 指标线，另一条线为 TRMA 指标线。

在使用三重指数平滑平均线 TRIX 指标时，投资者采用的研判标准主要是关注 TRIX 指标线和 TRMA 指标线的交叉现象。如图 14-1 所示。

图 14-1　TRIX 指标走势图

数据来源：东方财富。

三重指数平滑平均线 TRIX 指标与 TRMA 指标等趋向类指标类似。

三重指数平滑平均线 TRIX 指标保留了移动平均线的效果,重点关注股价未来长期运行趋势,使投资者对未来股价运行的长期趋势能够做出直观、准确的研判。因此,三重指数平滑平均线 TRIX 指标是稳健型长期投资者在股票市场实战投资中十分有效的参考指标。

## 1.1 三重指数平滑平均线 TRIX 指标的实用法则

1. 当股票市场处于盘整行情时,不要使用三重指数平滑平均线 TRIX 指标。

2. 当三重指数平滑平均线 TRIX 指标线由下向上穿越 TRMA 指标线时,预示着发出买入股票信号。

3. 当三重指数平滑平均线 TRIX 指标线由上向下跌穿 TRMA 指标线时,预示着发出卖出股票信号。

4. 当三重指数平滑平均线 TRIX 指标和股价走势出现形态背离时,提示投资者应注意股票行情随时产生反转信号。

5. 发挥三重指数平滑平均线 TRIX 指标优点可以过滤市场中的短期波动,投资者可以避免频繁误操作。

6. 当三重指数平滑平均线 TRIX 指标线由下向上穿越 TRMA 指标线形成金叉时,三重指数平滑平均线 TRIX 指标线的金叉预示着股价开始进入强势拉升阶段,建议投资者择时买入股票。

7. 当三重指数平滑平均线 TRIX 指标线由下向上穿越 TRMA 指标线,且 TRIX 指标线和 TRMA 指标线同时向上运行时,预示着股价强势不减,建议投资者可以持股待涨。

8. 当股价处于高位运行了一段时间出现三重指数平滑平均线 TRIX 指标线在高位开始平走或转头向下的情形时,预示着股价强势走势的结束,建议投资者应及时采取高位止盈策略。

9. 当三重指数平滑平均线 TRIX 指标线由上向下跌穿 TRMA 指标线形成死叉时,三重指数平滑平均线 TRIX 指标线的死叉预示着股价的强势上升行情结束,建议投资者择时沽出股票,或持币观望。

10. 当三重指数平滑平均线 TRIX 指标线由上向下跌穿 TRMA 指标线,TRIX 指标线与 TRMA 指标线同时向下运行时,预示着股价弱势不减,建议投资者不要盲目上车,应继续保持观望。

11. 当股价走势已经走出了较大的跌幅之后,三重指数平滑平均线 TRIX 指标线位于 TRMA 指标线下方向下运行了较长时间,且 TRIX 指标线在底部区域出现平走或向上运行时，如果有成交量且有效放大，可能会推动股价上涨，建议投资者应择时逢低买入股票。

12．当三重指数平滑平均线 TRIX 指标线再一次由下向上穿越 TRMA 指标线时，预示着股价或再次起飞上涨，建议投资者应逢低买入或持股待涨。

13．当股价出现盘整行情时，三重指数平滑平均线 TRIX 指标失效。

### 1.2 三重指数平滑平均线 TRIX 指标曲线的形态

在股票市场的实战应用中，对于股价处于高位盘整或低位盘整时，三重指数平滑平均线 TRIX 指标也可以对各种指标线形态做出行情研判。

1．当股价在高位形成 M 头或三重顶等高位反转形态，预示着股价的上涨动力可能不足，股价有可能出现高位反转行情，投资者可以利用三重指数平滑平均线 TRIX 指标线形态变化及时对股价反转进行止盈操作。

2．当股价在低位形成 W 底或三重底等低位反转形态，预示着股价的下跌动力可能不足，股价有可能出现低位反转行情，投资者可以利用三重指数平滑平均线 TRIX 指标线形态变化及时对股价反转进行逢低择机买入操作。

3．在股市实战中发现应用三重指数平滑平均线 TRIX 指标线在顶部反转形态对行情研判的准确度大于在底部形态对行情的研判。

### 1.3 三重指数平滑平均线 TRIX 指标的优点与缺点

三重指数平滑平均线 TRIX 指标的优点：

1．三重指数平滑平均线 TRIX 指标与其他技术分析指标一样，它可以帮助投资者在进行指标分析时过滤掉一些不必要的波动信号，能够较好地利用该指标来分析股票市场的股价长期波动趋势。

2．三重指数平滑平均线 TRIX 指标也可能保留移动平均线的使用效果，三重指数平滑平均线 TRIX 指标和移动均线指标一样可以分析股价在某时间内的波动和运行趋势，使投资者对股价的变动趋势有一个简单直观的把握，从而有效地避免频繁发出均线系统的交叉信号，有利于提高投资者投资的效率。

三重指数平滑平均线 TRIX 指标的缺点：

1．三重指数平滑平均线 TRIX 指标通常提示信号不灵敏，对短线投资机会的把握参考性不强。

2．其余的缺点与中长线 MACD 指标类似。

## 2.三重指数平滑平均线 TRIX 指标实战运用技巧解析

通常在股票市场的实战应用中，投资者可以应用三重指数平滑平均线 TRIX 指标的黄金交叉和三重指数平滑平均线 TRIX 指标进行相关的投资研判。

1．当股价经过下跌调整行情后，三重指数平滑平均线 TRIX 指标线开始由下向上穿越 TRMA 指标线形成指标金叉时，预示着股价即将由弱势转为强势，表明多方力量在增强，股价可能会出现由跌转升，投资者可以通过三重指数平滑平均线 TRIX 指标提示的买入股票信号进行中长线布局。如图 14-2 所示。

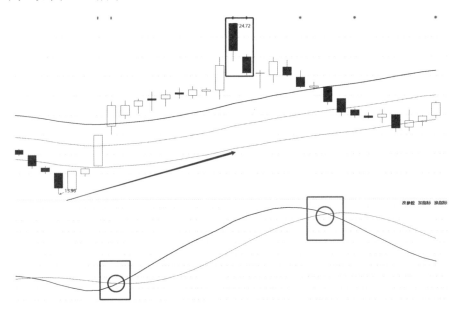

图 14-2　恒顺醋业（600305）TRIX 走势图

数据来源：东方财富。

2．当股价经过一波上升进入盘整行情后，三重指数平滑平均线 TRIX 指标线开始再次向上穿越 TRMA 指标线，伴随成交量再次放量时，预示股价出现强势运行状态，股价可能再度上升，投资者可以利用三重指数平滑平均线 TRIX 指标发出的股票买入信号上车或持股待涨。如图 14-3 所示。

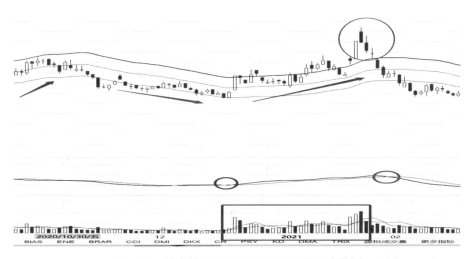

图 14-3　达安基因（002030）TRIX 指标走势图

数据来源：东方财富。

3．当股价经过一波上涨行情后，三重指数平滑平均线 TRIX 指标线开始由上向下跌穿 TRMA 指标线形成指标死叉时，预示着股价即将由强势转为弱势，表明卖方力量在增强，股价可能会出现由升转跌，投资者可以通过三重指数平滑平均线 TRIX 指标提示的卖出股票信号进行高位止盈。如图 14-4 所示。

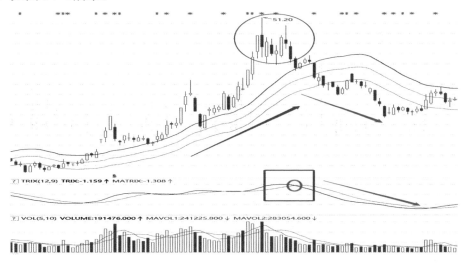

图 14-4　达安基因（002030）TRIX 走势图

数据来源：东方财富。

4. 当股价经过一段时间的下跌后,三重指数平滑平均线 TRIX 指标从下向上突破 TRMA 指标线形成金叉,预示股价将会出现低位反转向上的走势。如图 14-5 所示。

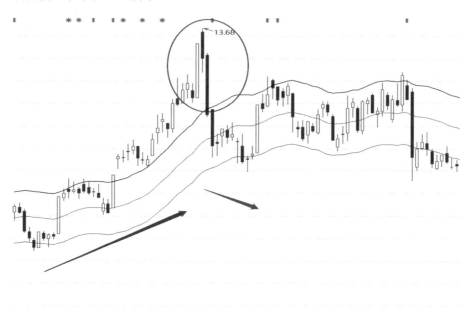

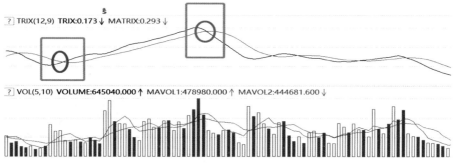

图 14-5　长信科技(300088)股价走势图中的金叉与死叉

数据来源:东方财富。

反之,当股价经过一波上升行情之后,股价出现上攻无力,三重指数平滑平均线 TRIX 指标由上向下跌破 TRMA 指标线构成死叉,预示股价将高位反转,开始掉头向下运行。

5. 三重指数平滑平均线 TRIX 指标顶背离实战应用案例。当股价 K 线图上的股票走势出现一顶比一顶高,股价在一直向上升,而三重指数平滑平均线 TRIX 指标图上的三重指数平滑平均线 TRIX 指标线的走势是在高位一顶比一顶低，形成了三重指数平滑平均线 TRIX 指标的顶背离现象。例如，达安基因（002030）TRIX 出现顶背离走势。如图 14-6 所示。

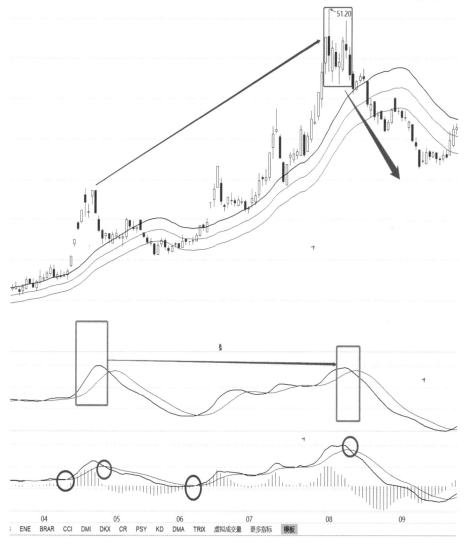

图 14-6  达安基因（002030）TRIX 顶背离走势图

数据来源：东方财富。

三重指数平滑平均线 TRIX 指标的顶背离现象一般发生在股价的高位区域，一旦出现三重指数平滑平均线 TRIX 指标的顶背离时，无论股价短期是涨还是跌，预示后市股价大概率会出现反转向下运行，即股价短期内即将下跌，是强烈的卖出止盈信号，建议投资者不可不信。

6. 三重指数平滑平均线 TRIX 指标底背离实战应用案例。

三重指数平滑平均线 TRIX 指标的底背离现象一般发生在股价的低位区域。当 K 线图上的股价走势一顶比一顶低，股价在向下运行，而三重指数平滑平均线 TRIX 指标图上的三重指数平滑平均线 TRIX 指标线的走势是在低位一底比一底高，形成了三重指数平滑平均线 TRIX 指标的底背离现象，一旦出现三重指数平滑平均线 TRIX 指标的低背离时，预示股价短期会出现止跌反弹行情，是买入信号。如图 14-7 所示。

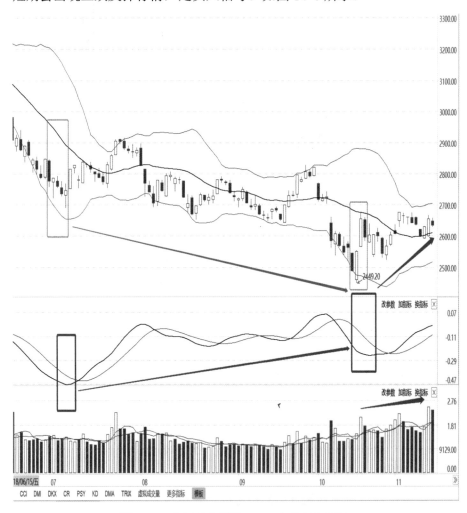

图 14-7　上证综合指数 TRIX 底背离走势图

数据来源：东方财富。

## 3. 三重指数平滑平均线 TRIX 指标实战秘诀

三重指数平滑平均线 TRIX 指标是研究股价长期趋势的技术分析指标，属于长线技术分析指标。发挥三重指数平滑平均线 TRIX 指标优点可以过滤市场中的短期波动，投资者可以避免频繁误操作，能够较好地利用该指标来分析股票市场的股价长期波动趋势。投资者可以利用三重指数平滑平均线 TRIX 指标把握个股中长线运行大趋势投资机会。

当股价经过一波上升进入盘整行情后，三重指数平滑平均线 TRIX 指标线开始再次向上穿越 TRMA 指标线，伴随成交量再次放量时，预示股价出现强势运行状态，股价可能再度上升，投资者可以利用三重指数平滑平均线 TRIX 指标发出的股票买入信号上车或持股待涨。

当股价经过下跌调整行情后，三重指数平滑平均线 TRIX 指标线开始由下向上穿越 TRMA 指标线形成指标金叉时，预示着股价即将由弱势转为强势，表明多方力量在增强，股价可能会出现由跌转升。投资者可以通过三重指数平滑平均线 TRIX 指标提示的买入股票信号进行中长线布局。

当股价经过一波上升行情之后，股价出现上攻无力，三重指数平滑平均线 TRIX 指标由上向下跌破 TRMA 指标线构成死叉，预示股价将高位反转，开始掉头向下运行。预示股价上涨的趋势已经基本结束，投资者应该尽早获利止盈。

当三重指数平滑平均线 TRIX 指标向下运行，且跌穿 TRMA 指标线，三重指数平滑平均线 TRIX 指标线伴随 TRMA 指标线一同下行时，预示股价短期内会持续走弱，建议投资者应以观望为主，切勿盲目杀入。

从股市实战经验中发现，三重指数平滑平均线 TRIX 指标的顶背离一般出现在强势上涨行情中比较可靠，即股价在高位运行时，与多数技术分析的指标形态背离的应用相同，通常三重指数平滑平均线 TRIX 指标的顶背离只需出现一次，就可以确认行情的顶部反转。而股价在低位时，三重指数平滑平均线 TRIX 指标的底背离一般需要反复出现多次底背离后方可确认行情的底部反转。投资者可利用三重指数平滑平均线 TRIX 指标底背离形态并结合其他技术指标研判股价低位时的买入时点。

当股价行情处于盘整阶段时，TRIX 指标的使用价值就会大打折扣。由于三重指数平滑平均线 TRIX 指标作为长线技术分析指标，通常提示信号不灵敏，对短线投资机会的把握参考性不强。

# 第 15 章　MTM 研判股市大势峰与谷

动力指数 MTM（Momentum Index）又称动量 MTM 指标。动量 MTM 指标是专门用来研判股价运行的中短期股票技术分析的重要指标之一。

## 1. 动量 MTM 指标的原理

动量 MTM 指标运用动力学原理中各类由静至动或由动转静等方法来研判股票价格运行过程中的规律。

动量 MTM 指标的理论基础是量价关系。动量 MTM 指标认为股票价格的升降幅度伴随时间的推移将逐渐缩窄，股票价格波动的速度与能量也会缓慢减小，股票行情可能会出现反转。如图 15-1 所示。

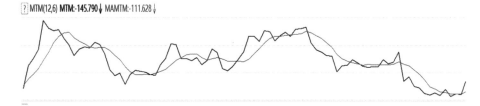

图 15-1　MTM 指标走势图

数据来源：东方财富。

当股票市场处于多头行情时，随着股票价格的不断上涨，股价上涨的动能与速度会出现高位衰减现象，股价上升的能量和速度衰减至一定程度时，股价将会出现大幅回调或出现股价高位见顶反转向下运行。

当股票市场处于空头行情时，随着股票价格的不断下挫，股价下跌的动能与速度也将日渐衰弱，当股价下跌的动能与速度衰弱至一定程度时，股价见底将会出现大幅反弹或反转向上运行。

　　动量 MTM 指标是通过研究股票价格的波动速度来计算股票价格波动的动能，从而呈现股价反转运行的规律，为股票投资者从事股票投资提供技术分析指标的参考。

### 1.1　动量 MTM 指标的一般研判标准

　　动量 MTM 指标中的 0 轴线发挥了重要参考作用。

　　1. 通常动量 MTM 指标是以 0 轴线为中心，围绕 0 轴线上下波动。

　　2. 当动量 MTM 指标线在 0 轴线上方运行时，表示买方力量强于卖方力量，预示股价处于上涨或股价高位整理时期。如图 15-2 所示。

图 15-2　华南生物（002007）股价与 MTM 走势图

数据来源：东方财富。

　　3. 当动量 MTM 指标线在 0 轴线下方运行时，表示卖方力量强于买方力量，预示股价将会出现下跌或低位盘整。如图 15-3 所示。

图 15-3 信维通信（300136）股价与 MTM 走势图

数据来源：东方财富。

4. 当动量 MTM 指标线从 0 轴线下方开始向上穿越 0 轴线时，表示市场买方力量占据优势位置，股价可能将出现加速上涨，提示中长线买入信号。

5. 当动量 MTM 指标线从 0 轴线上方开始向下跌穿 0 轴线时，表示市场卖方力量占据优势位置，股价可能将出现加速下挫，提示中长线卖出信号。

6. 当动量 MTM 指标线从 0 轴线下方向上穿越 0 轴线，并向上运行了一段时间后，如果股价向上运行的加速度开始放缓，表示市场的买方力量开始减退，投资者需要关注动量 MTM 指标线后期运行动向，假设动量 MTM 指标曲线开始掉头向下运行，预示着股价将出现高位反转，建议投资者要采取短线止盈策略，防范股价下跌风险。

7. 当动量 MTM 指标线从 0 轴线上方向下跌穿 0 轴线，并向下运行了一段时间后，如果股价向下运行的加速度开始放缓，表示市场的卖力量开始减退，投资者需要关注动量 MTM 指标线后期运行动向，假设动量 MTM 指标曲线开始转头向上运行，预示着股价将出现低位反转，建议投资者可以逢低买入布局。

8．当动量 MTM 指标线向上穿越 0 轴线后，如果动量 MTM 指标线不出现转头向下运行，预示股价向上运行的速度与动能能够支撑股价的上行。

9．当动量 MTM 指标线向下跌穿 0 轴线后，如果动量 MTM 指标线运行方向没有转向，预示股价处于弱势，股价向下运行的动能还没有完全衰减，建议投资者不要盲动，持币观望。

## 1.2 动量 MTM 指标线与股价指标线的搭配使用

1．当动量 MTM 指标线和股价指标线从低位同步上涨，预示股价短期内会有机会出现上升行情，建议投资者可以持股待涨或逢低布局。

2．当动量 MTM 指标线和股价指标线从低位同步下跌，预示股价短期内会有机会出现下跌行情，建议投资者可以逢高止盈或持币观望。

3．当动量 MTM 指标线从高位短时折返，强势盘整运行一段时间后再次出现向上运行并创新高，而股价指标线也在高位同向运行，预示后市股价上升动力强劲，建议投资者可持股待涨。

4．当动量 MTM 指标线从高位出现快速回调，盘整运行一段时间后向上运行至前期高位附近出现了折返，并在高位附近反转向下运行、未能再创新高时；同时，股价指标线还在缓慢上行并创出了新高，出现了动量 MTM 指标线和股价指标线在高位形成顶背离形态，建议投资者应果断及时止盈。

5．当动量 MTM 指标线从低位出现向上反弹，反弹到一定位置再次出现向下回调，回调至前期低点位置附近时止跌企稳，没有创出新低；同时，股价指标线还在缓慢下行并创出了新低，出现了动量 MTM 指标线和股价指标线在低位形成底背离形态，建议投资者应关注股价运行动向，待股价止跌企稳后择机逢低分批买入。

6．当动量 MTM 指标线处在弱势下跌通道中，经过一段弱势反弹后再次向下运行并创出新低。但股价指标线也在弱势盘整后再次向下运行创出新低，预示股价下跌的动能强劲，建议投资者少动，以持币观望为主。

## 1.3 动量 MTM 指标的优缺点

动量 MTM 指标的优点：

1．从偏差现象可以看出股票大势即将反转的迹象。

2．动量 MTM 指标可以测量出股价涨跌力量的强弱，当股价次高峰或谷底出现反转时，动量 MTM 指标会先提示预警并加以确认。

动量 MTM 指标的缺点：

1．动量 MTM 指标只是一种辅助分析工具，它不能代替基本大势走势的其他分析工具。

2．动量 MTM 指标是以每日收市价作为运算基础，只能预测短期价格波动，不适宜用动量 MTM 指标做中长期的价格预测。

## 2．动量 MTM 指标实战运用技巧解析

1．应用动量 MTM 指标金叉预示着股票买入的机会。通常动量 MTM 指标由上向下跌穿中心线时为卖出股票的机会；相反，当动量 MTM 指标由下向上穿越中心线时为买入股票的机会。

动量 MTM 指标波动频繁，且反应灵敏，动量 MTM 指标不建议被单独使用，建议投资者搭配其他技术分析指标做综合研判。如图 15-4 所示。

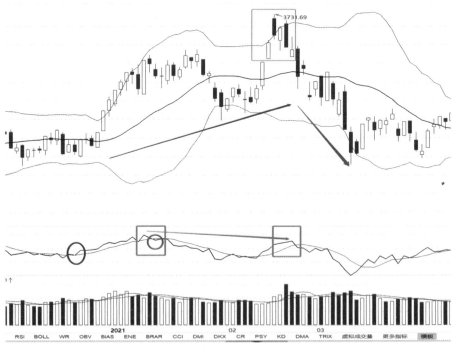

图 15-4　上证综合指数与 MTM 顶背离走势图

数据来源：东方财富。

2．股价在经过一段时间的上涨之后，动量 MTM 指标在高位出现死叉，预示股价的上升动能已经衰竭，短期内股价高位将要出现反转下跌走势，动量 MTM 指标发出卖出信号；同时，顶部出现黄昏十字星 K 线组合形态，也发出卖出信号，两个信号叠加后，卖点出现相互得到了验证。如图 15-5 所示。

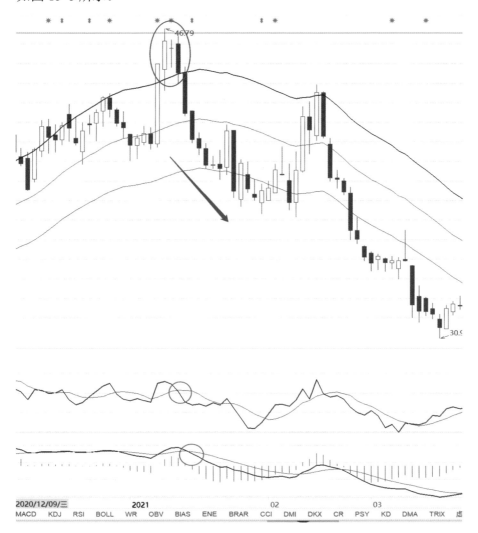

图 15-5　天坛生物（600161）股价与 MTM 指标走势图

数据来源：东方财富。

3．动量 MTM 指标在低位出现金叉，预示股价的下跌动能已经衰竭，短期内股价将要出现上涨走势，动量 MTM 指标发出买入信号。

实战中发现，当动量 MTM 指标在（-1 以下）出现金叉时，发出的买入信号准确率高。例如，2020 年 10 月 28 日京东方 A（000725）MTM 指标在-1 的下方出现了金叉，表示是买入信号。另外，配合 MACD 指标相互验证了其有效性。如图 15-6 所示。

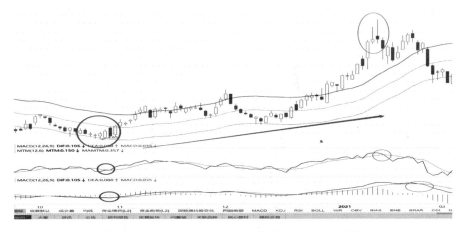

图 15-6　京东方 A（000725）股价与 MTM 走势图

数据来源：东方财富。

4．动量 MTM 指标低位出现金叉，再搭配 KDJ 指标金叉，动量 MTM 指标与 KDJ 指标同步金叉发出了强烈的买入信号。如图 15-7 所示。

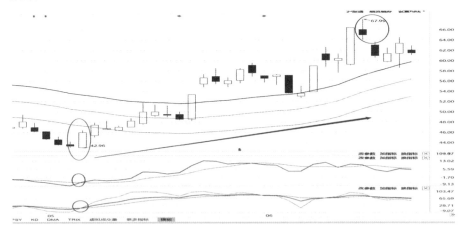

图 15-7　中国软件（600536）股价与 MTM、KDJ 走势图

数据来源：东方财富。

## 2.1　动量 MTM 指标形态的底背离

动量 MTM 指标底背离通常出现在股价的低位区。所谓的动量 MTM 指标底背离是指当股票 K 线图上的股价走势还在下跌，股价的低点比前一次低点低，但是动量 MTM 指标线形态的走势是一底比一底高。

当动量 MTM 指标在股票市场出现底背离时，预示股价趋势将要发生反转。但是具体买入时点仅仅通过动量 MTM 指标底背离是不容易做到的，建议投资者需要通过搭配其他的技术分析指标方才能寻找到合适的买点。

动量 MTM 指标与股价产生底背离后，股价开始走强时买入股票。

如图 15-8 所示，2021 年 5 月 11 日华泰证券（06886）动量 MTM 指标底部出现底背离，低位形成金叉的同时，配合 MACD 指标、ATR 指标进行研判，买入信号得到验证。投资者在动量 MTM 指标与股价产生底背离后，股价开始走强就可以适当买入股票。

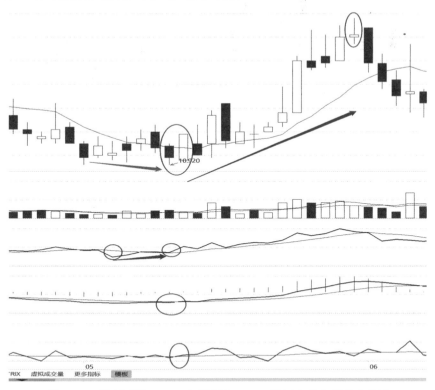

图 15-8　华泰证券（06886）股价与 MTM 指标出现底背离走势图

数据来源：东方财富。

## 2.2 动量 MTM 指标形态的顶背离

众所周知，动量 MTM 指标顶背离通常会出现在股价的高位区。动量 MTM 指标顶背离是指当股票 K 线图上的股价走势还在上涨，出现股价的高点比前一高点高，但是动量 MTM 指标线形态的走势是一顶比一顶低。

在实际应用中发现，动量 MTM 指标顶背离预示着股价高位反转向下的信号强烈，当出现动量 MTM 指标顶背离时，股价出现高位反转走势的研判准确度非常高。

例如，2020 年 5 月 10 日，广电运通（002152）股价走势与动量 MTM 指标、KDJ 指标同时出现顶背离走势，股价创新高后出现向下调整。如图 15-9 所示。

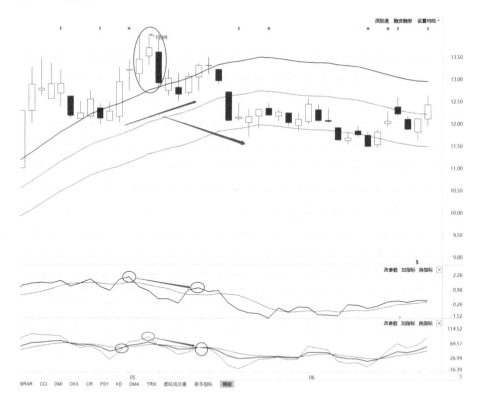

图 15-9　广电运通（002152）股价与 MTM 指标、KDJ 指标同时出现顶背离走势图
　　　　数据来源：东方财富。

当股价下跌一定幅度后，动量 MTM 指标低位形成金叉。随后受股价下跌牵制，MTM 指标线向下走势减弱，但得到 MTMMA 指标的有效支

撑后再次出现上攻时，提示买入信号。如图 15-10 所示。

图 15-10　华大基因（300676）股价与 MTM 指标均线获支撑、KDJ 金叉走势图

　　数据来源：东方财富。

　　应用动量 MTM 指标可以帮助发现上证大盘的谷底与峰顶。如图 15-11 所示。

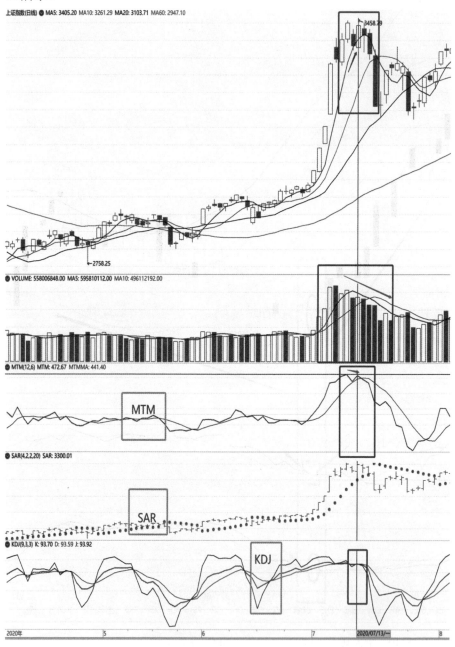

图 15-11　上证综合指数（000001）、MTM（顶背离）、SAR、KDJ 走势图

数据来源：东方财富。

## 3. 动量 MTM 指标实战秘诀

动量 MTM 指标是专门用来研判股价运行的中短期股票技术分析的重要指标之一。

动量 MTM 指标最大的作用是可以提前预判股价的走势。

利用 MTM 指标与 MTMMA 指标交叉关系研判个股的买卖信号，动量 MTM 指标与 MTMMA 指标出现黄金交叉时预示买点，反之出现死亡交叉预示卖点。

动量 MTM 指标能够为投资者在短期内提示高抛低吸机会，当 MTM 及 MTMMA 的运行均在零轴下方时，且动量 MTM 指标在下跌途中形成死叉形态，则卖出信号更为可靠。

动量指标 MTM 在低位出现金叉，预示股价的下跌动能已经衰竭，短期内股价将要出现上涨走势，发出买入信号。实战中发现，当动量 MTM 指标在（-1 以下）出现金叉时，发出的买入信号准确率高。

当动量 MTM 指标在股票市场出现底背离时，预示股价趋势将要发生反转。但是具体买入时点仅仅通过动量 MTM 指标底背离是不容易做到的，建议投资者需要通过搭配其他的技术分析指标方才能寻找到合适的买点。

通常动量 MTM 指标顶背离是股价高位反转向下的强烈信号，对于股价走势的研判非常有效。

动量 MTM 指标获得指标均线支撑后，再次上升时买入。

动量 MTM 指标低位出现金叉，再搭配 KDJ 指标金叉，动量 MTM 指标与 KDJ 指标同步金叉发出了强烈的买入信号。

动量 MTM 指标波动频繁，且反应灵敏，动量 MTM 指标不建议被单独使用，建议投资者搭配其他技术分析指标使用。例如，动量 MTM 指标搭配随机指数 KDJ 指标共同做综合研判的准确度非常高。

# 第16章　乖离率逢低布局高位逃顶

乖离率 BIAS 指标是反映一定时期内股票价格与其移动平均线 MA 指标偏离程度的指标。

## 1. 乖离率 BIAS 指标的原理

乖离率 BIAS 指标是从葛兰碧移动均线 8 大法则中演变出来的股票技术分析指标。如图 16-1 所示。

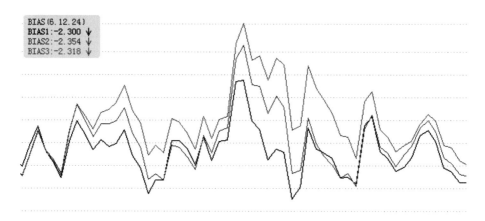

图 16-1　乖离率 BIAS 指标示意图

数据来源：东方财富。

乖离率 BIAS 指标的主要功能是通过计算股价在波动过程中与移动平均线 MA 指标出现偏离的程度，从而得出股价在剧烈波动时因偏离移动平均趋势而造成可能的回调或反弹，以及股价在正常波动范围内运行而形成继续原有趋势的可信度。

乖离率 BIAS 指标主要是由不同时期的 3 条 BIAS 指标线构成。乖离率 BIAS 指标的 3 条线分别为：短期乖离率指标线、中期乖离率指标线和长期乖离率指标线。

应用乖离率 BIAS 指标研判股价走势主要是围绕短、中、长 3 条指标线的运行和相互交叉状态而展开的。

### 1.1 **正负乖离率的特点**

乖离率 BIAS 指标可以分为：正乖离率和负乖离率。

当股价运行在平均线 MA 指标线之上时，表示正乖离率。

当股价运行在平均线 MA 指标线之下时，表示负乖离率。

当股价运行与平均线 MA 指标线相交叉时，表示乖离率为零。

当正乖离率越大，预示短期获利回吐可能性越高。

当负乖离率越大，预示空头回补的可能性越高。

当每股股价与平均线 MA 指标之间的乖离率达到最大百分比时，通常会靠近零值附近，有时低于零或高于零都属于正常现象。

通常移动平均线 MA 指标只能预测股价的走势，不能测算股价的高低。但是应用乖离率 BIAS 指标可以弥补移动平均线 MA 指标的不足，乖离率 BIAS 指标可以用来测算股价的高低。

### 1.2 **乖离率** BIAS **指标的基本应用原则**

1．当正乖离率越大，预示短期超买越强，股价越有可能升至阶段性顶部；当负乖离率越大，预示短期超卖越强，股价越有可能跌至阶段性底部。

2．通常当股价与 6 日平均线 MA 的乖离率达＋5％以上时，表示为超买现象，提示卖出信号；当股价与 6 日平均线 MA 的乖离率达-5％以下时，表示为超卖现象，提示买入信号。

3．当股价与 12 日平均线 MA 的乖离率达＋7％以上时，表示为超买现象，提示为卖出信号；当股价与 12 日平均线 MA 的乖离率达-7％以下时，表示为超卖现象，提示为卖出信号。

4．当股价与 24 日平均线 MA 的乖离率达＋11％以上时，表示为超买现象，提示卖出信号；当股价与 24 日平均线 MA 的乖离率达－11％以上时，表示为超卖现象，提示买入信号。

5．当股价运行趋势处于上升通道时，股价出现负乖离率，预示为逢低买入的信号；当股价运行趋势处于下降通道时，股价出现正乖离率，预示为反弹卖出的信号。

在实战应用中，当乖离率 BIAS 指标的 3 条线黏合在一起，一旦出现在股价高位区乖离率 BIAS 指标的 3 条线向下发散时，建议投资者应立即卖出股票止盈，乖离率 BIAS 指标发出的卖出信号的准确率非常高。

当乖离率 BIAS 指标线形成上升趋势线或下降趋势线时，上升趋势线具有支撑作用，下降趋势线具有阻力作用。但是，如果乖离率 BIAS 指标线向上或向下突破某个股的趋势线时，预示买入或卖出信号。

## 2. 乖离率 BIAS 指标实战运用技巧解析

1. 根据支撑与阻力作用的特性，乖离率 BIAS 指标也具有助涨性和助跌性，当股价在乖离率 BIAS 指标线之上运行时有助涨性，当股价在乖离率 BIAS 指标线之下运行时有助跌性。如图 16-2 所示。

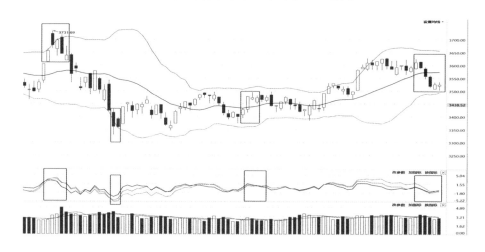

图 16-2　上证综合指数与乖离率走势图

数据来源：东方财富。

2. 当短、中、长期乖离率 BIAS 指标线逐渐靠拢，并且短期乖离率 BIAS 指标线与中期乖离率 BIAS 指标线、中期乖离率 BIAS 指标线与长期乖离率 BIAS 指标线的指标逐渐接近或 3 条线相交，某日一旦呈现向上的趋势，建议应择机买入。乖离率 BIAS 指标发出的买入信号一旦形成，对大盘和个股的研判准确率都非常高。

例如，在恒顺醋业（600305）股价走势中，短、中、长期乖离率 BIAS 指标线逐渐靠拢，前期股价下跌到低位后，乖离率 BIAS 指标线突

然转向呈现向上的趋势，股价出现了一波上升行情。此外，乖离率 BIAS
指标与短线随机指数 KDJ 指标结合验证了其有效性。如图 16-3 所示。

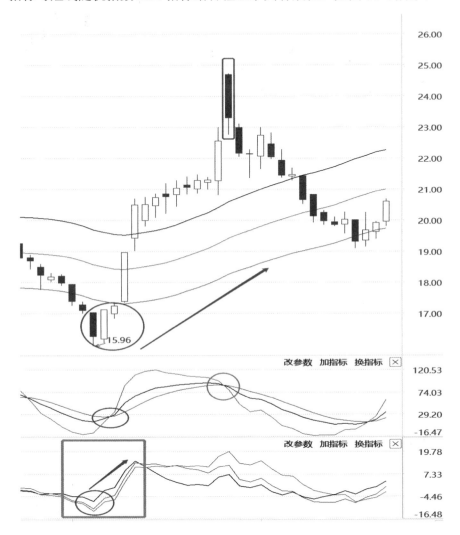

图 16-3　恒顺醋业（600305）股价、乖离率、KDJ 走势图

数据来源：东方财富。

3．当股价处在上涨过程中，乖离率远离零轴线，并接近前期最大值或
者历史最大值时，建议投资者不要盲目追高。如图 16-4 所示。

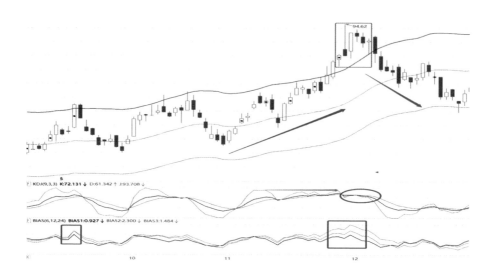

图 16-4 中国平安（6601318）股价、乖离率、KDJ 走势图

数据来源：东方财富。

4. 应用乖离率 BIAS 指标线提供卖点时机。当乖离率 BIAS 指标值大于 10 以上，提示短线卖点可能出现。如图 16-5 所示，中信证券（600030）乖离率 BIAS 指标值大于 10 以上达到 10.46，股价达到高位 32.21 元，提示了卖出信号。而且 KDJ 出现了顶背离，进一步验证了其股价下跌的可能。

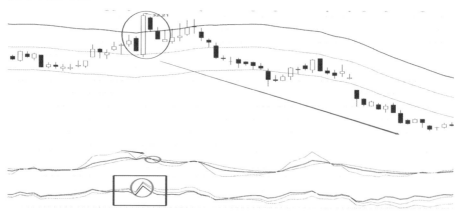

图 16-5 中信证券（660030）股价、乖离率指标、KDJ 指标走势图

数据来源：东方财富。

5. 当 3 条乖离率 BIAS 指标线都在以零度线为中心的狭小范围内反复运行时，预示股价正处于盘整的格局中，这个时候就应该以观望为主。

如图 16-6 所示。

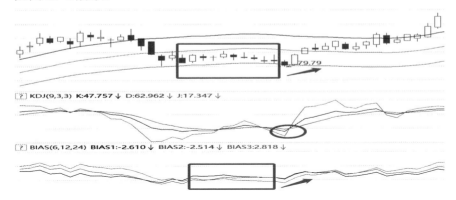

图 16-6　万华化学（600309）股价、乖离率、KDJ 走势图

数据来源：东方财富。

6．当 3 条乖离率 BIAS 指标线摆脱盘整区域且与此同时向上运行时，预示股价已经进入了短线强势拉升的行情，建议投资者应该持股待涨。如图 16-7 所示。

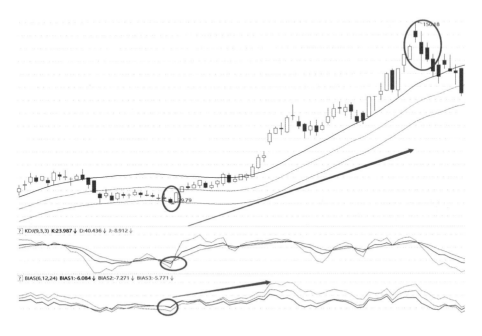

图 16-7　万华化学（600309）股价、乖离率、KDJ 走势图

数据来源：东方财富。

7. 当短期、中期乖离率 BIAS 指标线向上突破了长期乖离率 BIAS 指标线的时候，预示股价的中长期上升行情已经开启，这个时候建议投资者应该加大股票买入力度。如图 16-8 所示。

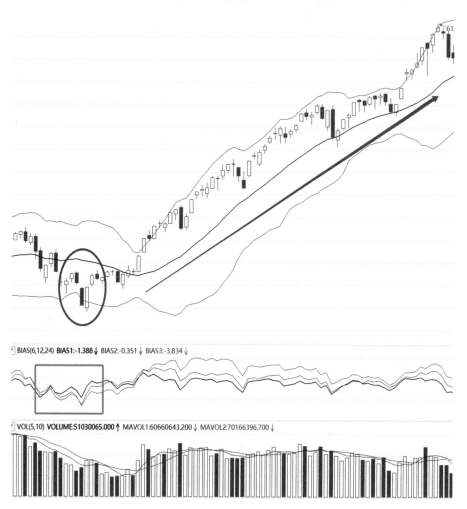

图 16-8 上证综合指数与乖离率走势图

数据来源：东方财富。

8. 当短期、中期乖离率 BIAS 指标线已经开始由高位向下运行时，预示短线上涨行情可能终结，乖离率 BIAS 指标提示中线卖出股票信号。

当长期乖离率 BIAS 指标线已经开始由高位向下运行时，预示股价上升趋势的终结，建议投资者应及时获利止盈。如图 16-9 所示。

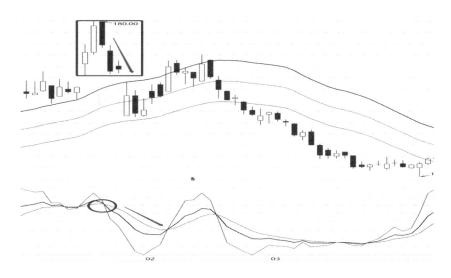

图 16-9 华大基因（306676）股价、乖离率、KDJ 走势图

数据来源：东方财富。

**9. 乖离率 BIAS 指标的缺陷是买卖信号过于频繁。**

在实际操作中，应用乖离率 BIAS 指标与其他 2 种技术指标进行组合运用效果显著。例如，乖离率 BIAS 指标搭配随机指数 KDJ 指标和布林线 BOLL 指标，共同使用更具有实证价值。如图 16-10 所示。

图 16-10 达安基因（002030）股价、乖离率、KDJ、BOLL 走势图

数据来源：东方财富。

10. 乘离率 BIAS 指标主要用来预警股票暴涨和暴跌引发股价行情的逆转。巧用乘离率指标能够有效地捕捉股票暴涨或暴跌的反转机会。乘离率 BIAS 指标成功捕捉了上证综合指数的顶部的机会。如图 16-11 所示。

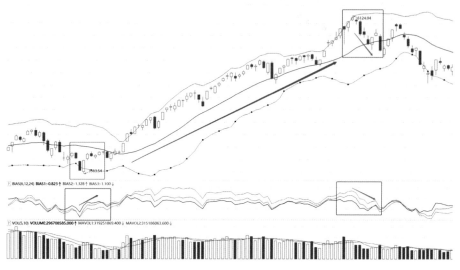

图 16-11　上证综合指数与乘离率走势图

数据来源：东方财富。

11. 当乘离率 BIAS 指标值在低位达到极限值时，预示股价在暴跌后即将出现反转信号。如图 16-12 所示。

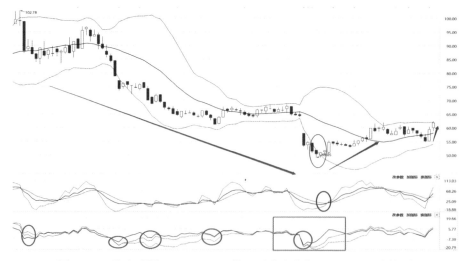

图 16-12　澜起科技（688008）股价、乘离率指标、KDJ 指标走势图

数据来源：东方财富。

12．乘离率 BIAS 指标上升到极限位，预示后市股价会出现高位调整，投资者可把握高位止盈的机会。

例如，中国软件（600536）乘离率 BIAS 指标值上升到极限值 42.48，的确股价在高位出现了回调。如图 16-13 所示。

图 16-13　中国软件（600536）股价、乘离率指标、KDJ 指标走势图

数据来源：东方财富。

## 3. 乘离率 BIAS 指标实战秘诀

乘离率 BIAS 指标主要可以用来预警股价的暴涨和暴跌引发的行情逆转。

乘离率 BIAS 指标保留了移动平均线 MA 指标对股价总体运行趋势的反映，投资者可透过乘离率 BIAS 指标研判股价运行的趋势。

当乘离率 BIAS 指标绝大部分时间运行在零轴线上方，预示股价上升趋势的一种直观形态；反之，当乘离率 BIAS 指标绝大部分时间运行在零轴线下方，预示着股价下跌趋势的一种直观形态。

当股价经历快速上升使得乖离率 BIAS 指标线快速向上运行并接近前期高点，预示股价已偏离了移动平均线 MA 指标原有的运行轨迹，提示卖出信号。

特别是当乖离率 BIAS 指标值上升至极限位置时，预示股价可能会出现高位调整，建议投资者应把握止盈机会。

当股价经历一波快速下跌使得乖离率 BIAS 指标快速向下运行并接近和达到前期低点，预示股价已明显偏离移动平均线 MA 指标的原有轨迹，提示买入信号。

特别是当乖离率 BIAS 指标在低位达到极限值时，预示着股价暴跌后即将出现反转信号。

应用乖离率 BIAS 指标线提供卖点时机。当乖离率 BIAS 指标值大于10 以上，提示短线卖点可能出现。

当短期、中期、长期乖离率 BIAS 指标线逐渐靠拢，并且短期乖离率 BIAS 指标线与中期乖离率 BIAS 指标线、中期乖离率 BIAS 指标线与长期乖离率 BIAS 指标线的指标逐渐接近或 3 条线相交于一起，某日一旦呈现向上的趋势，建议应择机买入。乖离率 BIAS 指标发出的买入信号一旦形成，对大盘和个股的研判准确率都非常高。

在实战应用中，当乖离率 BIAS 指标的 3 条线黏合在一起，一旦出现在股价高位区乖离率 BIAS 指标的 3 条线向下发散时，建议投资者应立即卖出股票止盈，乖离率 BIAS 指标发出的卖出信号的准确率非常高。

当短期、中期乖离率 BIAS 指标线向上突破了长期乖离率 BIAS 指标线的时候，预示股价的中长期上涨行情已经启动了，这个时候建议投资者应该加大股票买入力度。

# 第 17 章　利用 BOLL 抓住赚钱商机

布林线的英文全称是 Bollinger Bands。布林线 BOLL 指标属于比较特殊的一项技术分析指标。

布林线 BOLL 指标是利用股价信道来显示股价的每个价位。布林线 BOLL 指标是典型的通道类指标，主要用于反映股价的波动情况，并通过股价在通道之中的运行状况提示买入与卖出信号。

## 1. 布林线 BOLL 指标原理

布林线 BOLL 指标是股市技术分析指标中的常用工具之一，是通过计算股价的标准差，再求股价的信赖区间。

布林线 BOLL 指标是由 3 条指标线组成。3 条指标线分别是中轨线、上轨线和下轨线。

通常用上轨线表示股价的压力线，用下轨线表示股价的支撑线。如图 17-1 所示。

图 17-1　布林线 BOLL 走势图

数据来源：东方财富。

图 17-2 是上证指数布林线的走势图。

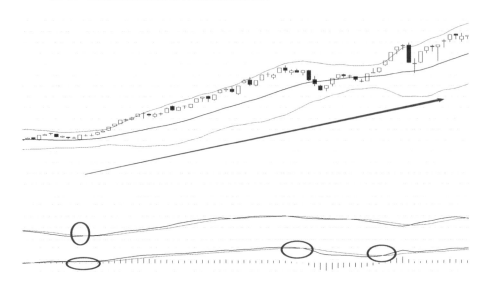

图 17-2　上证指数、BOLL 指标、MACD 指标、MASS 指标走势图
数据来源：东方财富。

在布林线 BOLL 指标应用中，当股价波动较小，股价处于盘整行情时，股价信道就会变窄，预示着股价的波动处于暂时的平静期。

当股价运行在中轨之上，布林线开口逐步收窄，上轨、中轨和下轨逐步接近，当上下轨数值差接近 10％时，提示买入信号。如果此时成交量明显放大，预示布林线 BOLL 指标发出股价向上突破信号。

当股价波动超出狭窄的股价信道上轨时，预示着股价向上快速运行行情即将展开。

当股价突破布林线上轨运行时，股价走势具有以下特点：

通常股价在突破上轨线之前，大多数时间会在中轨线与上轨线之间运行。

股价在突破布林线上轨线之后，喇叭口会展开，如果配合有股票成交量的放量，预示着后市上升的概率极高。

当股价经过一段温和上升行情之后，出现短线的回调，股价在上轨附近受阻，然后又回踩布林线中轨，如果连续 3 日站稳中轨，提示买入信号。

当股价一直沿着布林线通道上轨和中轨之间稳步上行时，建议投资者应持股待涨，预示股价正处于多头强势上涨的通道中。

从图 17-3 中可以看出，上证指数从高位超出狭窄的股价信道的下轨运行，CCI 出现底背离，证明上证指数在下跌之后即将要走出底部反转行情。

图 17-3　上证指数、BOLL 指标、MACD 指标、CCI（底背离）指标走势图
数据来源：东方财富。

当股价运行超出狭窄的股价信道的下轨时，同样也是预示着股价异常激烈向下运行的开端。

通常当股价跌穿布林线下轨或站稳中轨时，提示买入股票信号。

投资者可能会遇上常见的交易陷阱，即买低陷阱与卖高陷阱。

买低陷阱。投资者在所谓的低位抄底，往往会抄在半山腰，买入股票之后，股价不仅没有止跌反而不断下挫。正可谓股市中"除了地板外，之下还有地狱"之说。

卖高陷阱。大多数投资者不会卖股票，往往股票在所谓的高点卖出后，股价不仅没有反转下跌，而是一路上涨。这就是为何说"会卖的才是师傅"的道理。

## 2. 布林线 BOLL 指标实战运用技巧解析

1. 布林线 BOLL 指标与随机指数 KDJ 指标搭配使用，能够较好地找到低位买入机会。如图 17-4 所示。

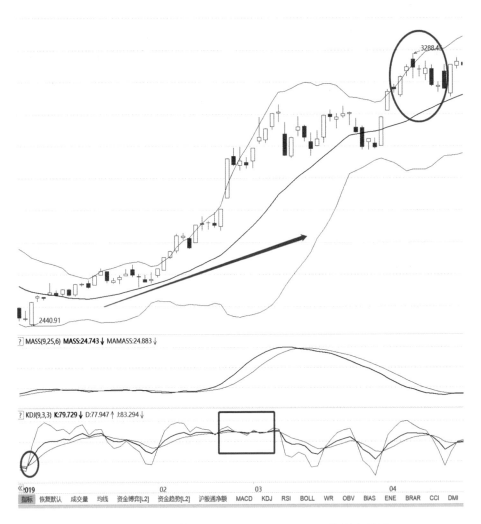

图 17-4　上证指数、BOLL、MACD、MASS 指标走势图

数据来源：东方财富。

2. 布林线 BOLL 指标与 TRIX 指标、KDJ 指标搭配使用，能够较好地找到大盘高位止盈卖出的机会。如图 17-5 所示。

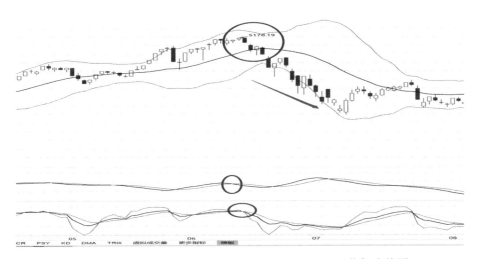

图 17-5　上证指数、BOLL 指标、KDJ 指标、MASS 指标走势图

数据来源：东方财富。

3．布林线 BOLL 指标与 MACD 指标、成交量指标等的搭配使用可以研判个股走势机会。

例如，达安基因股价沿着布林线 BOLL 指标的上轨运行。如图 17-6 所示。

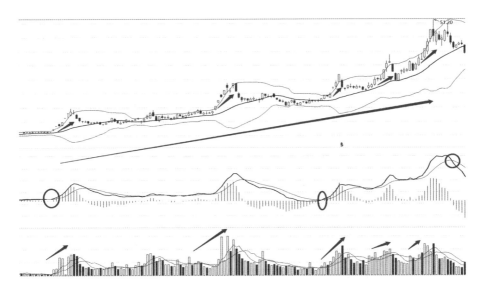

图 17-6　达安基因股价、BOLL 指标、MACD 指标、成交量指标走势图

数据来源：东方财富。

# 3. 布林线 BOLL 指标实战秘诀

当股价涨跌幅度变大时，带状区喇叭口变宽，当股价涨跌幅度收窄时，带状区喇叭口相应变窄，投资者非常容易通过布林线 BOLL 指标来研判股价运行的趋势。

特别关注的是当股价在低位启动时，股价突破上轨持续运行在上轨外区域，预示着股价会出现强势上升的行情。

当股价高位反转下跌时，突破下轨连续运行在下轨外区域，预示着股价将展开强势下跌行情。

当布林线 BOLL 指标的上轨线、中轨线、下轨线同时向上运行时，预示着股价在短期内将继续强势上升，建议投资者可以逢低买入或持股待涨。

在布林线 BOLL 指标应用中，当股价波动较小，股价处于盘整行情时，股价信道就会变窄，预示着股价的波动处于暂时的平静期。

当股价运行在中轨之上，布林线 BOLL 指标的开口逐步收窄，上轨、中轨和下轨逐步接近，当上下轨数值差接近 10％时，提示买入信号。如果此时成交量明显放大，预示布林线 BOLL 指标发出股价向上突破信号。

当股价波动超出狭窄的股价信道上轨时，预示着股价向上快速运行行情即将展开。

当布林线 BOLL 指标的上、中、下轨线同时向下运行时，预示着股票价格的弱势特征非常明显，短期内股票价格将继续下跌，建议投资者应该逢高卖出或者持股观望。

布林线 BOLL 指标在股票牛市中不建议投资者用于研判大盘走势，否则容易错判行情走势。

布林线 BOLL 指标的变化都具有相对性，并不是绝对的，股价的高低也是相对的，股价在布林线 BOLL 指标的上轨线以上或在布林线 BOLL 指标的下轨线以下只反映该股股价相对较高或较低，投资者做出投资判断前还需参考其他技术分析指标进行综合研判。

投资者需要尽量避免常见的交易陷阱，即买低陷阱与卖高陷阱。

# 第18章　掌握量价关系提升赚钱能力

成交量指标是最简单且直接反映股票市场多空双方供求关系的重要指标。

成交量指标是体现买卖双方剧烈交锋程度的直接反映。持续活跃的成交量表示股票市场不断有新的增量资金涌入。如果在多头市场行情下，通常体现为量价齐增，有量才有价。一旦没有成交量的配合，股价将难以维持持续上升的走势。

## 1. 量价关系的原理

成交量与股价是股票技术分析中最基本的元素，其中股票成交量是股市运行的重要基础。股价体现股市运行的结果。量价之间存在的最基本的相互依存关系就是大家所熟知的量价关系。如图18-1所示。

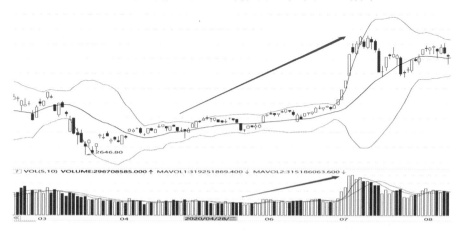

图 18-1　上证指数、BOLL 指标、成交量指标走势图

数据来源：东方财富。

1．量在价先突破形态。

量在价先突破形态是指交易当天的股票成交量先突破前期的最高量能形成突破形态。

量增价升，毫不犹豫买入。

量缩价下跌，坚决卖出。

当股价处于高位量价背离时：

量减价升，坚决卖出；

量增价降，考虑买入。

当股价处于低位量价背离时：

通常价格下跌到一定阶段后出现横盘整理，成交量逐步放大，表示买入信号。

2．天价天量形态。

天价天量形态是指当股价经过大幅上升之后，股价仍然继续在最高位放出巨量上涨出现的形态。如果在高位股价出现滞涨的情况，预示着股价即将见顶信号，持股者可择机卖出止盈。

3．量增价升形态。

量增价升形态是指由于成交量的放量带动股价持续上涨的形态，通常量增价升形态是典型的股市中经常出现的股价走势形态。

4．地价地量形态。

地价地量形态是指股票处在低迷的成交量时，股价也处在相对低位。

通常情况下会出现在下跌行情的底部区域，而且持续时间比较长，交易比较清淡，股价波动幅度较小，对于中长线投资者来说是较好的买入建仓时机。

如果股价处于高位时，特别要提醒投资者注意的是，当股价随着成交量的缩小反而上升，这时投资者应特别小心，一定要果断采取止盈措施。

5．低位放量形态。

低位放量形态是指股票价格连续下跌之后在低位成交量继续放大的形态。低位放量形态预示着股价可能触底，建议投资者可以逢低建仓。

6．高位放量形态。

高位放量形态是指股价伴随着成交量的持续放大继续上涨的形态。

高位放量预示着股价可能已接近股价顶部，后市上涨可能乏力，建议投资者要当心股价高位反转的可能。

当高位放量形态出现时，建议搭配均线 MA 指标、MACD 指标、KDJ 指标等技术分析指标综合分析更为准确。

7. 成交量缩量形态。

当成交量缩量形态出现时，要特别注意成交量缩量大跌时应坚决卖出。

成交量缩量上涨时，提示为买入信号。

投资者要特别关注成交量堆量形态，成交量在低价位区开始出现堆量，并且堆得越漂亮时，预示着后市可能有大涨行情。

当成交量在高价位区出现堆量时，投资者要小心可能出现主力拉高出货，建议投资者高位要及时止盈。

股票市场中的量价关系集中反映在股价的变化必然伴随着成交量的变化。不同的成交量指标形态的组合，具有不同的市场含义，投资者只有正确解读成交量指标形态所蕴含的市场多空双方的博弈信息，就能够清晰明了其价格运动的轨迹。成交量的形态变化可以提前预测股票价格的走势。

例如，当股价处于上升趋势时，大幅上涨之后的量价背离形态是投资者研判股价上升趋势即将反转的重要信号。

成交量指标形态变化方式分为放量、缩量。所谓放量是指股票市场交投活跃、增量资金不断涌入，放量最能体现，市场情绪变化的过程。所谓缩量是指股票市场交投清淡。当股价走势较为稳健时，如果在股价低位突然出现成交量放大，多数情况下预示着主力已经完成建仓，是拉升的前兆。

投资者可以根据成交量的变化并搭配其他技术指标判断市场的后期走势。如果成交量在高位出现放大，而且量增价不增，预示着股价高位即将出现反转信号。投资者可以在高位及时采取止盈策略。

## 2. 成交量指标实战运用技巧解析

1. 股价高位无量可以守。

股价处于高位无量，通常是市场预期一致性的表现，通常股价上升的可能性大于股价下跌的可能性。如图 18-2 所示。

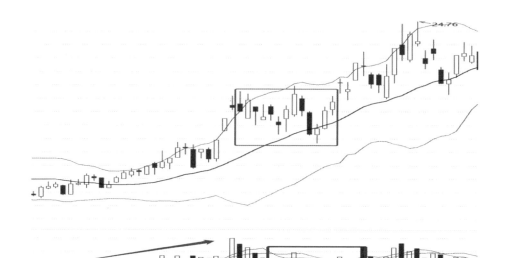

图 18-2　北方稀土（600111）股价、BOLL 指标、成交量指标走势图

数据来源：东方财富。

**2. 股价高位放量务必采取止盈策略。**

实战中，当股价持续走出了一波上涨行情之后，且成交量不断增大，而股价反而出现滞涨，大概率可能是主力在拉高出货。如图 18-3 所示。

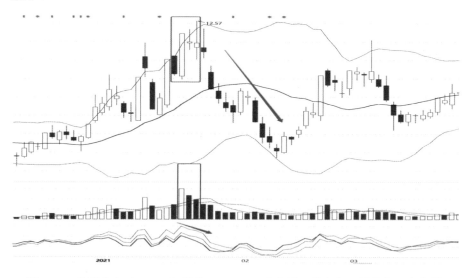

图 18-3　航天动力（600343）股价、BOLL、成交量、乖离率（顶背离）走势图

数据来源：东方财富。

3．股价低位无量需持股待涨。

股价处于低位时，如果筹码还集中在主力手中，只是因为主力可能还没有做好拉升准备，一旦出现放量预示着股价将会出现大幅拉升。通常这个过程是十分煎熬的，普通投资者往往熬不住漫长的等待，建议投资者可以运用筹码分布指标关注主力的持股动向，静候入场最佳时机或持股待涨。如图 18-4 所示。

图 18-4　航天动力（600343）股价、BOLL 指标、成交量指标、KDJ 指标走势图

　　数据来源：东方财富。

4．股价低位放量宜快速跟进。

股价在低位放量通常是资金涌入吸筹的信号，量增价涨，通常预示后市上升概率较大，建议投资者在股价低位放量时宜快速跟进。如图 18-5 所示。

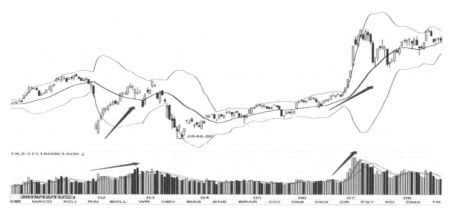

图 18-5　上证指数、BOLL 指标、成交量指标走势图

　　数据来源：东方财富。

5. 关注股价高位平量变盘风险。

股价处于高位，当成交量在有效放大，但股价却出现滞涨，预示着股价可能要变盘。如图 18-6 所示。

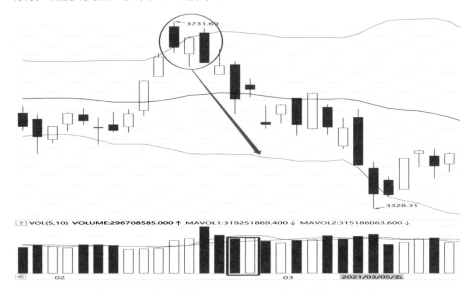

图 18-6　上证指数、BOLL 指标、成交量指标走势图

数据来源：东方财富。

6. 股价低位量增价升可择机分批加仓。

当股价处于低价位区域，且成交量有效增加时，预示着后市股价可能会上升，投资者可择机分批加仓。如图 18-7 所示。

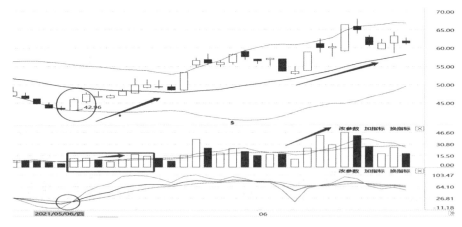

图 18-7　中国软件（600536）股价、BOLL 指标、成交量指标、KDJ 指标走势图

数据来源：东方财富。

7．股价低位平量要小心。

当股价处在低位区域，且成交量出现平量时，要关注股价 K 线在均线的什么位置运行。如果处在均线上方意味着还可以等，如果股价 K 线处在均线下方运行，预示股价可能还将继续下挫。如图 18-8 所示。

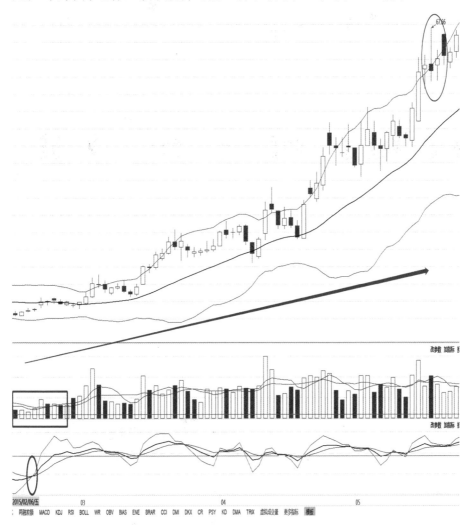

图 18-8　华南生物（002007）股价、BOLL 指标、成交量指标、KDJ 指标走势图
　　数据来源：东方财富。

8．投资者还应特别关注北向资金流向的动态。北向资金流向与上证指数走势基本同步。如图 18-9 所示。

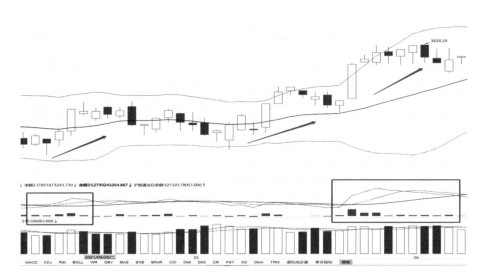

图18-9　上证指数、BOLL指标、成交量指标、北向资金指标走势图

数据来源：东方财富。

**9. 成交量温和放量形态。**

成交量温和放量形态是一种量能渐变的过程，表示市场买卖双方交投开始趋于活跃。温和放量通常会出现在市场持续低迷之后，或股价上升初期，预示着主力资金介入的力度开始加大，场外资金开始持续涌入，个股股价会出现止跌上升的势头。如图18-10所示。

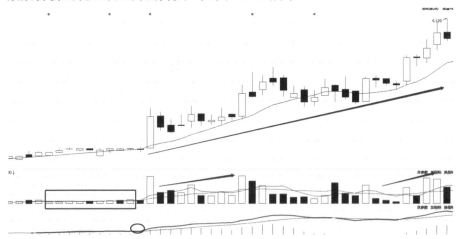

图18-10　中国旭阳集团（HK01907）股价、均线、成交量、MACD指标走势图

数据来源：东方财富。

10．成交量递增放量形态。

成交量递增放量形态是指成交量在数个交易日内逐级递增、持续放大，且有明显的持续放大效果。成交量递增放量形态通常会出现在价格快速拉升的走势中。如图 18-11 所示。

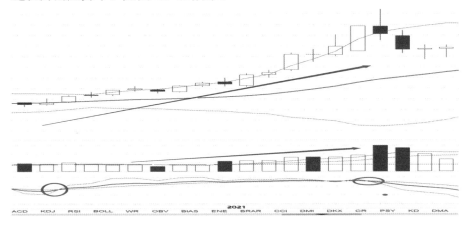

图 18-11　三一重工（600031）股价、BOLL 指标、成交量指标、KDJ 指标走势图

数据来源：东方财富。

11．顶部成交量缩量形态。

股价出现在顶部区域，成交量出现萎缩，预示上升趋势的末期。股价上攻乏力，场外买盘由于股价过高，新的投资者入场意愿不强，顶部区域缩量形态就自然形成。在没有新的充足的买盘推动股价继续上升的前提下，股价自然会呈向下运行走势。如图 18-12 所示。

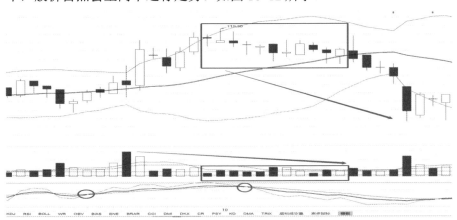

图 18-12　云南白药（000538）股价、BOLL 指标、成交量指标、KDJ 指标走势

数据来源：东方财富。

## 3. 成交量指标实战秘诀

量增价升，毫不犹豫买入。

量缩价下跌，坚决卖出。

量减价升，坚决卖出。

量增价降，考虑买入。

天价天量需注意。

量增价必涨。

放量上涨后，高位会回落。

放量下跌后，触底会反弹。

无量价下跌，后市必大涨。

量大成头，量小成底。

后量超前量，股价会跟上。

# 第 19 章　MIKE 预测股市的涨与跌

麦克 MIKE 指标又称为麦克支撑压力指标。

麦克 MIKE 指标与布林线 BOLL 指标同属路径类指标。

## 1. 麦克 MIKE 指标的原理

麦克 MIKE 指标是股市中专门用于研究股价各类压力与支撑的中长线股票技术分析指标。如图 19-1 所示。

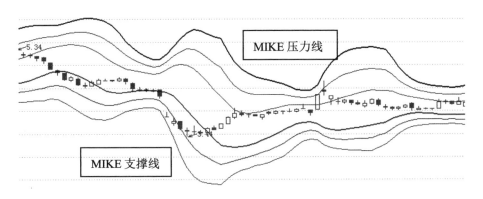

图 19-1　MIKE 麦克指标走势图

数据来源：东方财富。

麦克 MIKE 指标是由初级、中级、强力 3 种不同级别的支撑指标线和压力指标线组成。

麦克 MIKE 指标随着股价的变化而变化，在实战运用中，麦克 MIKE 指标能有效地分析股价未来上涨或下跌的运行趋势。

大多数技术分析指标都是从股票的开市价、收市价、最低价与最高价的角度来分析研判股价的未来走势。但在一定程度上仅凭股票的开市价、收市价、最低价与最高价是不能全面反映股票价格在股市中的真实走势情况。但是麦克 MIKE 指标的出现确弥补了多数技术分析指标仅从以上 4 种价格的指标来反映股票市场的真实运行状况的不足。

麦克 MIKE 指标在某种程度上弥补某些技术指标在行情研判上的误差，麦克 MIKE 指标提出了以初始价格（Typical Price）作为计算基准，计算出股价的初级、中级和强力 3 种支撑价位区或 3 种压力价位区。因此，麦克 MIKE 指标成为广大投资者用于分析股价短、中、长期走势的重要指标。

麦克 MIKE 指标的研判标准：

在实战中，麦克 MIKE 指标通常是由 6 条不同的指标线构成的一种技术分析图形。麦克 MIKE 指标中下方的 3 条被称为支撑线，上方的 3 条线被称为压力线。

1. 麦克 MIKE 指标中 3 条压力线与 3 条支撑线的作用。

通常股价会运行在麦克 MIKE 指标的 3 条压力线与 3 条支撑线中间的位置。当股价向上运行时，会受到麦克 MIKE 指标的 3 条压力线的阻击；同样，当股价向下运行时，通常也会受到麦克 MIKE 指标的 3 条支撑线的支撑。

当股价突破上方第一条压力位时，预示着股价有强劲上攻的动力，是否继续上涨，取决于能否挑战成功站在第 2 条压力线的上方运行。如果没有成交量的配合，短期股价有下调的压力。

当股价下跌到正常区域运行时，取决于麦克 MIKE 指标的第 1 条支撑位是否能得以支撑。如果股价在第 1 条支撑位获得了支撑，预示着股价短期内有反弹的可能。

2. 当股价处在上升通道时，投资者只需要关注上方 3 条压力线的参考作用，因为股价在上升过程中一旦突破了上方的第一条压力线，预示着股价短期内将有上升的动力。因此，上方 3 条压力线与下方 3 条支撑线不会同时发挥作用。

3. 当股价强力上涨突破了麦克 MIKE 指标所提示的初级和中级位置时，必将会遭遇最上方强力压力位的阻击。投资者务必要关注股价可能由于前期涨幅过大存在股价高位区域反转向下的可能。一旦出现股价 K 线走势由高位向下转向运行，建议投资者应该采取高位止盈策略，防范高位变盘风险。

4. 当股价位于盘整行情并运行在中间区域之上时，建议投资者以麦克 MIKE 指标上方 3 条压力位为参考；当股价运行在中间区域偏下位置，建议投资者以麦克 MIKE 指标下方 3 条支撑线为参考。

## 2. 麦克 MIKE 指标实战运用技巧解析

1．当价格处于上升趋势时，股价会离下方 3 条支撑线中的最上方的 1 根支撑线较近。而离上方的 3 条压力线较远，只要这种形态不改变，这预示着股价的上升趋势仍将会继续下去。如图 19-2 所示。

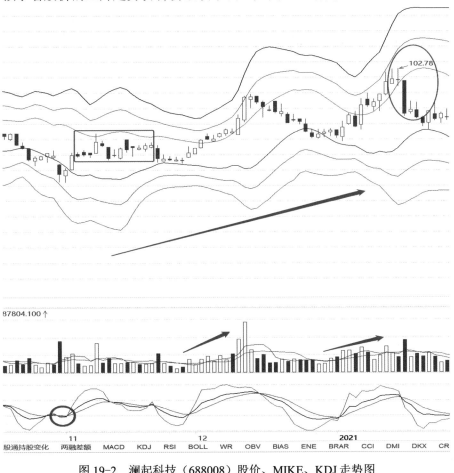

图 19-2　澜起科技（688008）股价、MIKE、KDJ 走势图

数据来源：东方财富。

2．当个股经过长期的上升并创出新高之后，往往会走出高位反转行情，这时股价也会由原来的接近阻力线转向变成接近支撑线，若此时价格

出现沿着支撑线下行形态，预示着股价将进入下行通道，建议投资者不宜快速买入，应以观望为主。如图 19-3 所示。

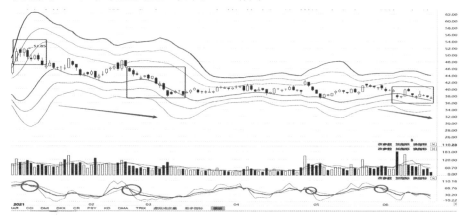

图 19-3　伊利股份（600887）股价、MIKE 指标、KDJ 指标走势图

数据来源：东方财富。

3．当个股经过较长时间的深幅调整下跌后，股价往往会走出探底行情。这时股价也会由原来的接近阻力线转向变成接近支撑线，若此时股价出现止跌企稳形态，预示着底部已出现，提示为买入信号。如图 19-4 所示。

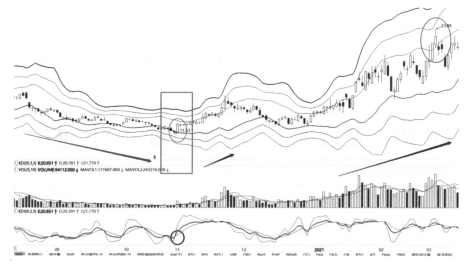

图 19-4　五矿稀土（000831）股价、MIKE 指标、KDJ 指标走势图

数据来源：东方财富。

4．当股价经过一段时间上涨之后，股价在高位区域往往会走出高位反转行情。此时股价也会由原来的接近支撑线转向变成接近阻力线，若这时股价出现滞涨形态，预示着股价顶部已出现，提示为卖出信号。如图19-5 所示。

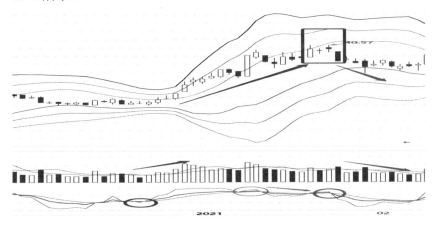

图 19-5　东方财富（300059）股价、MIKE 指标、KDJ 指标（底背离）走势图
　　数据来源：东方财富。

5．当股价处于盘整走势中，如果股价离压力线较近，并沿着压力线上行，预示着股价将会大概率继续选择向上破位上行。如果股价出现短期回调，离支撑线较近，受到支撑线的支撑，并伴随成交量的放大，预示着股价仍将会继续上行。如图 19-6 所示。

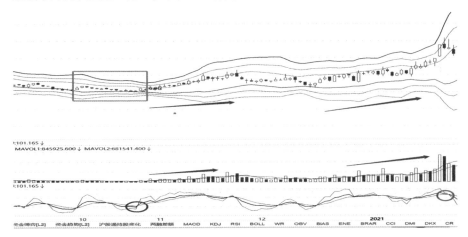

图 19-6　方大炭素（600516）股价、MIKE、KDJ（底背离）走势图
　　数据来源：东方财富。

6. 在实战运用麦克 MIKE 指标中，如果股价走出盘整区域，开始沿着上升通道运行时，建议投资者用麦克 MIKE 指标中的上方 3 条压力线作为主要研判依据，下方的 3 条支撑线发挥的作用不明显。如图 19-7 所示。

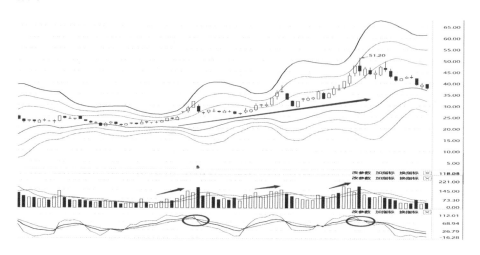

图 19-7　达安基因（002030）股价、MIKE 指标、KDJ 指标走势图
数据来源：东方财富。

7. 在实战运用麦克 MIKE 指标中，如果股价走出盘整区域，开始沿着下降通道运行时，建议投资者用麦克 MIKE 指标中的下方 3 条支撑线作为主要研判依据，上方 3 条压力线发挥的作用不明显。如图 19-8 所示。

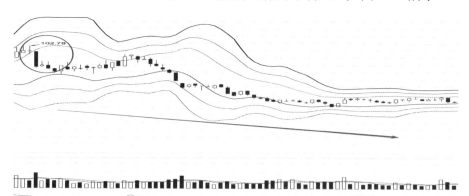

图 19-8　澜起科技（688008）股价、MIKE 指标、KDJ 指标走势图
数据来源：东方财富。

　　8. 实证中运用麦克 MIKE 指标验证了上证综合指数走势。如图 19-9 所示。

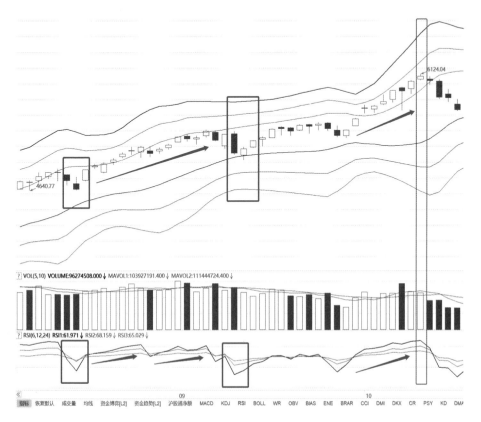

图 19-9　上证综合指数、MIKE 指标、RSI 指标走势图

　　数据来源：东方财富。

## 3. 麦克 MIKE 指标实战秘诀

　　麦克 MIKE 指标是专门用于研究股价波动过程中压力与支撑情况的指标。麦克 MIKE 指标属于路径类指标。

　　当股价处于上涨趋势时，股价会离 3 条下方的支撑线中的最上方的支撑线较近，而离上方的 3 条压力线较远，只要这种形态不改变，预示着上涨趋势仍将会延续。

　　当股价处于下跌趋势时，股价会离上方 3 条压力线中的最下方的 1 条压力线较近，而离下方的 3 条支撑线较远，只要这种形态不改变，表示下跌趋势仍将继续。

当股价位于盘整行情并运行在中间区域之上时，建议投资者以麦克 MIKE 指标上方 3 条压力线为参考；当股价运行在中间区域偏下位置，建议投资者以麦克 MIKE 指标下方 3 条支撑线为参考。

当股价处在上升通道时，投资者只需要关注上方 3 条压力线的参考作用，因为股价在上升过程中一旦突破了上方的第 1 条压力线，预示着股价短期内将有上升的动力。因此，上方 3 条压力线与下方 3 条支撑线不会同时发挥作用。

通过麦克 MIKE 指标我们能很好地研判股价上涨和下跌趋势。

# 第20章　MASS 寻找股票趋势反转

梅斯线 MASS（Mass Index）指标是唐纳德·道尔西（Donald Dorsey）提出的用于寻找价格走势中转折点的一项技术分析指标。

梅斯线 MASS 指标是指累积股价波幅宽度之后所形成的一种震荡曲线。梅斯线 MASS 指标通过震荡曲线的形态预示股价的转折点。

## 1. 梅斯线 MASS 指标的原理

梅斯线 MASS 指标属于压力支撑类指标。梅斯线 MASS 指标也称为重量指数。如图20-1所示。

梅斯线 MASS 指标在实战中最核心的作用是发现暴涨股或极度弱势股运行趋势反转提供的投资机会。

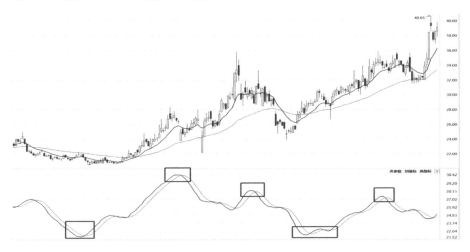

图20-1　梅斯线 MASS 走势图

数据来源：东方财富。

梅斯线 MASS 指标的应用法则：

1. 当股价运行正处在上升趋势且梅斯线 MASS 指标线向上上穿 27，不久梅斯线 MASS 指标转头下行至 26.5。此时，若股价 K 线正处在 9 日移动平均线 MA 指标下方向下运行阶段，预示着市场买方力量开始衰弱，空方力量在增强，提示股价出现高位反转行情。

2. 当股价运行正处在下降趋势且梅斯线 MASS 指标线向上上穿 27，不久梅斯线 MASS 指标转头下行至 26.5。此时若股价 K 线正处在 9 日移动平均线 MA 指标上方向上运行阶段，预示着市场卖力量开始衰弱，多方力量在增强，提示股价出现低位反转行情。

如果股价 K 线在 9 日移动平均线上方运行，预示着股价正处在上升行情中，表明市场买方力量在增强，卖方力量在衰弱，建议投资者可以根据梅斯线 MASS 指标配合股价 K 线的位置进行高位止盈、低位分批布局的策略。

3. 当梅斯线 MASS 指标线低于 20 时，通常该个股短期内不能带来投资收益。因此，不建议投资者选择梅斯线 MASS 指标低于 20 的股票进行投资。

由于梅斯线 MASS 指标的功能主要是分析股票价格波动幅度情况，从中寻找到股价走势的转折点。在股票市场实战操作中建议投资者可以根据梅斯线 MASS 指标形态结合 9 日移动平均线形态的走势研判股票价格的走势。

## 2. 梅斯线 MASS 指标实战运用技巧解析

1. 当梅斯线 MASS 指标由下向上运行穿越 27 时，如果之后梅斯线 MASS 指标掉头下行跌穿至 26.5 并继续下行，建议投资者应关注股价 K 线走势与 9 日移动平均线运行状态。

如果股价 K 线走势在 9 日移动平均线下方运行，预示着股价正处于下跌状态，说明市场买方力量开始衰弱，卖方力量在增强，短期股价呈现下跌状态。如果股票 K 线走势在 9 日移动平均线上方运行，预示着股价正处于短线反弹上升阶段。如图 20-2 所示。

图 20-2　工商银行（601398）股价走势图

数据来源：中信证券交易系统。

2. 实战运用中，梅斯线 MASS 指标线由下向上穿越 27，随后又掉头跌落 26.5。这时如果股价 K 线走势正处在 9 日移动平均线上方，预示着股价正在上升行情中，提示股价见顶信号，说明买方力量正在衰减，容易出现高位反转向下行情，建议投资者可以采用高位卖出股票兑现收益，否则容易坐一把过山车。如图 20-3 所示。

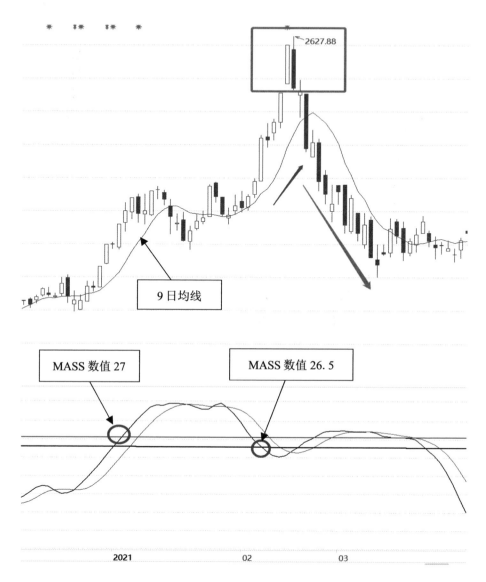

2627.88

9 日均线

MASS 数值 27

MASS 数值 26.5

2021　　　　　　02　　　　　　03

图 20-3　贵州茅台（600519）股价走势图

数据来源：中信证券交易系统。

3. 在实战中，当梅斯线 MASS 指标线向上穿越 27，之后迅速向上运行至高位极限值，预示股价在高位区域短暂震荡，之后大概率会出现向下反转行情，建议投资者可以搭配中线 MACD 指标共同验证。如图 20-4 所示。

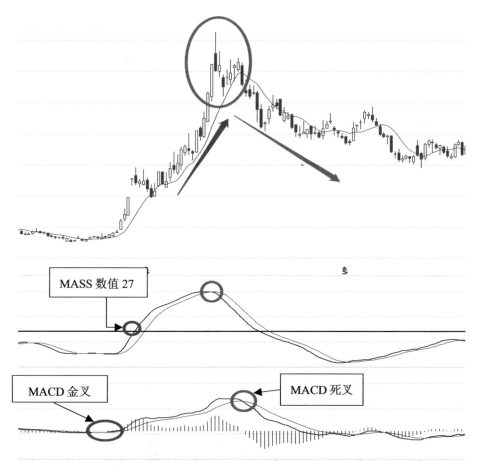

图 20-4　航发动力（600893）股价走势图

数据来源：东方财富。

4. 利用梅斯线 MASS 指标快速上扬形态在低位区买入股票。

在大盘走势强劲时，主力若不想快速进行建仓操作并借大盘之势来完成控盘，则该个股大幅获利出局的概率就要明显降低。

当某个股处于深幅下跌后，出现止跌企稳形态时，若每笔交易出现快速增加，为了更好地把握主力的真实动向，建议投资者可利用筹码分布指标图加以验证。若某个股主力正在收集筹码且股价在低位区域并未出现大幅上升也是普通投资者分批介入的好时机。

利用梅斯线 MASS 指标快速上扬形态在低位布局买入股票。如图 20-5 所示。

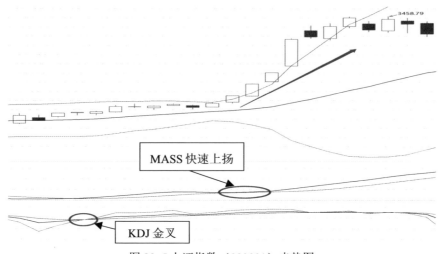

图 20-5 上证指数（000001）走势图

数据来源：东方财富。

5. 利用梅斯线 MASS 指标持续走低形态在高位区卖出股票。如图 20-6 所示。

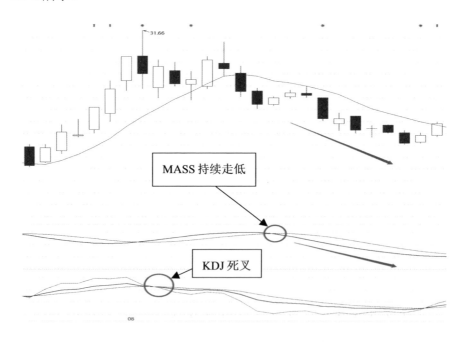

图 20-6 达安基因（002030）股价走势图

数据来源 x：东方财富。

6. 利用梅斯线 MASS 指标线搭配 VTY 指标、SAR 指标、KDJ 指标在低位区寻找买入时机。实证中，梅斯线 MASS 指标线佐证了个股的低位反转信号。如图 20-7 所示。

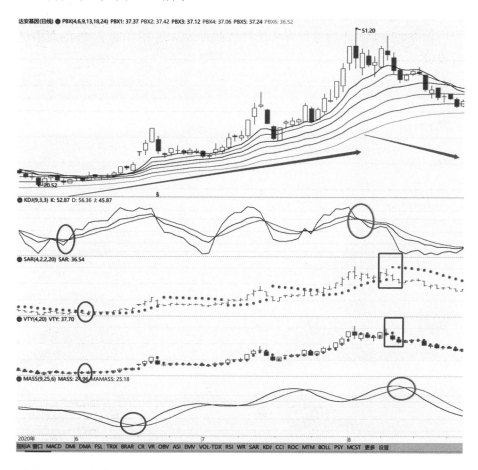

图 20-7　达安基因（002030）股价、PBX、KDJ、SAR、VTY、MASS 指标走势图

数据来源：中信证券交易系统。

## 3. 梅斯线 MASS 指标实战秘诀

1. 当梅斯线 MASS 指标线由下向上上穿 27 之后，随后又跌穿 26.5，此时若股价呈现上升状态，预示着卖出股票信号。

2. 如果股价 K 线在 9 日移动平均线上方运行，预示着股价正处在上升行情中，表明市场买方力量在增强，卖方力量在衰弱，建议投资者可以根据梅斯线 MASS 指标配合股价 K 线的位置进行高位止盈、低位分批布局的策略。

3. 当梅斯线 MASS 指标线低于 20 时，通常该个股短期内不能带来投资收益。因此，不建议投资者选择梅斯线 MASS 指标低于 20 的股票进行投资。

# 第 21 章　EXPMA 快速研判股价涨跌

指数平均数 EXPMA 指标克服了中线 MACD 指标信号滞后和 DMA 指标信号提前的不足。指数平均数 EXPMA 指标加重了对当日行情权重的计算，可以快速地体现股票价格的上升与下降。在实战中，运用指数平均数指标可以帮助投资者快速研判股票市场价格的涨跌。

指数平均数 EXPMA 指标属于趋势类指标，该指标也是股票技术分析指标中的常用指标之一。

## 1. 指数平均数 EXPMA 指标的原理

指数平均数 EXPMA 指标由短期的 EXPMA1 和长期的 EXPMA2 两条指标线构成。当短期的 EXPMA1 由下往上穿越长期的 EXPMA2 时，预示着股价将会上升。因此，当短期的 EXPMA1 和长期的 EXPMA2 形成指数平均数 EXPMA 指标金叉的时候，提示买入信号。

指数平均数 EXPMA 指标与中线 MACD 指标和 DMA 指标的不同之处在于，指数平均数 EXPMA 指标计算公式重点考虑了当期股价行情的权重，克服了中线 MACD 指标信号滞后和 DMA 指标信号提前的不足。

指数平均数 EXPMA 指标应用的原则：

1. 当指数平均数 EXPMA 指标中的短期的 EXPMA1 向上穿越长期的 EXPMA2，构成指数平均数 EXPMA 指标金叉，提示为买入信号。如图 21-1 所示。

图 21-1　国瓷材料（300285）股价、EXPMA 指标走势图

数据来源：东方财富。

2. 当指数平均数 EXPMA 指标出现死叉之后，再后面的一根中阴线跌穿前期的震荡平台，短期的 EXPMA1 下穿长期的 EXPMA2 提示为卖出信号。如图 21-2 所示。

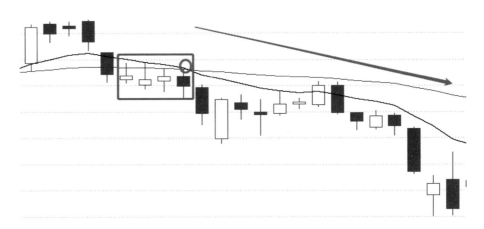

图 21-2　伊利股份（600887）股价、EXPMA 指标走势图

数据来源：东方财富。

3. 在实战运用中，指数平均数 EXPMA 指标对股价上升趋势具有助涨功能，当股价处于下跌趋势时，指数平均数 EXPMA 指标对股价起助跌功能。

## 2. 指数平均数 EXPMA 指标实战运用技巧解析

1. 在实战运用中，当行情处于上升趋势的时候，股价 K 线运行和指数平均数 EXPMA 指标的短期 EXPMA1 指标线和长期 EXPMA2 指标线呈向上多头排列，预示着买方力量强劲，提示股价后市看涨。

2. 当行情处于下降趋势的时候，股价 K 线运行和指数平均数 EXPMA 指标的短期 EXPMA1 指标线和长期 EXPMA2 指标线呈向下空头排列，预示着卖方力量强劲，提示股价后市看跌。

3. 指数平均数 EXPMA 指标的短期 EXPMA1 指标线由下向上穿越长期 EXPMA2 指标线时，提示买入信号。

4. 指数平均数 EXPMA 指标的短期 EXPMA1 指标线由上向下跌穿长期 EXPMA2 指标线时，提示卖出信号。

5. 指数平均数 EXPMA 指标的短期 EXPMA1 指标线由下向上穿越长期 EXPMA2 指标线构成金叉时，提示为买入信号。

特别是当指数平均数 EXPMA 指标出现金叉后，如果出现一根中阳线上穿前期股价运行平台，进一步明确了一段上涨行情的开端。如图 21-3 所示。

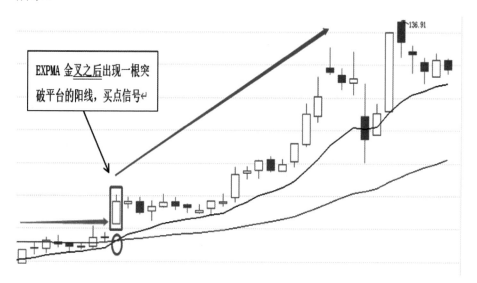

图 21-3　片仔癀（600436）股价、EXPMA 指标走势图

数据来源：东方财富。

6. 指数平均数 EXPMA 指标的短期 EXPMA1 指标线由上向下跌穿 EXPMA2 指标线构成死叉时，提示为卖出信号。

特别是当指数平均数 EXPMA 指标出现死叉后，如果出现一根中阴线跌穿前期股价运行平台，进一步明确了一段下跌行情的开始。如图 21-4 所示。

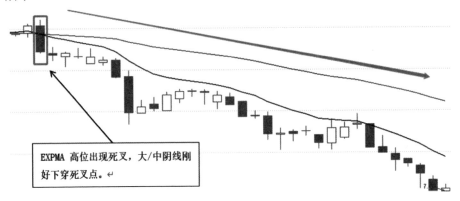

图 21-4　宏辉果蔬（603336）股价、EXPMA 指标走势图

数据来源：东方财富。

7. 当股价较长时间在低位运行整理，指数平均数 EXPMA 指标线出现走平向上运行趋势。如果成交量出现明显放量，推动股价涨停并形成指数平均数 EXPMA 指标的金叉，预示着股价开始启动，新一轮上涨大行情展开。如图 21-5 所示。

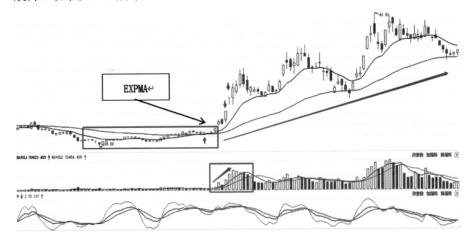

图 21-5　鱼跃医疗（002223）股价、EXPMA 指标、KDJ 指标、成交量走势图

数据来源：东方财富。

8．当股价在高位运行了一段时间以后，指数平均数 EXPMA 指标的短期 EXPMA1 指标线由上向下跌穿 EXPMA2 指标线构成死叉，同时成交量异常放大，造成股价快速下跌甚至跌停，预示后市将出现股价向下运行趋势，投资者应及时止盈出局。如图 21-6 所示。

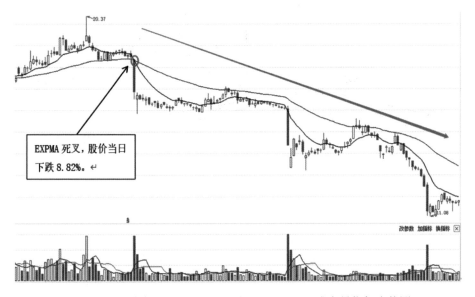

图 21-6　广汽集团（601238）股价、EXPMA、成交量指标走势图

数据来源：东方财富。

9．在股市实战操作中，利用指数平均数 EXPMA 指标对股价处于空头排列的个股可以采取多次短线卖出或卖空操作获利。

当指数平均数 EXPMA 指标中的 EXPMA1 指标线在 EXPMA2 指标线下方运行，预示着股价将进入下跌趋势，投资者可以逢高卖出或者短线做空。卖出或做空的时机以 EXPMA1 指标线反弹靠近 EXPMA2 指标线时比较理想，如果靠近后，EXPMA1 指标线不向上穿越 EXPMA2 指标线，出现掉头向下，预示着短期存在卖出或做空的时机。

当 EXPMA1 指标线下穿 EXPMA2 指标线形成指数平均数 EXPMA 指标死叉时，提示卖出或做空信号。

当 EXPMA1 指标线反弹 EXPMA2 指标线附近再次收跌时，投资者可选择继续卖出或做空操作。

当 EXPMA1 指标线反弹 EXPMA2 指标线不再突破，并再次开始收跌，投资者可继续卖出或做空。如图 21-7 所示。

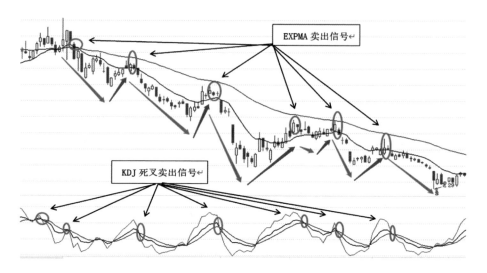

图 21-7　方大炭素（600516）股价、EXPMA、KDJ（死叉）指标走势图

数据来源：东方财富。

10．当 EXPMA1 指标线在 EXPMA2 指标线上方运行，表示市场将进入或处于多头的趋势，建议投资者以逢低买入或做多为主。买入或做多的时机以 EXPMA1 指标线回调靠近 EXPMA2 指标线时比较理想，如果靠近后 EXPMA1 指标线不向下跌穿 EXPMA2 指标线，然后就出现拐头向上运行，提示是买入或做多的时机。如图 21-8 所示。

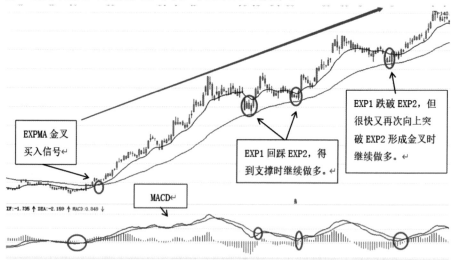

图 21-8　五粮液（000858）股价、EXPMA、MACD 指标走势图

数据来源：东方财富。

11．当股价在下降趋势中，指数平均数 EXPMA 指标中的 EXPMA1 线在 EXPMA2 线下方运行的时候，该指标线对未来股价走势形成压力位。当股价跌破 EXPMA1 线后，开始掉头上行，靠近 EXPMA2 线时，为第二卖点，预示着股价中期走势偏弱，投资者切勿恋战，迅速止盈离场。如图 21-9 所示。

图 21-9　工商银行（601398）股价、EXPMA 指标走势图

数据来源：东方财富。

12．指数平均数 EXPMA 指标搭配随机指数 KDJ 指标实战案例。如图 21-10 所示。

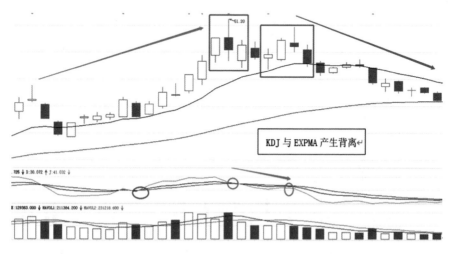

图 21-10　达安基因（002030）股价、EXPMA、KDJ（顶背离）、成交量走势图

数据来源：东方财富。

在综合运用的实战案例中可以看出，指数平均数 EXPMA 指标属于趋趋类指标，利用指数平均数 EXPMA 指标重点关注的是指标线对重要的支撑位或者压力位的使用。

随机指数 KDJ 指标虽然能够紧跟价格的即时波动而发出买入与卖出信号，但有时可能发出虚假信号。

如果将指数平均数 EXPMA 指标与随机指数 KDJ 指标搭配使用，从注重价格的趋势入手，则可以过滤掉随机指数 KDJ 指标发出的虚假信号。

在综合搭配运用时，指数平均数 EXPMA 指标应处于主导地位，随机指数 KDJ 指标是从属地位，建议投资者在实际使用时将随机指数 KDJ 指标所发出的超买超卖信号及交叉信号通过指数平均数 EXPMA 指标进行验证，如果验证失败，建议要以指数平均数 EXPMA 指标提示的信号为准。

假如指数平均数 EXPMA 指标和随机指数 KDJ 指标之间与股价走势形态之间出现背离现象，建议投资者必须采取措施，该止盈就要迅速卖出股票获利，该减少损失要及时止损。

13．指数平均数 EXPMA 指标搭配 MACD 指标使用寻找买点。如图21-11 所示。

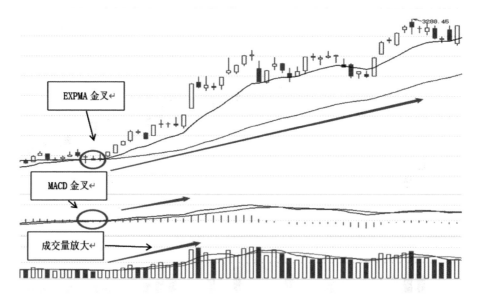

图 21-11　上证指数、EXPMA（金叉）、MACD（金叉）、成交量走势图
数据来源：东方财富。

当 MACD 指标线向上突破零轴线时，关注指数平均数 EXPMA 指标是否在低位形成金叉。

如果当 MACD 指标上穿零轴出现了金叉，此时指数平均数 EXPMA 指标也出现了金叉，并且伴随成交量的有效放大，建议投资者可以根据上述两个指标发出的买入信号及时进行买入布局。

如果当 MACD 指标上穿零轴线，但是指数平均 EXPMA 指标暂时还没有出现金叉，建议投资者不必过早买入，应该等待指数平均 EXPMA 指标出现金叉时再行买入，可靠性更强。

## 3. 指数平均数 EXPMA 指标实战秘诀

1. 指数平均数 EXPMA 指标被视为中短线趋势性好指标，非常适合以中短线交易为主的投资者使用。

2. 在实战运用中，指数平均数 EXPMA 指标对股价上升趋势具有助涨功能，当股价处于下跌趋势时，指数平均数 EXPMA 指标对股价起助跌功能。

3. 从实战中发现，指数平均 EXPMA 指标不仅弥补了平均线 MA 的缺陷，同时兼有短线 KDJ 指标和中线 MACD 指标在形态上出现的金叉和死叉的功能。实战表明，利用指数平均数 EXPMA 指标的准确率是相当高的。因此，该指标深受广大股票投资者的喜爱。

# 第 22 章　OBV 指标把握股价趋势

能量潮 OBV（On Balance Volume）指标是 20 世纪 60 年代美国投资家葛兰维（Joe Granville）先生提出的。当今，能量潮 OBV 指标被股票投资者广泛运用。

股票技术分析主要包括量、价、空、时等元素。

能量潮 OBV 指标是以成交量为核心展开对股票趋势运行进行研判。

## 1. 能量潮 OBV 指标的原理

能量潮 OBV 指标是通过统计成交量增减的趋势来研判未来股价走势、挖掘热门股票、分析股价波动趋势的一种技术分析工具。

能量潮 OBV 指标是将股市中的人气、成交量与股价波动的关系通过图形具象化，体现出能量潮 OBV 指标直观适用的特点。

在股市技术分析中，能量潮 OBV 指标聚焦于成交量这个重要指标的研究，凸显了能量潮 OBV 指标在股票技术分析中注重量价关系在股价运行中的重要作用。

能量潮 OBV 指标通常以 N 字形为波动单位，并且由多个 N 形波构成了能量潮 OBV 指标线形态。能量潮 OBV 指标分为上升潮（UP TIDE）和下跌潮（DOWN FIELD）。

能量潮 OBV 指标的理论基础：股票市场股价的有效波动必须有成交量配合，量是价的先行指标。

能量潮 OBV 指标是由 OBV 指标线和 MAOBV 指标线构成，其中 OBV 指标线是能量潮 OBV 指标实时反映市场能量的指标线。通常 MAOBV 指标线是能量潮 OBV 指标中 30 日的市场能量平均值的指标线。如图 22-1 所示。

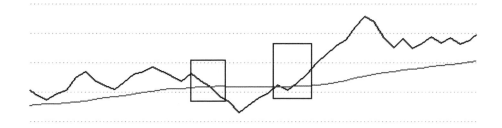

图 22-1　能量潮 OBV 指标走势图

数据来源：东方财富。

## 1.1 能量潮 OBV 指标的理论依据

1．在股市交易中，关于人气和买卖双方力量博弈结果最直观、有效的标准就是成交量指标。

2．能量潮 OBV 指标借用了物理学的重力原理。股价的升跌就像物理学中物体的上升和下降，当物体上升缺乏足够动能的条件下就会出现自然下降。

反映在股票市场上能量的大小取决于交易日成交量的大小，当股价上升时，如果成交量出现衰减，自然会出现股价回调。这就是为什么要有量价相配，才能够获得稳定的价格走势。

通常情况下，行情启动阶段，需要较大的成交量支持，否则持续性的股价上升难以为继。但是当股价出现反转下跌时，则不一定需要成交量的大幅增加，有时候成交量并不大，也会出现股价的高位反转，当然在多数情况下，主力拉高出货则例外。由于主力拉高是为了出货，对主力而言出货是关键，就会出现放量下跌，造成成交量增加。

3．能量潮 OBV 指标符合自然界的惯性原理，即所谓的动则恒动、静则恒静。

投资者很容易能理解为什么热门股会受到追捧，这是由于人们为了追求利益在低价涌入，涌入的人多了自然量就上升，其交易就更加活跃，这就是自然界的动则恒动之理。相反，股市当中的冷门股，由于受到投资者的冷落，参与者少，自然成交量难以放大，价格长期处于低迷，股价的波幅也不会像热门股那样大，这就是所谓的静则恒静的道理。能量潮 OBV 指标简单清晰地向人们展示了股价的波动与成交量的关系。

### 1.2 能量潮 OBV 指标应用的法则

1．在实战应用中，如果能量潮 OBV 指标线下行，股价 K 线却出现上行，预示多方力量衰竭，提示股价下跌信号。

2．如果能量潮 OBV 指标线上行，股价 K 线却出现下行，预示多方力量强劲，提示股价止跌企稳信号。

3．如果能量潮 OBV 指标线向上运行速度缓慢，预示多方力量正在聚集，提示买入信号。

4．如果当能量潮 OBV 指标线急速向上运行，预示多方力量正在衰竭，提示卖出信号。

5．如果能量潮 OBV 指标值由正数转为负数，预示股价出现下降趋势，建议投资者可高位止盈。

6．如果能量潮 OBV 指标值由负转正，预示股价后市看涨，建议投资者可逢低吸纳。

7．能量潮 OBV 指标线的运行方向是股票技术分析当中重点关注的参考指标，指标的数值大小参考意义不大。

8．在股市实战应用中，当能量潮 OBV 指标线位于 MAOBV 指标线的上方向上运行，预示着股价可能会出现放量上行。如图 22-2 所示。

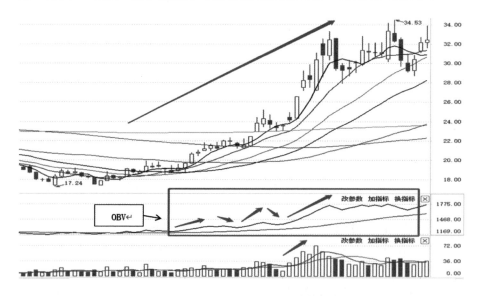

图 22-2　中科曙光（603019）股价、OBV、成交量指标走势图
数据来源：东方财富。

9．在股市实战应用中，当能量潮 OBV 指标线位于 MAOBV 指标线的下方向上运行，预示着股价可能会出现放量下行。

能量潮 OBV 指标最好不要单独使用，通常与股价曲线结合或与其他技术分析指标混合使用才能发挥更好的作用。

### 1.3　能量潮 OBV 指标线变化对股价运行趋势的确认

当股价上升或下降，而能量潮 OBV 指标线也相应上行或下行，则可确认当前股价处于上升或下降趋势。

当能量潮 OBV 指标线与股价走势出现背离现象时，则预示着股价的走势趋势准确度可能会出现一定的偏差。

根据技术分析的实战运用结果表明，形态学和切线理论同样适用于能量潮 OBV 指标线的实战应用。

当股价进入盘整区运行时，能量潮 OBV 指标线通常会率先发出股价向上或向下突破盘整的信号，且成功率较高。

能量潮 OBV 指标线是预测股市短期波动的重要指标之一。投资者在股市实战中可以利用能量潮 OBV 指标来验证当前股价走势的可行性。正确运用能量潮 OBV 指标在股价的运行趋势中还能够寻找到股价趋势反转的投资机会。

### 1.4　能量潮 OBV 指标的优点与缺点

能量潮 OBV 指标的优点：

1．能量潮 OBV 指标线是根据成交量的增减变化计算并绘制成能量潮 OBV 指标线。

2．在实战应用中投资者把能量潮 OBV 指标线作为在股市短期波动中寻找到趋势性投资机会的经典研判指标。通常不建议投资者单独使用能量潮 OBV 指标，可以搭配合其他技术分析指标共同对股价运行趋势进行研判。

3．使用能量潮 OBV 指标线能较好地帮助投资者在股市突破盘局后发现股价运行轨迹，进而把握投资机会。

4．能量潮 OBV 指标线的运行轨迹可以局部显示出股票市场内部主力资金变动的方向。

能量潮 OBV 指标尽管不能够显示出主力资金变动的原因，但仍然可以提前找出不寻常的超额成交量出现在什么价位区域，能够助力技术分析人员领先一步深入研究市场内部价格变动的真实动向。

能量潮 OBV 指标的缺点：

1. 能量潮 OBV 指标是最早应用于海外成熟的股票市场上，对于新兴市场发挥的效能有待提高。

2. 通常当市场采用涨跌停板的股票有时会导致能量潮 OBV 指标失真。

3. 有的股票由于出现连续涨停，会导致投资者对后市股价是否继续上涨产生预期改变，往往会持股观望，导致无量上涨的情形，从而使得能量潮 OBV 指标无法正常发挥其动能。

4. 能量潮 OBV 指标对股价进入下降通道后运行行情使用的效用不明显。

## 2. 能量潮 OBV 指标实战运用技巧解析

1. 当能量潮 OBV 指标在股价高位出现 M 头形态时，建议投资者务必提高警惕，股价在高位容易出现反转下跌走势。如图 22-3 所示。

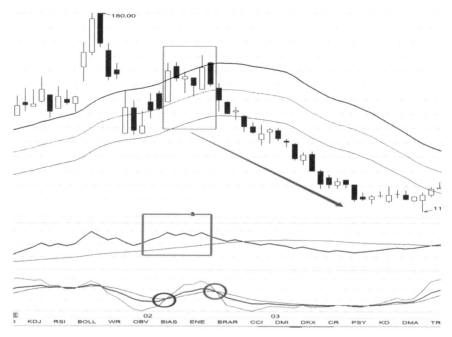

图 22-3　华大基因（300676）股价、OBV、KDJ 走势图

数据来源：东方财富。

2．当能量潮 OBV 指标与股价同步向上运行，且成交量也在持续放量，预示主力可能已经完成了吸筹，为了研判主力吸筹的真实情况，建议参考筹码分布指标。预示股价将会被拉升，建议投资者可大胆布局。如图 22-4 所示。

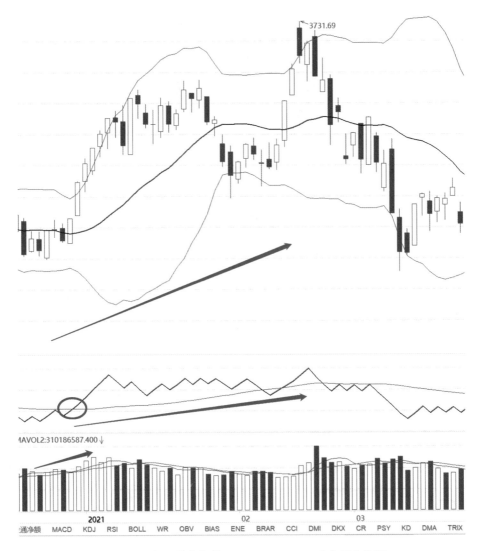

图 22-4　上证综合指数、OBV、BOLL、成交量走势图

数据来源：东方财富。

3．当能量潮 OBV 指标线突破 30 日指标线后，如果出现股价快速向上运行，预示股价后市看涨，建议投资者持股待涨或择机快速上车。如图

22-5 所示。

图 22-5　天坛生物（600161）股价、OBV、KDJ 走势图

数据来源：东方财富。

4. 当能量潮 OBV 指标与相对强弱 RSI 指标同时出现形态的顶背离时，预示股价高位大概率会出现反转向下行情，建议投资者应立即采取止盈措施兑现投资收益。如图 22-6 所示。

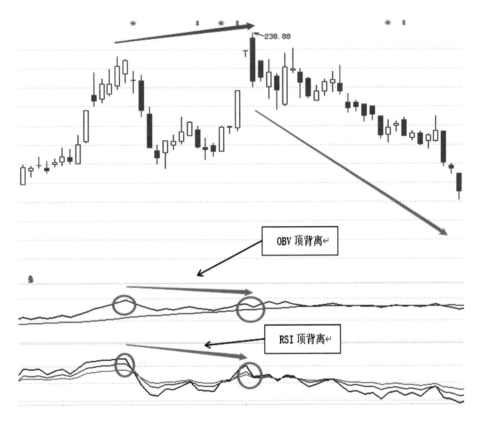

图 22-6　北方华创（002371）股价、OBV（顶背离）、RSI（顶背离）走势图

数据来源：东方财富。

5. 在应用能量潮 OBV 指标线的形态背离指标时，投资者需要高度关注能量潮 OBV 指标线的运行与股价走势是否会产生形态的背离。当能量潮 OBV 指标线的形态产生了背离，预示当前的股价走势是不可能长时间维系的信号，不管当下股价是升还是跌，提示股价随时会出现高位反转向下的可能，投资者不可抱有侥幸之心，能量潮 OBV 指标线的形态顶背离十分灵验。

只要在股价高位出现了能量潮 OBV 指标线的形态顶背离，建议投资者必须卖出股票止盈。如图 22-7 所示。

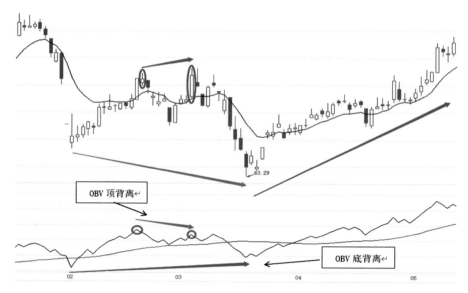

图 22-7　泸州老窖（000568）股价、OBV 指标（顶背离）（底背离）走势图

数据来源：东方财富。

6. 当股价首轮上升，股价出现震荡回跌，同时成交量萎缩，能量潮 OBV 指标持续向上运行或走平，预示主力还在，股价后市继续看涨。如图 22-8 所示。

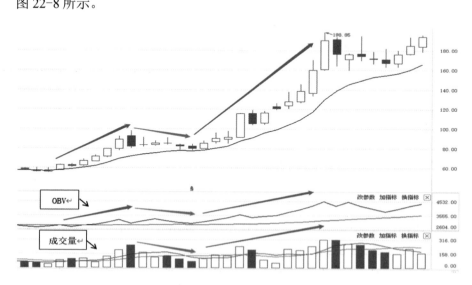

图 22-8　比亚迪（002594）股价、OBV 指标、成交量指标走势图

数据来源：东方财富。

7. 当股价出现大幅下挫，但是能量潮 OBV 指标线走势平稳，预示股价后市会继续上涨，建议投资者可逢低买入股票或持股待涨。如图 22-9 所示。

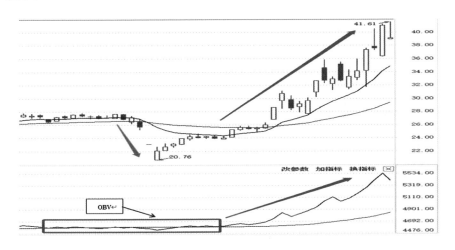

图 22-9　烽火通信（600498）股价、OBV 指标走势图

数据来源：东方财富。

8. 当能量潮 OBV 指标线一路向上运行，同时股价走势快速上涨动力强劲，且上涨趋势相当明显，预示后市看多，建议投资者应继续持股待涨。如图 22-10 所示。

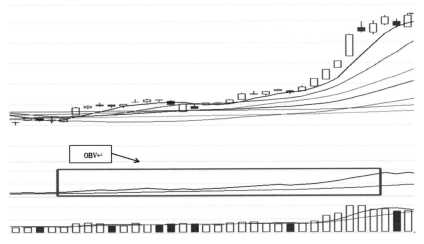

图 22-10　沪深 300 指数（000300）、OBV、均线指标走势图

数据来源：东方财富。

# 3. 能量潮 OBV 指标实战秘诀

能量潮 OBV 指标是一个趋势性指标。能量潮 OBV 指标最好不要单独使用，通常需要与股价走势结合或与其他技术分析指标搭配使用才能发挥更好的功能。

能量潮 OBV 指标最大的功效是能有效地反映股价总体趋势的持续力度并在股价出现反转趋势时提前给出提示买卖信号。

在实战应用中，如果能量潮 OBV 指标线下行，股价 K 线却出现上行，预示多方力量衰竭，提示股价下跌信号。

如果能量潮 OBV 指标线上行，股价 K 线却出现下行，预示多方力量强劲，提示股价止跌企稳信号。

当能量潮 OBV 指标与股价同步向上运行，且成交量也在持续放量，预示主力可能已经完成了吸筹，为了研判主力吸筹的真实情况，建议参考筹码分布指标。预示股价将会被主力拉升，建议投资者可大胆买入股票。

投资者可利用能量潮 OBV 指标形态与价格形态相结合研判股价走势。

只要在股价高位出现了能量潮 OBV 指标线的形态顶背离，建议投资者必须卖出股票止盈。为了提高能量潮 OBV 指标线形态顶背离的准确性，建议投资者可以在应用能量潮 OBV 指标时搭配相对强弱 RSI 指标相互验证效果更佳。

# 第23章　换手率对股票投资的影响

换手率（Turnover Rate）也叫股票周转率。

换手率指标是指在某交易时间内股票市场买卖双方完成撮合交易的频率。

由于换手率指标是反映股票市场中某个股的流通性强弱的指标，因此，在股票投资交易的实战中换手率指标已被广泛应用。

## 1. 股票换手率指标的原理

在诸多的技术分析指标之中，换手率指标是能够准确反映市场交投活跃程度最重要的技术指标之一。

当换手率指标小于 1％时，通常称为绝对地量；

当换手率指标达到 1％—2％时，通常称为成交低迷；

当换手率指标达到 2％—3％时，通常称为成交温和；

当换手率指标达到 3％—5％时，通常称为成交活跃；

当换手率指标达到 5％—8％时，通常称为成交量带量；

当换手率指标达到 8％—15％时，通常称为成交量放量；

当换手率指标达到 15％—25％时，通常称为成交量巨量；

当换手率指标大于 25％时，通常称为成交量怪异。

在日常股票交易中换手率指标小于 3％的成交金额被称为无量，有的人认为更严格的标准是换手率指标为 2％。

换手率仅仅能够反映投资者对投资某只个股的意愿。通常某个股的换手率越高，表示交易越活跃，投资者购买的意愿越强。换手率越高的某个股称为热门股。

通常某个股的换手率越低，表示交易不够活跃，投资者购买的意愿不强。换手率很低的某个股称为冷门股。

决定换手率的主要因素：

在不同的股票市场，换手率的高低水平不同。例如，成熟市场的换手率往往要低于新兴市场的换手率。

决定股票市场换手率高低的主要因素包括：

1. 市场的交易方式不同。例如，证券市场的手势竞价、上板竞价和电脑集中撮合竞价等不同的交易方式，会对换手率产生不同的影响。

伴随着金融交易技术的日益强大，交易潜力、市场容量等都得到飞速发展，股票市场的换手率也有明显的改善。

2. 受交易交收期影响较大。通常交易交收期越短，表示换手率越高。

3. 受投资者结构差异的影响。一般发达国家或地区的资本市场是以机构投资者为主体，市场的换手率相比新兴市场要低一些。由于新兴市场投资者结构多以个人投资者为主体，通常换手率也要高一些。

## 2. 换手率指标实战运用技巧解析

在具体实战应用中，对于换手率过高的股票，建议投资者需要特别加以关注。

例如，一般小盘股的换手率要高于大盘股和中盘股，小盘股的换手率在 20% 以上，大盘股的换手率在 10% 左右，而中盘股的换手率在 15% 左右。

1. 当某个股的换手率低，表示买卖双方的意愿基本相同。换手率低的个股通常表示股价会保持原有的方向运行，股价走势多为小幅下挫或横盘整理。当投资者遇见个股股价进入下降通道时，如果某个股长期换手率低，建议投资者不宜匆忙买入，应以观望为主。如图 23-1 所示。

2. 如果某个股的换手率高，表示买卖双方的分歧大，但如果成交能够维持在活跃的情况下，预示股价会呈现上升走势。

一般流通性好的股票换手率都高，换手率都高的股票交投活跃，变现能力强。短线资金追逐的对象多数属于换手率较高的股票，这类股票的投机性较强，股价波动大，相对投资风险也高。

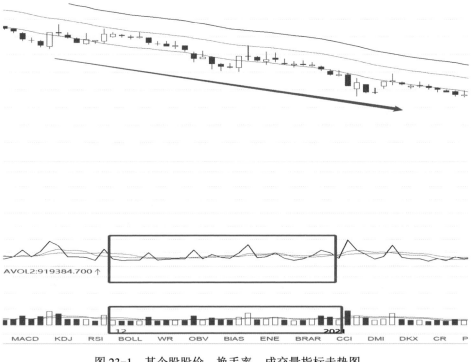

图 23-1 某个股股价、换手率、成交量指标走势图

数据来源：东方财富。

3．过低或过高的换手率的股票。通常当股票经过较长时间调整后，由于卖方的力量已衰退，表示股价跌入到底部区域，止跌企稳后容易出现上升行情。

在底部放量的股票通常换手率高，表示新资金涌入明显，预示未来股价的上升空间可期。底部换手越充分，表示股价上行中卖压越小。

4．高位出现高换手率。某个股在相对高位突然出现高换手率，并伴随成交量突然放量，预示着下跌前兆的可能性非常高。如图 23-2 所示。

在实际分析中将换手率与股价走势相结合，可以对未来的股价运行做出研判。

例如，某个股的换手率如果突然上升，成交量也有效放量，预示着有投资者在短期大量买入股票，造成股价可能短线飙升。如果某个股股价持续上涨了一波后，换手率又迅速上升，可能预示着主力拉高出货，表示股价会出现下挫。如图 23-3 所示。

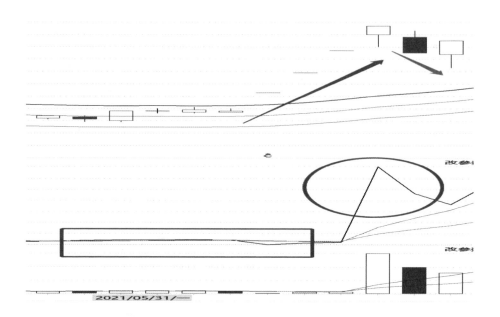

图 23-2　某个股股价、换手率、成交量指标走势图

数据来源：东方财富。

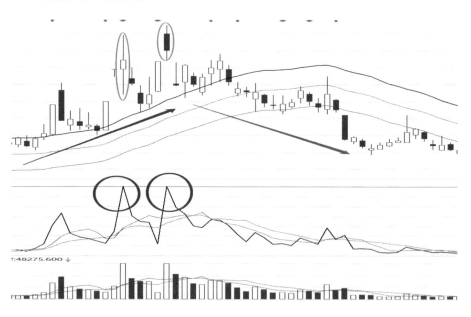

图 23-3　某个股股价、换手率、成交量指标走势图

数据来源：东方财富。

投资者对股价高位高换手率的出现，需要特别留意。

5．建议选择较长时间高换手率，且涨幅大的个股进行投资。长时间高换手率预示着有大增量的资金持续流入热门个股，股价在成交量的配合下，股价上升运行的动力强劲，交投活跃，容易形成向上运行的走势，投资者可以择机在低位布局，持股待涨。规避选择换手率高但涨幅有限的个股。如图 23-4 所示。

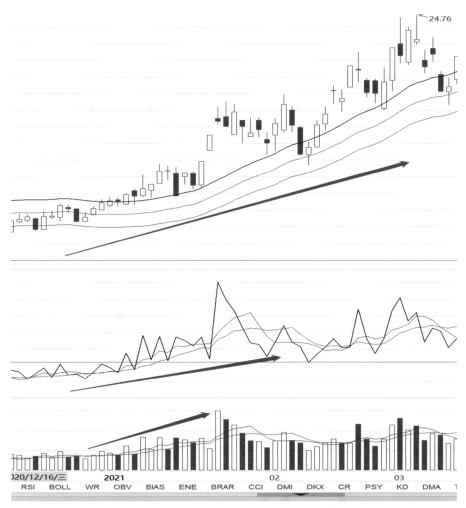

图 23-4　北方稀土（600111）股价、换手率、成交量指标走势图

数据来源：东方财富。

6．当某个股较长时间处于低换手率的状态，预示着股价进入一段低迷行情中的可能性高，股价大概率会走出箱形整理行情。对于这类的个股

建议投资者不宜急于介入，应以观望为主。如图 23-5 所示。

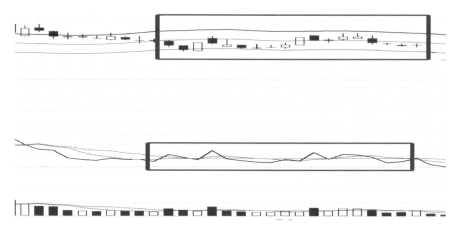

图 23-5　某个股股价、换手率指标、成交量指标走势图
数据来源：东方财富。

7. 建议谨慎对待已有较大涨幅之后的高换手率的个股。由于某个股前期累计涨幅过大，后市股价上涨动力不足，预示着股价短期容易走出冲高回落的行情。如图 23-6 所示。

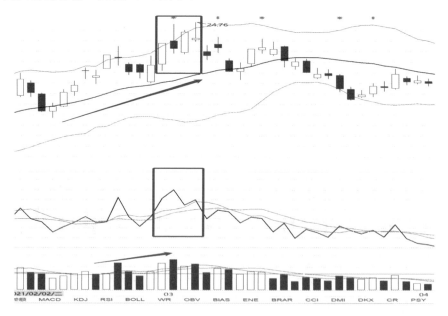

图 23-6　北方稀土（600111）股价、换手率、成交量指标走势图
数据来源：东方财富。

根据股市实战经验的总结表明，当某个股单个交易日出现换手率超过 10％的巨幅上涨之后，预示着某个股大概率会出现短期调整行情。例如，从华大基因股价的走势来看，股价处于高位时，换手率达到 10.37%，出现了股价高位反转下跌行情。如图 23-7 所示。

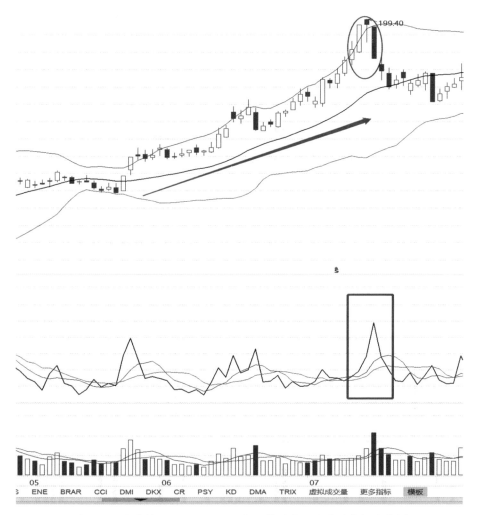

图 23-7 华大基因（300676）股价、换手率、成交量指标走势图

数据来源：东方财富。

8．实证经验发现，当某个股的换手率达到 3％-7％时，预示着某个股已处于相对活跃状态，后市股价有可能走出一波上涨行情，建议投资者关注这类个股的投资机会。如图 23-8 所示。

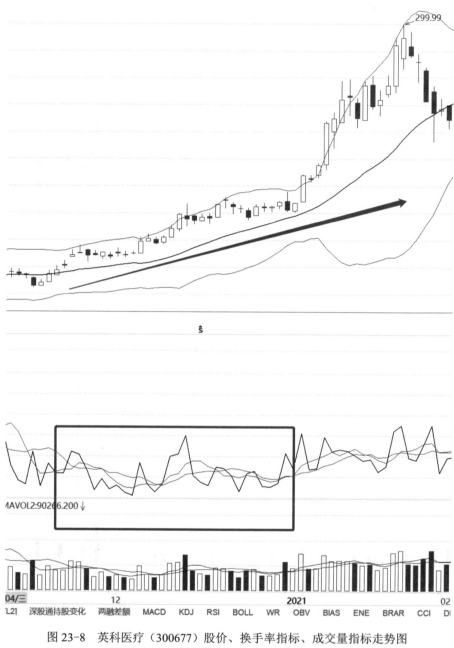

图 23-8　英科医疗（300677）股价、换手率指标、成交量指标走势图

数据来源：东方财富。

特别值得关注的是，连续多个交易日换手率超过 7% 的个股的投资机会。如果某个股的换手率超过 7%，通常主力加入该个股的可能性高，预

示某个股大概率会走出一波大的上涨行情。

9. 当某个股的换手率高达 10％以上时，预示着股价向上运行趋势明显，某个股股价呈现强势多头行情。通常主力会迅速介入换手率大增的个股，个股股价自然会走出一波大涨行情。如图 23-9 所示。

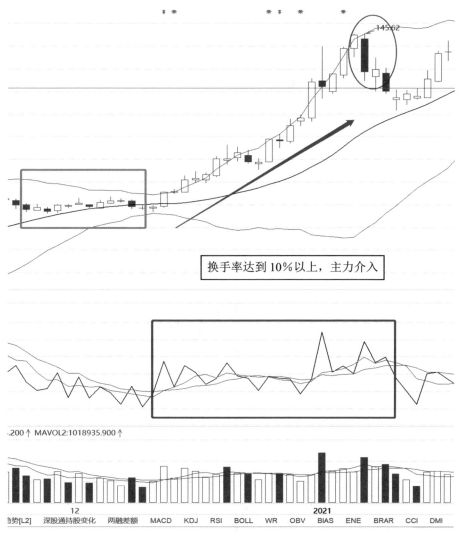

图 23-9　金龙鱼（300999）股价、换手率指标、成交量指标走势图
数据来源：东方财富。

10. 换手率大于 45％意味着什么。如图 23-10 所示。

| 最新 | 15.55 | 均价 | 16.14 |
|---|---|---|---|
| 涨幅 | +101.69% | 涨跌 | ▲7.84 |
| 总手 | 20.40万 | 金额 | 3.29亿 |
| 盘后量 | 43 | 盘后额 | 6.75万 |
| 换手 | 65.87% | 量比 | — |
| 最高 | 19.30 | 最低 | 15.00 |
| 今开 | 15.00 | 昨收 | 7.71 |
| 涨停 | — | 跌停 | — |
| 外盘 | 7.92万 | 内盘 | 12.48万 |
| 净资产 | 4.74 | ROE | 0.40% |
| 收益(一) | 0.013 | PE(动) | 297.88 |
| 同股同权 | 是 | 是否盈利 | 是 |
| 总股本 | 1.361亿 | 总市值 | 21.16亿 |
| 发行股 | 3403万 | 发行值 | 5.291亿 |
| 流通股 | 3096万 | 流通值 | 4.815亿 |

图 23-10 换手率指标值

数据来源：东方财富。

换手率达到 45％的情况通常是新股或次新股。

巨量上涨，这类个股往往只有短短几天的行情，随后反而加速下跌，使许多在放量上攻那天跟进的投资者容易被套牢。而在底部区域的巨量上涨，则意味着后市将有更大的拉升空间。

11. 当日换手率达到 70％以上，就可以视为死亡换手率。如图 23-11所示。

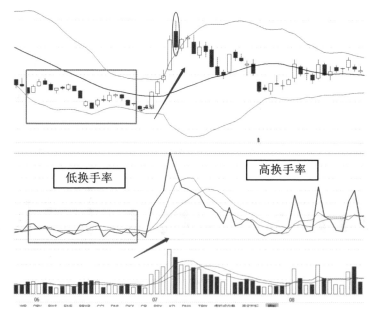

图 23-11 中国铁建（601186）股价、换手率指标、成交量指标走势图

数据来源：东方财富。

当日换手率大于 70％，意味着当日该进的能进的都进了、该接力的都接力了，那么第 2 个交易日来接盘的人就会少了，自然会导致股价下跌。

超过历史最高成交的换手率，也是死亡换手率。

死亡换手率多出现于新股或次新股。投资者了解了死亡换手率就可以避免当日去接盘。

当高换手率出现在股价的低位区域，预示着主力资金建仓的可能性高。具体主力资金的动向，请投资者参考筹码分布指标加以研判。

12．当某个股出现低换手率，预示着买卖双方的预期相同，通常股价会走出窄幅波动或横盘整理行情。

例如，从中国西电股价走势图中发现，当换手率低，成交量较小，股价处于一个箱形整理阶段，如图 23-12 所示。

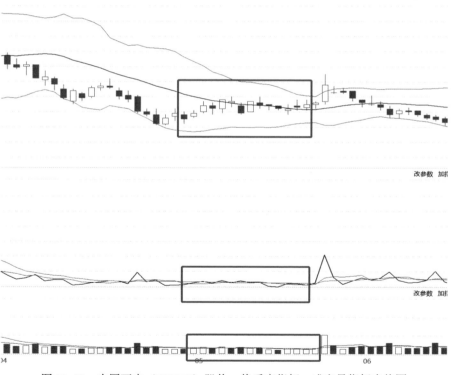

图 23-12　中国西电（601179）股价、换手率指标、成交量指标走势图

数据来源：东方财富。

### 3. 换手率指标实战秘诀

当换手率指标小于 1%时，通常称为绝对地量；

当换手率指标达到 1%—2%时，通常称为成交低迷；

当换手率指标达到 2%—3%时，通常称为成交温和；

当换手率指标达到 3%—5%时，通常称为成交活跃；

当换手率指标达到 5%—8%时，通常称为成交量带量；

当换手率指标达到 8%—15%时，通常称为成交量放量；

当换手率指标达到 15%—25%时，通常称为成交量巨量；

当换手率指标大于 25%时，通常称为成交量怪异。

个股的换手率高，属于热门股。个股的换手率低，属于冷门股。

实证经验发现，当某个股的换手率达到 3%—7%时，预示着某个股已处于相对活跃状态，后市股价有可能走出一波上涨行情，建议投资者关注这类个股的投资机会。

特别值得关注的是，连续多个交易日换手率超过 7%的个股的投资机会。

# 第24章 平行线差捕捉中短线机会

平行线差 DMA 指标是股票技术分析指标中常用于研判大盘指数与个股的中短线指标。

平行线差 DMA 指标属于趋势类指标。

## 1. 平行线差 DMA 指标的原理

平行线差 DMA（Different of Moving Average）指标是利用两条不同期间的平均线的差值对行情进行判断的股票技术分析指标。如图 24-1 所示。

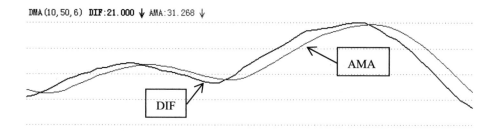

DMA(10,50,6) **DIF:21.000** ↓ AMA:31.268 ↓

图 24-1　平行线差 DMA 指标示意图

数据来源：东方财富。

平行线差 DMA 指标是由两条基期不同的平均线 DIF 指标和 AMA 指标组成。

### 1.1 平行线差 DMA 指标应用法则

1. 当平行线差 DMA 指标中的 DMA 指标线由下向上穿越 AMA 指标线，提示为买入信号。

当平行线差 DMA 指标中的 DMA 指标线由上向下跌穿 AMA 指标线，提示为卖出信号。如图 24-2 所示。

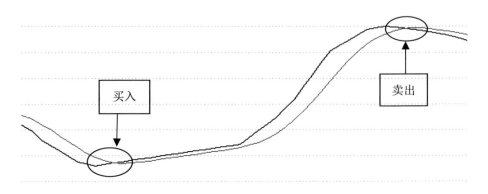

图 24-2　平行线差 DMA 指标应用法则示意图

数据来源：东方财富。

2．当平行线差 DMA 指标中的 DMA 指标与 AMA 指标均大于 0，并向上运行时，提示为买入信号。

当平行线差 DMA 指标中的 DMA 指标与 AMA 指标均小于 0，并向下运行时，提示为卖出信号。

3．当平行线差 DMA 指标中的 DMA 指标与 AMA 指标均小于 0 时，经过一段下跌之后，如果 DMA 指标与 AMA 指标同时从低位向上运行时，提示为买入信号。

当平行线差 DMA 指标中的 DMA 指标与 AMA 指标均小于 0 时，经过一段上涨之后，如果 DMA 指标与 AMA 指标同时从高位向下运行时，提示为卖出信号。

4．当平行线差 DMA 指标和股价 K 线形态产生背离时出现的交叉信号，一般形态背离的可信度度较高。

5．在实战应用中，也可以利用平行线差 DMA 指标和形态理论搭配使用。

6．通常利用平行线差 DMA 指标、中线 MACD 指标和中长线 TRIX 指标搭配使用，可以互相验证其有效性。

### 1.2 平行线差 DMA 指标研判

当股价处于高位盘整或低位盘整时，平行线差 DMA 指标中的 DMA 指标线和 AMA 指标线所出现的各类交叉形态也可以用于行情研判。

1. 当股价处于高位运行时，平行线差 DMA 指标中的 DMA 指标线和 AMA 指标线出现交叉并形成 M 头形态或三重顶形态等高位反转形态时，预示着股价的上涨动能出现衰减，提示股价有可能出现高位反转行情，建议投资者应果断卖出股票止盈。

当股价走势指标线与平行线差 DMA 指标先后出现同样形态，可以进一步加以确认。股价形成下跌的幅度和过程可参考 M 头形态或三重顶形态等顶部反转形态来研判。

2. 当股价处于低位运行时，平行线差 DMA 指标中的 DMA 指标线和 AMA 指标线在低位出现交叉并形成 W 底形态或三重底形态等低位反转形态时，预示着股价的下跌动能出现衰减，提示股价有可能触底企稳，建议投资者应择机逢低分批买入股票。

当股价走势指标线与平行线差 DMA 指标先后出现同样形态，可以进一步加以确认。股价出现上涨的幅度和过程可参考 M 头形态或三重顶形态等底部反转形态来研判。

3. 从实战分析中发现，当平行线差 DMA 指标在股价顶部形成反转形态对行情研判的准确性远高于平行线差 DMA 指标在股价底部形成反转形态。

### 1.3 平行线差 DMA 指标的形态背离现象

平行线差 DMA 指标的形态背离是指当平行线差 DMA 指标线的运行趋势与股价 K 线图的走势方向出现背离，通常平行线差 DMA 指标形态的背离也分为平行线差 DMA 指标的顶背离与平行线差 DMA 指标的底背离。

### 1.4 平行线差 DMA 指标顶背离

所谓平行线差 DMA 指标的顶背离是指当股价 K 线图的走势出现一顶比一顶高，个股股价在持续向上运行创出新高，但平行线差 DMA 指标中的 DMA 指标线和 AMA 指标线的走势是在高位一顶比一顶低。

当股价位于高位区域，平行线差 DMA 指标出现顶背离时，预示着股价将会出现高位反转的信号，提示股价中短线将出现下跌走势，建议投资者卖出股票止盈。如图 24-3 所示。

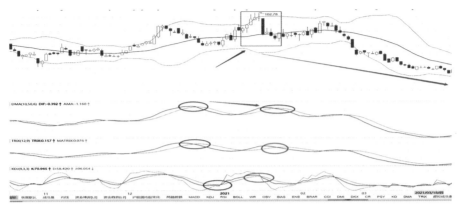

图 24-3　澜起科技（688008）股价、DMA（顶背离）、TRIX、KDJ、BOLL 走势图

　　数据来源：东方财富。

## 1.5　平行线差 DMA 指标底背离

　　所谓平行线差 DMA 指标的底背离是指当股价 K 线图的走势出现一顶比一顶低，个股股价在持续向下运行创出新低，但平行线差 DMA 指标中的 DMA 指标线和 AMA 指标线的走势是在高位一底比一底低。如图 24-4 所示。

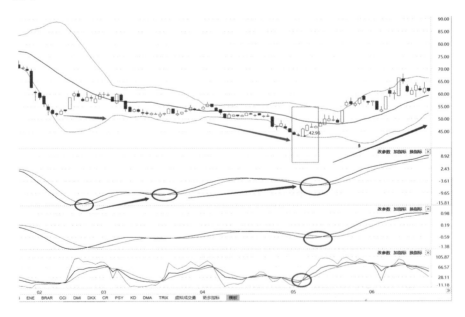

图 24-4　中国软件（600536）股价、BOLL、DMA（底背离）、TRIX、KDJ 走势图

　　数据来源：东方财富。

　　当股价位于低位区域，平行线差 DMA 指标出现底背离时，预示着股价将会出现低位反转的信号，提示股价中短线将出现上涨走势，建议投资者逢低分批买入股票。

　　平行线差 DMA 指标与其他股票技术分析指标相比较，平行线差 DMA 指标的形态背离出现的次数并不多，特别是当平行线差 DMA 指标在股价高位出现形态背离现象时，应用平行线差 DMA 指标的顶背离来研判股价反转的准确度相当高。

## 2. 平行线差 DMA 指标实战运用技巧解析

　　1. 一般情况下，平行线差 DMA 指标有正负之分。正数表示多头市场，负数表示空头市场，建议投资者在使用平行线差 DMA 指标时，应考虑市场多头与空头的方向和时间。如图 24-5 所示。

　　图 24-5　中信证券（600030）股价、BOLL、DMA、TRIX、KDJ 指标走势图
　　数据来源：东方财富。

2. 当平行线差 DMA 指标线出现盘绕的现象，即 DIF 指标线与 AMA 指标线缠绕在一起，预示着股价正处于震荡盘整期。提示平行线差 DMA 指标的效用性不强。

从图 24-6 中可以看出，平行线差 DMA 指标交织在一起，仅凭该指标难以判断股价走势，这时投资者可以采用短线指标 KDJ 加以辅助研判，把握短线交易性机会。

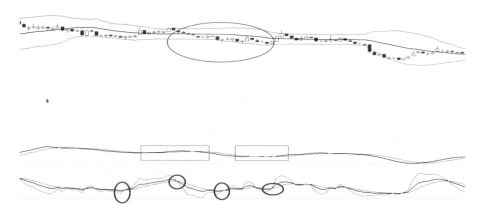

图 24-6　北斗星通（002151）股价、BOLL、DMA、KDJ 指标走势图

数据来源：东方财富。

3. 平行线差 DMA 指标是由 DIF 指标线和 AMA 指标线组成，DIF 指标线和 AMA 指标线也存在死亡交叉和黄金交叉效应。如图 24-7 所示。

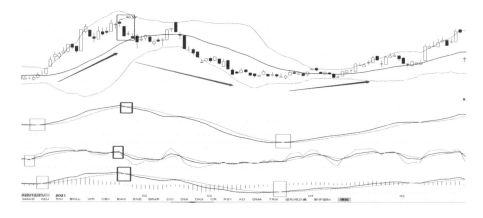

图 24-7　东方财富（300059）股价、DMA（金叉和死叉）、KDJ、MACD 走势图

数据来源：东方财富。

当平行线差 DMA 指标中的 DIF 指标线由上向下跌破 AMA 指标线，则呈现死亡交叉效应。

当平行线差 DMA 指标中 DIF 指标线由下向上穿越 AMA 指标线，则呈现黄金交叉效应。

4. 当股价在经过一段下降行情之后，平行线差 DMA 指标中 DIF 指标线由下向上穿越 AMA 指标线出现黄金交叉时，预示着股价开始走强，投资者应择机买入股票。当股价在经过一波上升行情或者盘整行情之后，如果 DIF 指标线再次上穿 AMA 指标线，提示股价还会上升，建议投资者择机入场或者持股待涨。如图 24-8 所示。

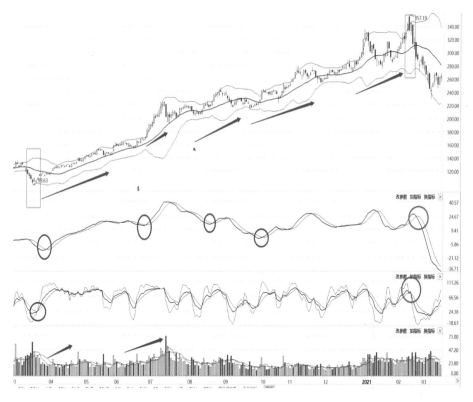

图 24-8　五粮液（000858）股价、DMA（金叉）、KDJ、成交量走势图
数据来源：东方财富。

5. 当股价在经过一段上升行情之后，平行线差 DMA 指标中 DIF 指标线由上向下跌穿 AMA 指标线出现死亡交叉时，预示着股价开始走弱，投资者应高位卖出股票止盈。当股价在经过一波下跌行情进入盘整行情之后，由于市场空方力量强大，如果 DIF 指标线再次跌穿 AMA 指标线，提

示股价还会继续下挫，建议投资者择机抛售股票。如图 24-9 所示。

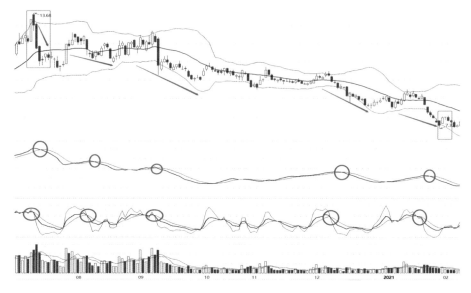

图 24-9　长信科技（300088）股价、BOLL、DMA（死叉）、KDJ、成交量走势图

数据来源：东方财富。

6. 平行线差 DMA 指标、MACD 指标与 TRIX 指标搭配使用，投资者可以用于互相验证。如图 24-10 所示。

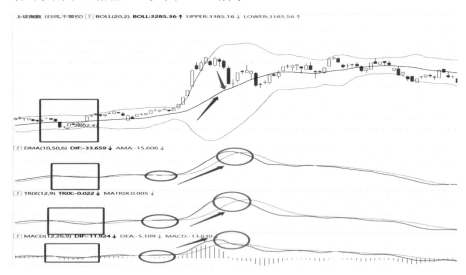

图 24-10　上证指数（000001）、BOLL、DMA、TRIX、MACD 指标走势图

数据来源：东方财富。

# 3. 平行线差 DMA 指标实战秘诀

当平行线差 DMA 指标中的 DMA 指标与 AMA 指标均大于 0，并向上运行时，提示为买入信号。

当平行线差 DMA 指标中的 DMA 指标与 AMA 指标均小于 0，并向下运行时，提示为卖出信号。

当平行线差 DMA 指标中的 DMA 指标与 AMA 指标均小于 0 时，经过一段下跌之后，如果 DMA 指标与 AMA 指标同时从低位向上运行时，提示为买入信号。

当平行线差 DMA 指标中的 DMA 指标与 AMA 指标均小于 0 时，经过一段上涨之后，如果 DMA 指标与 AMA 指标同时从高位向下运行时，提示为卖出信号。

在实战应用中，也可以利用平行线差 DMA 指标和形态理论搭配使用。

当平行线差 DMA 指标和股价 K 线形态产生背离时出现的交叉信号，一般形态背离的可信度度较高。

平行线差 DMA 指标的形态背离出现的次数并不多，特别是当平行线差 DMA 指标在股价高位出现形态背离现象时，应用平行线差 DMA 指标的顶背离来研判股价反转的准确度相当高。

所有均线系统的指标信号都具有滞后性和部分失真性。

# 第25章　BRAR 提示最佳买卖时机

人气意愿 BRAR 指标又称为能量指标。人气意愿 BRAR 指标最早起源于日本。

## 1. 人气意愿 BRAR 指标原理

人气意愿 BRAR 指标是由反映情绪指标的 BR 指标线和潜在动能 AR 指标线构成。其中人气意愿 BRAR 指标中的 BR 指标线是对股票市场情绪的综合反映。如图 25-1 所示。

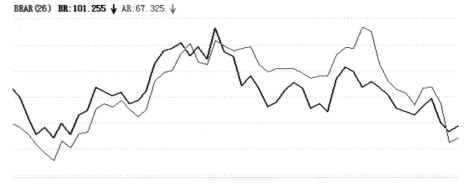

图 25-1　人气意愿 BRAR 指标走势图

数据来源：东方财富。

人气意愿 BRAR 指标线走势外观与其他技术分析指标相似，人气意愿 BRAR 指标线蕴含着东方盛极而衰，衰极而盛的哲学。人气意愿 BRAR 指标线的哲学与我国太极的阴阳循环同理。

人气意愿 BRAR 指标是从股票市场的历史股价为着力点的技术分析指标。

人气意愿 BRAR 指标中的 AR 指标注重开市价。人气意愿 BRAR 指标中的 AR 指标用来反映股市中的买卖人气。

人气意愿 BRAR 指标中的 BR 指标注重收市价。人气意愿 BRAR 指标中的 BR 指标用来反映股市中的买卖意愿。

1．人气意愿 BRAR 指标中，通常 BR 指标线和 AR 指标线搭配使用，其中 AR 指标线是 BR 指标线的辅助线。

2．人气意愿 BRAR 指标中，BR 指标值为 100 时，代表的是多空双方博弈的平衡线。

3．人气意愿 BRAR 指标中，BR 指标值大于 400，预示着股价处于超买状态，提示股价高位反转信号。

4．人气意愿 BRAR 指标中，BR 指标值小于 40，预示股价跌至低位，有反弹的可能，提示买入信号。

5．人气意愿 BRAR 指标中，AR 指标值大于 180 时，预示多头动能耗尽，股价上涨动力不足，提示卖出信号。

6．人气意愿 BRAR 指标中，AR 指标值小于 40，预示空头力量耗尽，股价下跌动力不足，提示买入信号。

人气意愿 BRAR 指标应用法则：

1．　在实战运用中，人气意愿 BRAR 指标中的 AR 指标可以单独使用，但是人气意愿 BRAR 指标中的 BR 指标要与 AR 指标搭配使用。如果能准确运用人气意愿 BRAR 指标，可以捕捉到某个股底部反弹的机会。如图 25-2 所示。

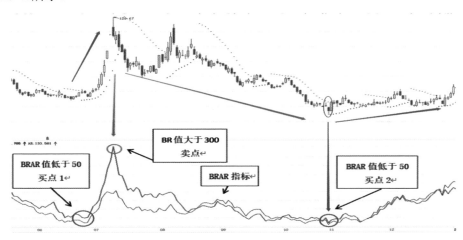

图 25-2　中国软件（600536）股价、BRAR 指标走势图

数据来源：东方财富。

2. 人气意愿 BRAR 指标的形态背离现象

人气意愿 BRAR 指标的形态背离分为人气意愿 BRAR 指标的顶背离和人气意愿 BRAR 指标的底背离。

所谓的人气意愿 BRAR 指标的形态背离是指人气意愿 BRAR 指标的指标线走势与股价 K 线图的走势运行方向相背离。人气意愿 BRAR 指标的形态背离运用原理与其他技术分析指标相同。

3. 当人气意愿 BRAR 指标上升时，预示着股价也会上升。如图 25-3 所示。

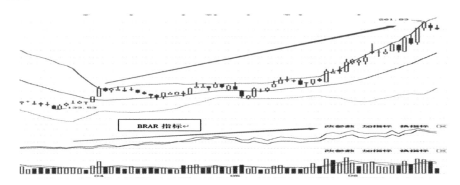

图 25-3　北方华创（002371）股价、BRAR 指标走势图

数据来源：东方财富。

4. 当人气意愿 BRAR 指标下降时，预示着股价也会下降。投资者可以利用人气意愿 BRAR 指标，成功捕捉短线反弹机会。如图 25-4 所示。

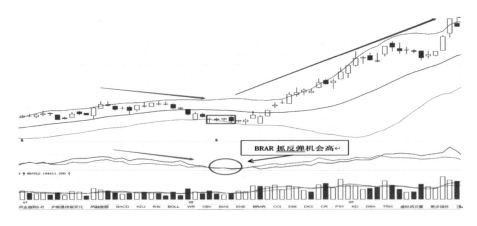

图 25-4　兆易创新（603986）股价、BRAR 指标走势图

数据来源：东方财富。

5. 人气意愿 BRAR 指标可以用于研判股价多空双方的转折点。如图 25-5 所示。

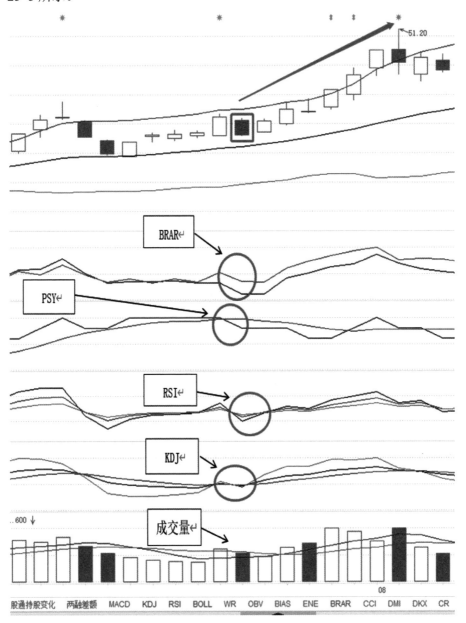

图 25-5　达安基因（002030）股价、BRAR、PSY、RSI、KDJ、成交量走势图

数据来源：东方财富。

6. 通常情况下，人气意愿 BRAR 指标中的 BR 指标线会在 AR 指标线上运行，并且 BR 指标线的运行速度快于 AR 指标线。如图 25-6 所示。

图 25-6　三六零（601360）股价、BRAR 指标走势图

数据来源：东方财富。

## 2. 人气意愿 BRAR 指标实战运用技巧解析

1. 人气意愿 BRAR 指标中的 BR 指标线和 AR 指标线同步快速向上运行，预示着股价即将见顶信号，投资者可配合其他技术指标判断股价顶部反转机会，注意高位股价下跌风险。如图 25-7 所示。

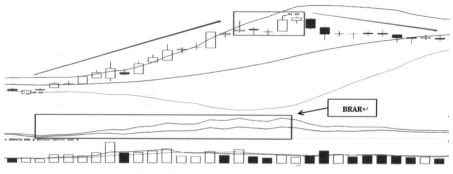

图 25-7　药明康德（603259）股价、BRAR 指标走势图

数据来源：东方财富。

2. 人气意愿 BRAR 指标中的 BR 指标线位于 150—100 之间，且 BR 指标线在 AR 指标线之下运行时，预示着股价有机会在低位走出反弹行情，建议投资者可以配合使用短线随机指数 KDJ 指标加以辅助判断，择机逢低分批买入股票。如图 25-8 所示。

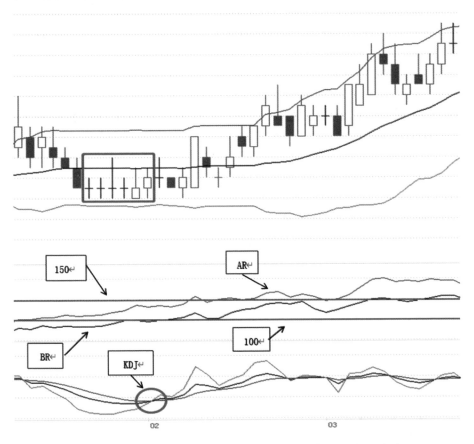

图 25-8　中国银行（601988）股价、BRAR、KDJ 指标走势图

数据来源：东方财富。

### 2.1　人气意愿 BRAR 指标形态的顶背离

在股价高位区出现人气意愿 BRAR 指标形态走势与股价 K 线走势形态形成顶背离，即人气意愿 BRAR 指标形态走势一顶比一顶低，股票 K 线运行价格一顶比一顶高，预示着股价已进入高位区域，随时可能会出现股价高位反转向下行情。建议投资者遇到人气意愿 BRAR 指标顶背离时，务必采取高位止盈策略。如图 25-9 所示。

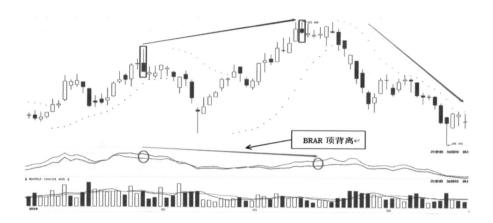

图 25-9　上汽集团（600104）股价、BRAR（顶背离）指标走势图

数据来源：东方财富。

## 2.2　人气意愿 BRAR 指标形态的底背离

在股价低位区出现人气意愿 BRAR 指标形态走势与股价 K 线走势形态形成底背离，即人气意愿 BRAR 指标形态走势一底比一底高，股票 K 线运行价格一底比一底低，预示着股价已进入低位区域，随时可能会出现股价低位反转向上行情，建议投资者遇到人气意愿 BRAR 指标底背离时，可以采取逢低分批买入策略。如图 25-10 所示。

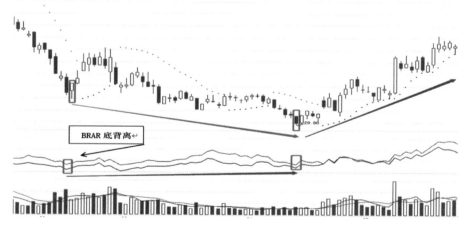

图 25-10　中国人寿（601628）股价、BRAR（底背离）指标走势图

数据来源：东方财富。

## 3. 人气意愿 BRAR 指标实战秘诀

人气意愿 BRAR 指标中，通常 BR 指标线和 AR 指标线搭配使用，其中 AR 指标线是 BR 指标线的辅助线。

人气意愿 BRAR 指标中，BR 指标值为 100 时，代表的是多空双方博弈的平衡线。

人气意愿 BRAR 指标中，BR 指标值大于 400，预示着股价处于超买状态，提示股价高位反转信号。

人气意愿 BRAR 指标中，BR 指标值小于 40，预示股价跌至低位，有反弹的可能，提示买入信号。

人气意愿 BRAR 指标中，AR 指标值大于 180 时，预示多头动能耗尽，股价上涨动力不足，提示卖出信号。

人气意愿 BRAR 指标中，AR 指标值小于 40，预示空头力量耗尽，股价下跌动力不足，提示买入信号。

人气意愿 BRAR 指标中的 BR 指标线位于 150—100 之间，且 BR 指标线在 AR 指标线之下运行时，预示着股价有机会在低位走出反弹行情，建议投资者可以配合使用短线随机指数 KDJ 指标加以辅助判断，择机逢低分批买入股票。

在股价高位区出现人气意愿 BRAR 指标形态走势与股价 K 线走势形态形成顶背离，建议投资者遇到人气意愿 BRAR 指标顶背离时，务必采取高位止盈策略。

# 第 26 章　VR 捕捉股价低点与高点

成交量变异率 VR（Volume Ratio）指标是分析股票市场中成交量与股价的关系，从而反映股市成交量强弱的指标。成交量变异率 VR 指标是股票技术分析当中短线技术分析指标之一。

## 1. 成交量变异率 VR 指标原理

成交量变异率 VR 指标是以研究股票成交量与股价之间的关系为目标的技术分析的工具。如图 26-1 所示。

VR(26,6) **VR:71.081** ↓ MAVR:101.371 ↓

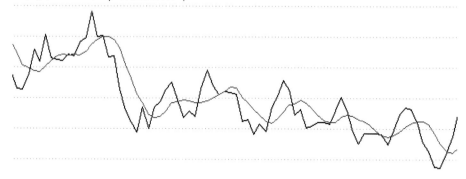

图 26-1　成交量变异率 VR 指标示意图

数据来源：东方财富。

成交量变异率 VR 指标具有超买与超卖的研判功能。

成交量变异率 VR 指标分析应用秘诀：

如何利用成交量变异率 VR 指标值的分布区域寻找投资机会。

1. 当成交量变异率 VR 指标值位于低价区域 40—70 时，提示为买入区域，空方力量正在衰竭，投资者可借机买入股票。

2．当成交量变异率 VR 指标值位于正常的安全区域 80—150 时，提示为股价呈现盘整格局，投资者以观望为主。

3．当成交量变异率 VR 值位于获利区域 160—350 时，预示股价进入多头超买警戒区，提示为卖出股票止盈。

4．当成交量变异率 VR 指标值位于警戒区域 350—450 以上时，提示股价已经进入过高区域，投资者应及时卖出股票止盈。

5．当股价走势处于下跌运行时，但成交量变异率 VR 指标值开始上升，预示交易量呈上升趋势，提示投资者可买入股票。

6．当股价走势处于上涨运行时，但成交量变异率 VR 指标值开始下降，预示交易量呈下降趋势，提示投资者卖出股票获利。

## 2. 成交量变异率 VR 指标实战运用技巧解析

为了提高成交量变异率 VR 指标在实战中运用的准确性，建议投资者使用成交量变异率 VR 指标时应该搭配其他技术分析指标。

1．当成交量变异率 VR 指标值下跌至 40 以下时，预示市场极易形成股价底部，可以利用成交量变异率 VR 指标值寻找底部机会是可信的。如图 26-2 所示。

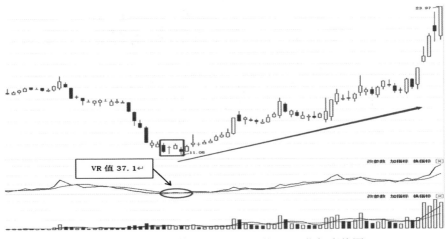

图 26-2　中国软件（600536）股价、VR 指标走势图

数据来源：东方财富。

2．在股票实战中发现，成交量变异率 VR 指标值一般分布在 150 左右的概率较高，如果成交量变异率 VR 指标值越过 250 时，预示股价容易

走出一段多头行情。

3. 当成交量变异率 VR 指标超过 350—450，投资者应有股价处在高价换挡的风险意识，提示股价已经进入了过高区域，投资者应及时卖出股票止盈，可搭配 PSY 指标、KDJ 指标和 OBV 指标一同使用。如图 26-3 所示。

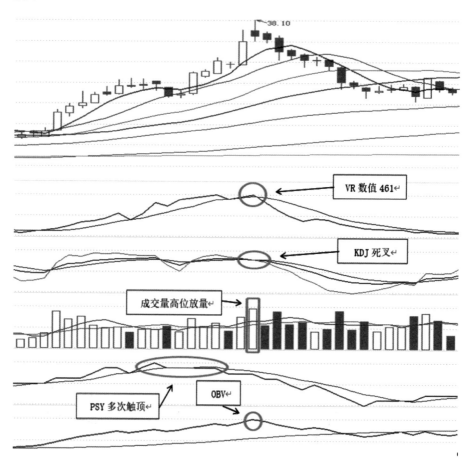

图 26-3 乐普医疗（300003）股价、VR、KDJ、PSY、OBV 指标走势图
数据来源：东方财富。

当股价已经在高位区域运行时，建议投资者要密切关注成交量变异率 VR 指标值的变化，如果当成交量变异率 VR 指标值超过了 450 时，投资者应该及时进行止盈操作，防范股价高位可能出现反转向下运行的风险。

4. 当应用成交量变异率 VR 指标确认股价是否处在顶部时，建议投资者需要配合其他指标同时使用加以研判。

5. 当成交量变异率 VR 指标线在高位形成 M 头或三重顶形态时，顶部反转形态可能预示着股价将由强转弱，预示着股价在高位即将出现反转下跌行情，建议投资者应及时卖出股票止盈。如果股价 K 线也同样出现相似形态，则可进一步确认其有效性。如图 26-4 所示。

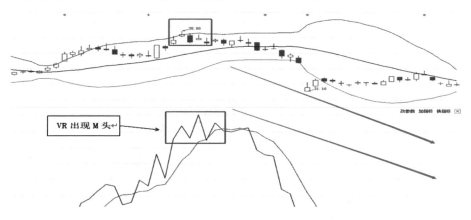

图 26-4　中国太保（601601）股价、VR 指标走势图

数据来源：东方财富。

6. 当成交量变异率 VR 指标线在股价低位出现 W 底或三重底等底部反转形态时，预示着股价将由弱转强，股价即将出现反弹向上行情，投资者可以逢低分批买入股票。如果股价 K 线也同样出现相似形态，则可进一步确认其有效性。如图 26-5 所示。

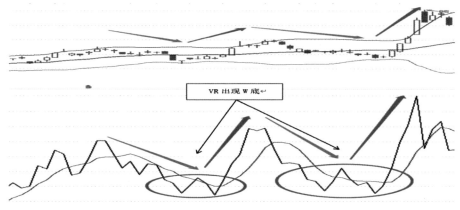

图 26-5　中国平安（601318）股价、VR 指标走势图

数据来源：东方财富。

7. 成交量变异率 VR 指标形态的顶背离运用。当股价 K 线走势一顶比一顶高，股价一直在向上升，如果成交量变异率 VR 指标线的走势却出现高位一顶比一顶低，这就形成了成交量变异率 VR 指标形态的顶背离。如图 26-6 所示。

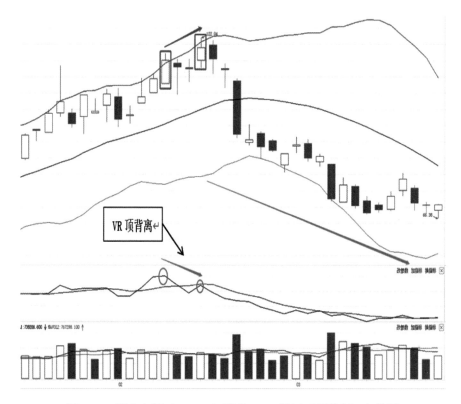

图 26-6　阳光电源（300274）股价、VR 指标（顶背离）走势图

数据来源：东方财富。

当成交量变异率 VR 指标形态出现顶背离时，预示着股价将可能在高位出现反转，提示投资者在高位卖出股票实现投资收益，防范股价下跌风险。

8. 成交量变异率 VR 指标形态的底背离运用。当股价 K 线走势一底比一底低，股价一直在向下跌，如果成交量变异率 VR 指标线的走势却出现低位一底比一底高，这就形成了成交量变异率 VR 指标形态的底背离。当成交量变异率 VR 指标形态出现底背离时，预示着股价将可能从低位出现反弹，提示投资者在低位可逢低分批买入股票，或持股待涨。如图 26-7 所示。

图 26-7　歌尔股份（002241）股价、VR 指标（底背离）走势图

数据来源：东方财富。

9. 成交量变异率 VR 指标与能量潮 OBV 指标搭配使用。如图 26-8 所示。

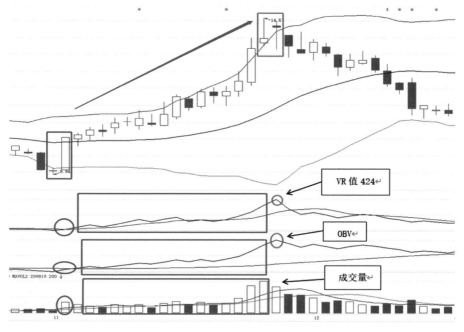

图 26-8　北方稀土（600111）股价、VR、OBV、成交量走势图

数据来源：东方财富。

### 3. 成交量变异率 VR 指标实战秘诀

利用成交量变异率 VR 指标值的分布区域可以寻找到投资机会。

当成交量变异率 VR 指标值下跌至 40 以下时，预示市场极易形成股价底部，可以利用成交量变异率 VR 指标值寻找底部机会是可信的。

当成交量变异率 VR 指标值位于正常的安全区域 80—150 时，提示为股价呈现盘整格局，投资者以观望为主。

当成交量变异率 VR 值位于获利区域 160—350 时，预示股价进入多头超买警戒区，提示为卖出股票止盈。

当成交量变异率 VR 指标值位于警戒区域 350—450 以上时，提示为股价已经进入了过高区域，投资者应及时卖出股票止盈。

当股价走势处于下跌运行时，但成交量变异率 VR 指标值开始上升，预示交易量呈上升趋势，提示投资者可买入股票。

当股价走势处于上涨运行时，但成交量变异率 VR 指标值开始下降，预示交易量呈下降趋势，提示投资者卖出股票获利。

当股价已经在高位区域运行时，建议投资者要密切关注成交量变异率 VR 指标值的变化，如果当成交量变异率 VR 指标值超过了 450 时，投资者应该及时进行止盈操作，防范股价高位可能出现反转向下运行风险。

当成交量变异率 VR 指标形态出现顶背离时，预示着股价将可能从高位出现反转，提示投资者在高位卖出股票实现投资收益，防范股价下跌风险。

通常应用成交量变异率 VR 指标线形态中 M 头和三重顶形态来研判的准确性要大于 W 底和三重底。

# 第27章　用好 CCI 指标增强获利能力

顺势（Commodity Channel Index, CCI）指标是 20 世纪 80 年代由美国股票技术分析大师唐纳德·兰伯特（Donald Lambert）根据统计学原理于 1980 年 10 月在杂志《商品期货》中首次提及，后用于测量股价、外汇和贵金属交易是否已超出常态分布范围的短线指标。

顺势 CCI 指标属于超买超卖类的技术分析指标。

## 1. 顺势 CCI 指标的原理

顺势 CCI 指标最早用于期货市场的研判，后运用于股票市场对股价运行规律进行研判。

顺势 CCI 指标是根据统计学原理在引入股价常态分布区间概念的基础上，对当前股价以常态分布区偏离程度为基础，用来专门衡量股价是否超越了上述常态分布区域的一种技术分析指标。

顺势 CCI 指标在股市技术分析中是一种比较新颖和独特的技术分析指标，被投资者广泛使用。如图 27-1 所示。

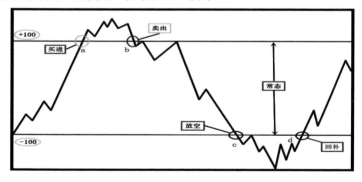

图 27-1　CCI 指标运行示意图

顺势 CCI 指标对股指、股价的异常波动反应灵敏，正常波动范围在 ±100 之间。只有当顺势 CCI 指标线上穿+100 和下破-100 时，方能发出买入、卖出信号。

顺势 CCI 指标运行区间的划分：

+100 以上运行区间为超买区，表示某只股票被投资者大量买入；-100 以下运行区间为超卖区，表示某只股票被投资者大量卖出。如图 27-2 所示。

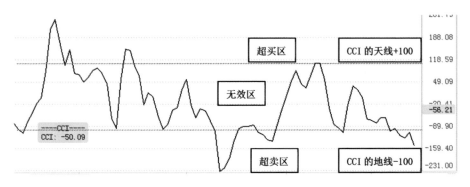

图 27-2　CCI 指标运行区间示意图

数据来源：东方财富。

当顺势 CCI 指标在+100 和-100 之间运行时，该指标没有任何参考意义。

顺势 CCI 指标是短线趋势类指标。顺势 CCI 指标使用中通常用周线成功率较高。

顺势 CCI 指标要先跌穿-100，然后又回升到-100 之上那一时刻买入成功率较高。

顺势 CCI 指标从+100 之上跌回+100 之内卖出成功率较高。

## 2. 顺势 CCI 指标实战运用技巧解析

1. 顺势 CCI 指标由+100 到-100 表示为常态区，没有参考价值。
2. 顺势 CCI 指标由下往上突破-100 时，表示为买入信号。
3. 顺势 CCI 指标由上往下跌破+100 时，表示为卖出信号。
4. 顺势 CCI 指标由上往下跌破-100 时，表示为卖出信号。
5. 当顺势 CCI 指标在+100 至-100 的常态区间运行时，该指标无效，建议投资者可以使用其他超买超卖类指标进行研判。

6. 顺势 CCI 指标特别适用于在股票牛市行情中，用于判断短线回调或底部区域反弹机会。

7. 顺势 CCI 指标也特别适用于股市处于熊市阶段的短线捕捉反弹或止盈机会。

8. 顺势 CCI 指标也适用于背离形态理论。如图 27-3 所示。

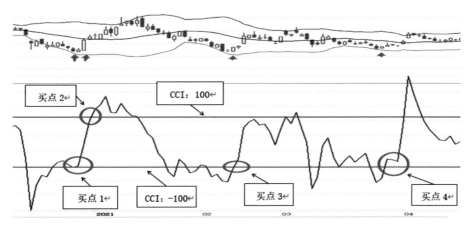

图 27-3　中芯国际（688981）股价、CCI 指标走势图

数据来源：东方财富。

## 2.1 顺势 CCI 指标形态的背离

顺势 CCI 指标的形态背离通常是指 CCI 指标线走势和股价 K 线图的走势运行方向相背离。

顺势 CCI 指标的形态背离也分为顺势 CCI 指标的顶背离和顺势 CCI 指标的底背离。

## 2.2 顺势 CCI 指标形态的顶背离

顺势 CCI 指标的顶背离是指当股价运行在远离+100 指标线的上方时，且股价在继续上升并创出新高之后，K 线图形态出现一顶比一顶高，但是顺势 CCI 指标线的走势反而出现了一顶比一顶低的形态。

当顺势 CCI 指标出现顶背离时，预示着股价处在高位运行，投资者特别需要注意顺势 CCI 指标的顶背离导致股价高位出现反转下跌的可能，建议投资者务必要保持高度警惕，不可掉以轻心。如图 27-4 所示。

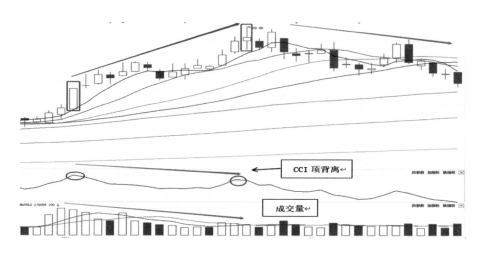

图 27-4　海康威视（002415）股价、CCI 指标（顶背离）走势图

数据来源：东方财富。

例如，在实战运用中发现，2013 年 7 月，冠农股份的股价从低位走出了一波上升行情，但是顺势 CCI 指标的走势与股价的走势在高位出现了特别明显的顶背离形态。股价在高位区域震荡之后，出现了大幅下跌。如果在股价高位，顺势 CCI 指标出现顶背离，股价冲高回落是必然的现象。如图 27-5 所示。

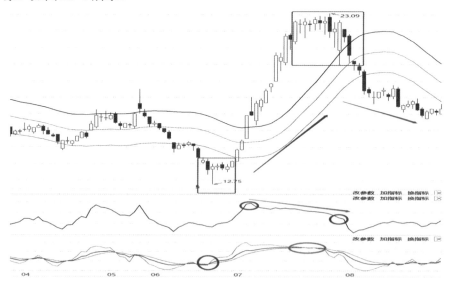

图 27-5　冠农股份（600251）股价、CCI 指标（顶背离）走势图

数据来源：东方财富。

图 27-6 为上证指数顶背离形态实证图例。

顺势 CCI 指标的顶背离出现一次就能确定其有效性，不需要反复验证，投资者务必在高位采取止盈措施。

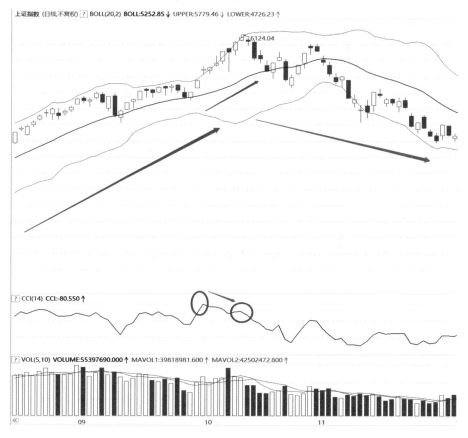

图 27-6　上证指数（000001）、CCI 指标（顶背离）、BOLL 指标走势图

数据来源：东方财富。

## 2.3　顺势 CCI 指标形态的底背离

顺势 CCI 指标的底背离是指当股价运行在远离-100 低位区域的指标线下方时，且股价在继续下跌并创出新低之后，K 线图形态出现一底比一底低，但是顺势 CCI 指标线的走势反而出现了一底比一底高的形态。

当顺势 CCI 指标出现底背离时，预示着股价处在低位运行，股价会止跌走稳，投资者需要注意顺势 CCI 指标的底背离导致股价低位出现反弹可能，建议投资者可以在低位分批建仓。如图 27-7 所示。

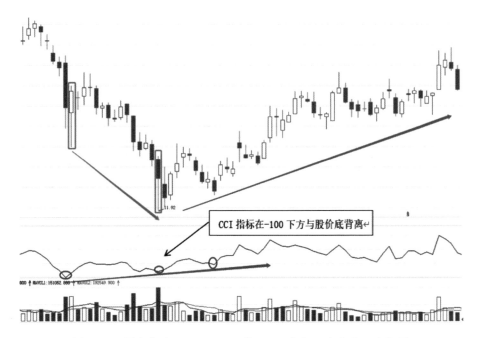

图 27-7　国电南瑞（600406）股价、CCI 指标（底背离）走势图

数据来源：东方财富。

上证指数的底背离实证图例。如图 27-8 所示。

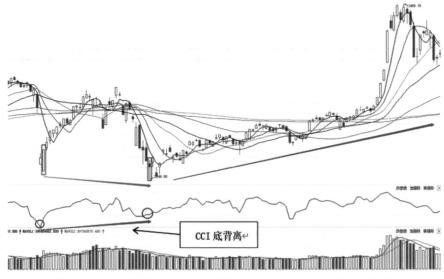

图 27-8　上证指数（000001）股价、CCI 指标（底背离）走势图

数据来源：东方财富。

# 3. 顺势 CCI 指标实战秘诀

顺势 CCI 指标是短线趋势类指标。顺势 CCI 指标使用中通常用周线成功率较高。顺势 CCI 指标要先跌穿-100，然后再回升到-100 之上那一时刻买入成功率较高。

顺势 CCI 指标由+100 到-100 表示为常态区，该指标没有任何参考意义。

顺势 CCI 指标由下往上突破-100 时，表示为买进信号。

顺势 CCI 指标由上往下跌破+100 时，表示为快速卖出信号。

顺势 CCI 指标由上往下跌破-100 时，表示为卖出信号。

顺势 CCI 指标也适用于背离与形态理论。特别是要关注 CCI 顶部背离的出现，一旦出现顶背离坚决做止盈操作。

顺势 CCI 指标在 KDJ 指标和 MACD 指标出现钝化时，也能发出明确的趋势信号。

短线投资者可以利用顺势 CCI 指标捕捉超级大牛股的机会。

顺势 CCI 指标存在的不足：顺势 CCI 指标对于突发性上涨或下跌行情使用效果明显，但是对常态下的行情用处不大。投资者只需要关注+100 到-100 区间之外的形态变化。

投资者只要正确运用好顺势 CCI 指标，相信能够极大地提升在股票市场投资赚钱的概率。

# 第28章 ASR助力提升股价研判能力

浮筹ASR指标主要用于反映成交量对股价的跟随程度。

浮筹 ASR 指标主要是反映非主力手中的筹码分布情况。通常浮筹ASR 指标值数值越大，代表着投资者从中能容易寻找到位于筹码集中的股票，从而提早布局分享主力拉升获利的机会。

## 1. 浮筹ASR指标的原理

顾名思义，浮筹就是非主力手中的筹码。在股市中通常只有主力才能够拿得住真正的筹码，散户一般情况下一有小利或者解套则这部分筹码都容易被洗出交回，只有在高位被套牢的筹码，被迫暂时锁定，一旦股价恢复到成本价附近，这部分筹码就会交还给市场。大多数筹码都属于活跃的筹码，但也有部分不活跃的筹码，因此研究浮筹和主力手中持有的筹码，对于股票市场的价格走势就十分关键了。如图 28-1 所示。

图 28-1　ASR指标走势图

数据来源：东方财富。

当股价向下运行，浮筹 ASR 指标线也会出现逐渐向下运行，在跌至10 以下时，股价出现触底的概率较大，通常浮筹 ASR 指标线将直线向下运行。

浮筹 ASR 指标的应用法则：

1. 浮筹 ASR 指标是研究与分析筹码集中度的主要指标之一。

在实战运用中可以利用浮筹 ASR 指标寻找超级牛股的机会。当牛股行情尚未启动前，浮筹 ASR 指标必定高度集中，浮筹 ASR 指标至少要达到 80 以上，并且需要维持一定的时间，由于主力在没有收集到足够的筹码之前是不会拉升股价的。

寻找到超级牛股股价被拉升机会需要满足以下 2 个必要条件：

一是浮筹 ASR 指标值达到 80 以上；

二是浮筹 ASR 指标值达到 80 以上需要维持一段时间。

主力只有收集到足够的筹码后才会拉高出货。有投资者会问为何绝大多数筹码都已集中，怎么股价还是没有涨呢？是主力在等待最佳拉升时机。

2. 浮筹 ASR 指标是反映成交量对股价的跟随程度。

不论股价是向上运行还是向下运行，任何脱离了筹码密集价位的行为都将会导致浮筹 ASR 指标线急跌运行。

造成浮筹 ASR 指标线逐渐回升运行的主要原因可能是：股价回到了以前的价位密集区，或者是在新的价位上筹码重新密集。

根据浮筹 ASR 指标算法可以理解，浮筹 ASR 指标反映了成交量对股价的跟随程度。

当浮筹 ASR 指标值较小表示股价发生了变化，但是成交量可能没有配合增加。

3. 关注浮筹 ASR 指标值使用中有关筹码的密集的状态。

如果股价位于一个相对安全的股价低位区，且股价上下 10％的区间的浮筹 ASR 指标达到 80％，预示着后市股价出现上涨的爆发力非常强。

## 2. 浮筹 ASR 指标实战运用技巧解析

通过浮筹 ASR 指标可以发现主力以及主力拉升前筹码持有状况，建议投资者可以搭配筹码分布指标综合运用，效果更佳。

1. 只有当浮筹 ASR 指标达到 80％以上，之后，如果出现浮筹 ASR 指标突然快速下跌，而且幅度比较大，预示着股价可能会启动一轮新的上涨行情。如图 28-2 所示。

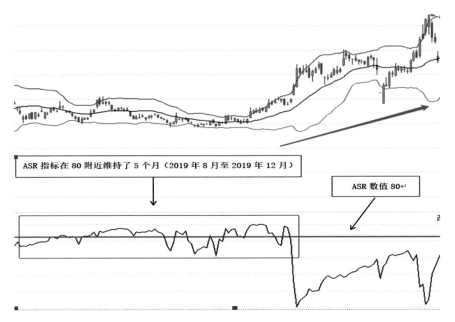

图 28-2　京东方 A（000725）股价、ASR 指标走势图

数据来源：东方财富。

2．一般来说，当出现浮筹 ASR 指标取值越来越小，预示着股价将发生巨大波动，这时就需要重点关注成交量的变化。如图 28-3 所示。

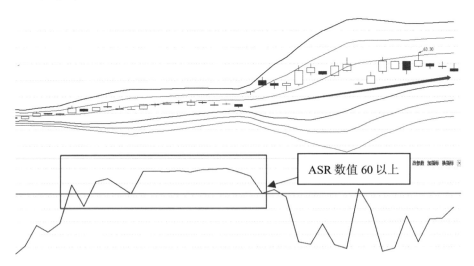

图 28-3　比亚迪（002594）股价、ASR 指标走势图

数据来源：东方财富。

3．在股市实战中，通常浮筹 ASR 指标值位于 60 以上，代表主力手中的筹码开始集中，浮筹 ASR 指标值数值越大预示筹码密越集。

需要了解的是，筹码密集并不预示着主力资金一定会在短期拉升股价，但是超级牛股拉升前筹码必须是高度密集的。如图 28-4 所示。

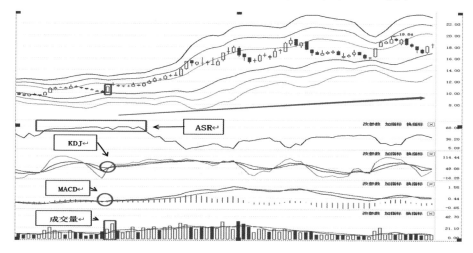

图 28-4　埃斯顿（002747）股价、ASR、KDJ、MACD、MIKE 指标走势图

数据来源：东方财富。

4 众所周知，浮筹的稳定性是不高的。通常浮筹都是短线交易的那部分筹码比较多。

主力只有收集到足够的筹码之后才有拉高出货的动力。主力通常会透过洗盘、震仓、打压收集散户手中的浮动筹码。因此，浮动筹码部分相应比例就会越来越低，在主力收集筹码拉升股价之前，这时候股价的表现一定不会很好。

温和的主力收集浮筹的手法可能相对温和，体现在股价上波动就不会过于极端，预示着股价可能走出底部的箱形整理的行情概率高。

但当遇上凶悍的主力恶意砸盘和洗盘收集浮筹时，极容易造成股价的剧烈波动。特别是那些凶悍的主力会通过各种恶意的手段打压股价，造成股价短期非理性下跌。

股价短期的极限下跌，对一般投资者来说能够坚定继续拿住筹码是十分不易的，内心对是否需要继续持有筹码是非常痛苦的选择。所以，通常浮筹部分比例不会太高，甚至不超过 10%。

5．在运用浮筹 ASR 指标时需要注意观察和记住的是浮筹 ASR 指标运行中出现的急跌。不论股价向上还是向下运行，只要出现脱离了筹码密集价位的行为，一定会导致浮筹 ASR 指标的急跌。如图 28-5 所示。

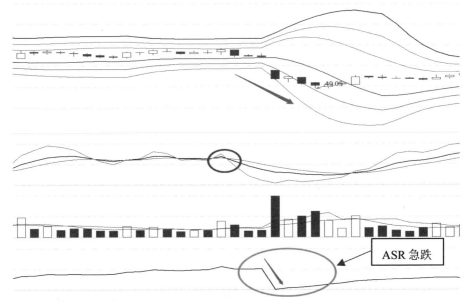

图 28-5 澜起科技（688008）股价、ASR 指标走势图

数据来源：东方财富。

## 3. 浮筹 ASR 指标实战秘诀

浮筹 ASR 指标是观察筹码是否密集的主要参考指标之一。通常浮筹 ASR 指标被有实战经验的投资者广泛运用于股票技术分析中。

在实战运用浮筹 ASR 指标中，建议投资者注意观察和记住的是：浮筹 ASR 指标运行中出现的急跌现象。

不论股价向上还是向下运行，只要出现脱离了筹码密集价位的行为，一定会导致浮筹 ASR 指标的急跌。主要原因是脱离了之前筹码密集的价位时必然会造成浮筹 ASR 指标的急跌。

当牛股行情尚未启动的前期，浮筹 ASR 指标值经常超过 60，有时要达到 80 以上，而且需要浮筹 ASR 指标值维持在高值一段时间。

通常而言，当浮筹 ASR 指标值小代表股价发生了变化，但是成交量可能没有跟上，特别是在抓获超跌股的时候，寻找到无量超跌股进行布局是相对比较安全的。无量超跌是指在股价下跌中没有出现成交量的明显放大。

当股价处在相对安全的低价位区，且股价上下 10％的范围密集的筹码升至 80％时，股价一旦被拉升，其上涨时的爆发力将十分强劲。

投资者可以利用浮筹 ASR 指标寻找到筹码密集的股票，即当浮筹 ASR 指标的值越大，越能找出筹码密集的股票。

通常浮筹 ASR 指标在 60 以上就算密集，数值越大密集越好。但筹码密集不一定会马上拉升，牛股拉升前筹码一定需要密集。

为了验证筹码集中度的真伪，建议投资者可以通过筹码分布指标来佐证筹码的集中度和浮筹的状态。

# 第29章 ADR提升大势研判能力

涨跌比率 ADR（Advance Decline Ratio）指标也称上升下降比指标。

涨跌比率 ADR 指标是专门用于研究股票大盘指数走势的中长期技术分析指标。

## 1. 涨跌比率 ADR 指标的原理

涨跌比率 ADR 指标是通过计算一定时期内股票市场上升个股和下跌个股的数量的比值来研判股票市场上总体多空力量之间的变化，进而判断股票市场大盘的走势。

涨跌比率 ADR 指标和 ADL 指标同属大势类指标，是专门用来分析股票大盘指数总体运行趋势的指标，但不能用于对个股走势的研判。

涨跌比率 ADR 指标能够提前提示对大盘处于过渡超买超卖现象进行预判。如图 29-1 所示。

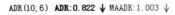
ADR(10,6) **ADR:0.822** ↓ MAADR:1.003 ↓

图 29-1　ADR 指标走势图

数据来源：东方财富

对于大盘总体走势的决定是市场上全部个股买卖力量对比的反映。通常而言，当市场出现多方力量强于空方力量时，预示着市场人气较高，表现在股价上容易推动上涨，使得市场中上涨的家数大于下跌的家数；反之，当市场总体空方力量大于多方力量时，预示着市场人气低迷，表现在股价上容易出现下跌，使得市场中股票下跌的家数大于股票上涨的家数。

涨跌比率 ADR 指标正是基于上述原理，统计交易时间内上涨个股和下降个股的数量的比值来分析判断市场总体的买盘和卖盘的力度，进而了解市场多空双方力量博弈均衡的变化。从而为投资者研判市场大盘走势提供分析的工具。

涨跌比率 ADR 指标主要用于研判股票市场大盘的中长期走势，预测大盘在运行趋势中出现反转信号。

## 1.1　涨跌比率 ADR 指标的一般研判标准

涨跌比率 ADR 指标研判的标准主要是通过涨跌比率 ADR 指标值和涨跌比率 ADR 指标线的形态搭配使用来进行研判。

1. 涨跌比率 ADR 指标值的取值。

涨跌比率 ADR 指标的计算方法相对是比较简单的，通常周期为 10 日，当涨跌比率 ADR 指标数值大于 1 时，预示着在相应的时段内股票上涨的数量大于股票下跌的数量，当涨跌比率 ADR 指标数值小于 1 时，则预示着股票上涨的数量小于股票下跌的数量。

2. 涨跌比率 ADR 指标的交易决策。

（1）当涨跌比率 ADR 指标值小于 0.5，预示大盘出现超卖现象，建议投资者关注大盘止跌企稳的反弹行情。

（2）当涨跌比率 ADR 指标数值大于 1.5，预示大盘出现超买现象，建议投资者关注大盘高位反转信号，应及时实施高位止盈策略。

（3）当涨跌比率 ADR 指标数值位于 0.5—1.5 之间，预示大盘将出现盘整行情，建议投资者不要过分关注大盘的走势，集中精力挖掘个股或者行业板块的机会。

（4）当涨跌比率 ADR 指标数值在 0.3 以下，预示大盘发出严重的超卖信号，建议投资者可以逢低分批买入股票。

## 1.2　涨跌比率 ADR 指标线与大盘指数指标线的搭配

涨跌比率 ADR 指标具有领先提示功效。涨跌比率 ADR 指标能够对大盘指数在中短线运行方面，发出明确的领先信号。

涨跌比率 ADR 指标与大盘指数运行出现形态背离现象，也可以提前提示大盘的反转信号。

1. 当涨跌比率 ADR 指标线由下向上运行时，大盘指数指标线也出现同步上扬，预示着股票大势处于上涨趋势，建议投资者可以在大盘启动前，提前寻找优质个股，逢低布局。

2. 当涨跌比率 ADR 指标线由上向下运行，大盘指数指标线同步下行，预示着大盘处于下跌趋势，建议投资者不宜急于入场，静待大盘企稳后再谋机会。

3. 当涨跌比率 ADR 指标线的走势与大盘指标走势出现形态的顶背离时，投资者特别需要关注，如果大盘已经走出了一段较大幅度的上涨行情之后，出现涨跌比率 ADR 指标形态的顶背离，预示着大盘行情上攻无力，难以持久维持高点位运行，大盘随时会出现高位反转向下运行。 如图 29-2 所示。

图 29-2　上证指数（000001）、ADR 指标顶背离走势图

数据来源：中信证券交易系统。

4. 当涨跌比率 ADR 指标线从底部向上运行，与大盘指数指标线运行出现形态背离，这就是大家熟知的涨跌比率 ADR 指标形态的底背离，当涨跌比率 ADR 指标线在底部区域出现底背离时，建议投资者要特别关注，如果大盘经过了一轮下跌行情之后，预示着大盘会在低位出现反转向上的可能，建议投资者根据个股情况逢低建仓，静待大盘止跌反弹。如图 29-3 所示。

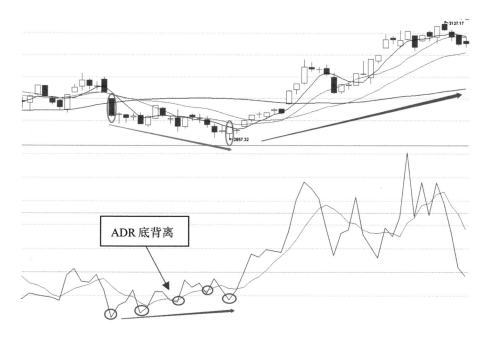

图 29-3　上证指数（000001）、ADR 指标底背离走势图

数据来源：中信证券交易系统。

### 1.3　涨跌比率 ADR 指标线的形态

在实战中，除了运用涨跌比率 ADR 指标值判断大盘走势外，也可以运用涨跌比率 ADR 指标的形态来研判大盘的走势。

1. 当涨跌比率 ADR 指标运行在指数的高位区域时，如果涨跌比率 ADR 指标形态出现了 M 头或三重顶等形态时，预示着大盘在顶部区域会出现反转信号，大盘即将由强转弱，大盘的运行趋势将会出现掉头向下。如果大盘指数运行趋势也出现了同样形态，可以进一步验证和确认涨跌比率 ADR 指标形态所发出的信号。

2. 当涨跌比率 ADR 指标运行在股价的低位区域，出现涨跌比率 ADR 指标形态的 W 底或三重底，预示着大盘由弱转强，提示大盘走势即将出现底部反弹信号。如果大盘指数走势形态和涨跌比率 ADR 指标运行趋势相同，可以进一步验证其有效性。

3. 关于涨跌比率 ADR 指标形态有效性方面，在高位出现的 M 头或者三重顶形态的研判准确性远高于涨跌比率 ADR 指标形态在低位形成的 W 底或三重底的效果。

## 2. 涨跌比率 ADR 指标实战运用技巧解析

### 2.1 牛市与熊市转换的信号

1. 当大盘已经运行在下跌趋势中一段时间之后，如果出现涨跌比率 ADR 指标线值在数值 1 参考线附近区域盘整了一段较长的时间，一旦涨跌比率 ADR 指标线向上穿越数值 1 参考线，并且大盘指标线也向上穿越了中长期指数均线时，预示着大盘处在一个上涨趋势中，大盘维持向上运行的趋势。如图 29-4 所示。

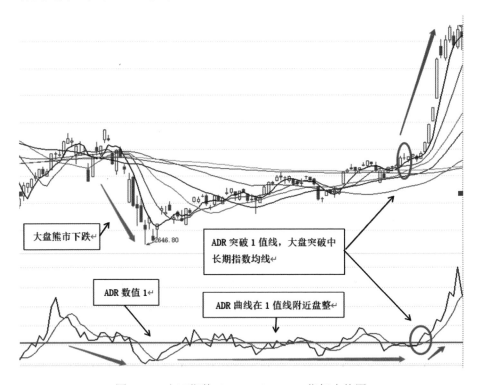

大盘熊市下跌

ADR 突破 1 值线，大盘突破中长期指数均线

ADR 数值 1

ADR 曲线在 1 值线附近盘整

图 29-4　上证指数（000001）、ADR 指标走势图
数据来源：东方财富。

2. 当大盘已经运行在牛市行情 1 年以上的时间之后，如果出现涨跌比率 ADR 指标线由上向下掉头运行，一旦涨跌比率 ADR 指标线由上向下跌穿数值 1 参考线时，并且大盘指标线也向下跌穿了中长期指数均线，预示大盘牛市行情的终结，这是典型的涨跌比率 ADR 指标发出的由牛市

转向熊市的明确信号。建议投资者应很好地利用涨跌比率 ADR 指标提供的转势信号，寻找到更好的布局机会。

## 2.2　牛市与熊市持续信号

1. 当涨跌比率 ADR 指标线由下向上穿越数值 1 参考线，并且牛市趋势得到确认之后，只要涨跌比率 ADR 指标曲线一直运行在参考线 1 之上，大盘走势的均线呈现向上发散，大盘走势的大趋势获得了均线的明显支持，而且涨跌比率 ADR 指标线趋势与均线排列形态相似，这就是涨跌比率 ADR 指标发出的牛市持续信号，建议投资者可以继续持股待涨。如图 29-5 所示。

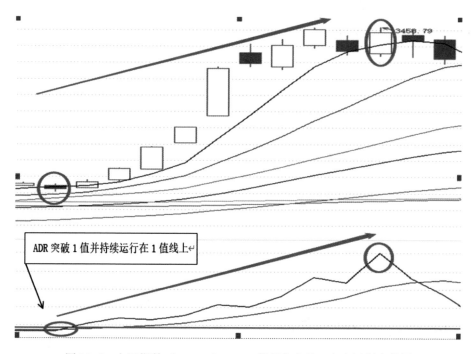

图 29-5　上证指数（000001）、ADR 指标值突破 1 向上运行走势图
数据来源：东方财富。

2. 当涨跌比率 ADR 指标线由上向下跌穿数值 1 参考线，并已经确认了牛熊转换的熊市趋势之后，只要涨跌比率 ADR 指标线一直运行在数值 1 参考线之下，大盘指数走势由于受到中长期均线的压制，运行在中长期指数均线之下，预示着大盘仍处在中期熊市行情之中，这是涨跌比率 ADR 指标发出的熊市持续的信号。如图 29-6 所示。

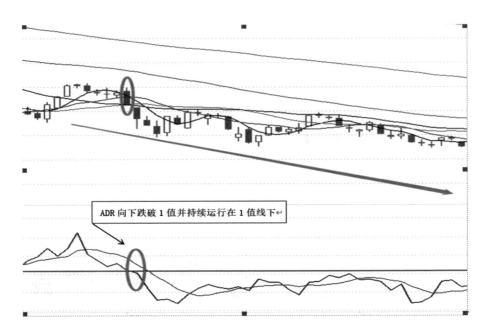

图 29-6　上证指数（000001）、ADR 指标值跌破 1 向下运行走势图

数据来源：东方财富。

3. 涨跌比率 ADR 指标精确捕捉到上证综合指数走势的最高点与最低点。如图 29-7 所示。

图 29-7　上证指数（000001）、ADR 指标走势图

数据来源：东方财富。

4. 涨跌比率 ADR 指标应搭配超买超卖 OBOS 指标、腾落指数 ADL 指标使用实证效果非常好。如图 29-8 所示。

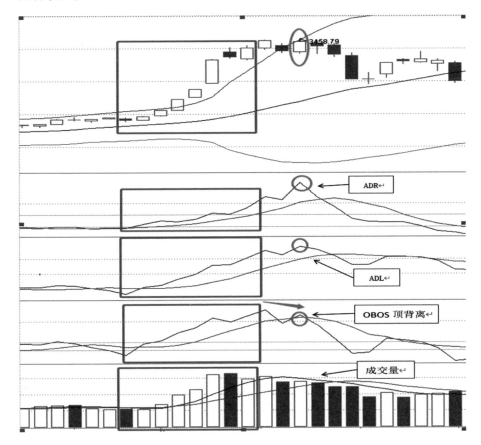

图 29-8　上证指数（000001）、ADR、ADL、OBOS（顶背离）走势图

数据来源：东方财富。

## 3. 涨跌比率 ADR 指标实战秘诀

涨跌比率 ADR 指标是专门用于研究股票大盘指数走势的中长期技术分析指标。

涨跌比率 ADR 指标研判的标准主要是通过涨跌比率 ADR 指标值和涨跌比率 ADR 指标线的形态搭配使用来进行研判。

涨跌比率 ADR 指标的计算方法相对是比较简单的，通常周期为 10

日，当涨跌比率 ADR 指标数值大于 1 时，预示着在相应的时段内股票上涨的数量大于股票下跌的数量，当涨跌比率 ADR 指标数值小于 1 时，则预示着股票上涨的数量小于股票下跌的数量。

投资者应高度关注涨跌比率 ADR 指标运行指标线与数值 1 参考线的上方或下方，是十分重要的判断大盘走势的方法。

涨跌比率 ADR 指标具有领先提示功效。涨跌比率 ADR 指标能够对大盘指数在中短线运行方面，发出明确的领先信号。

涨跌比率 ADR 指标与大盘指数运行出现形态背离现象，也可以提前提示大盘的反转信号。

涨跌比率 ADR 指标搭配超买超卖 OBOS 指标、腾落指数 ADL 指标验证大盘走势有奇效。投资者如能成功运用涨跌比率 ADR 指标捕捉大盘低位和高位的转势机会，无论对指数投资、个股投资还是基金投资都有极大的参考作用。

# 第30章 超买超卖 OBOS 指标先行知大势

超买超卖 OBOS（Over Buy & Over Sell）指标是一项分析股票市场整体趋势的先行性技术指标。

## 1. 超买超卖 OBOS 指标的原理

超买超卖 OBOS 指标是利用在一段时期内股市涨跌家数的累积差关系来测量大势的强弱，以及未来的股价走势，作为判断股市呈现超买或超卖的技术性指标。如图 30-1 所示。

OBOS(10,6) OBOS: -250.83 MAOBOS: -48.91

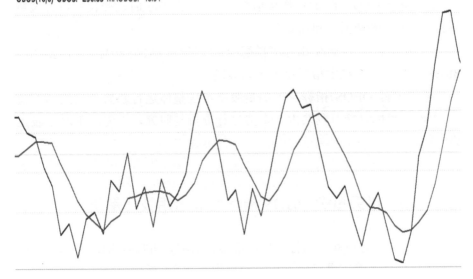

图 30-1 超买超卖 OBOS 指标走势图

数据来源：中信证券交易系统。

超买超卖 OBOS 指标的应用法则：

1. 超买超卖 OBOS 指标值通常为正数，超买超卖 OBOS 指标值也可以为负数。

当超买超卖 OBOS 指标值为正数时，预示着股市大盘处于上升行情；反之，当超买超卖 OBOS 指标值为负数时，预示着股市大盘处于下跌行情。

2. 通常超买超卖 OBOS 指标会运行在大盘走势之前，体现为大盘趋势的先行指标。

3. 当超买超卖 OBOS 指标走势与大盘股价走势形态相背离时，表示股价走势即将反转，提醒投资者要高度关注。

4. 采用形态原理同样适用于超买超卖 OBOS 指标线运行的形态，特别是当超买超卖 OBOS 指标线在大盘高位走出了 M 头，或大盘低位区走出 W 底时，超买超卖 OBOS 指标可提示买入或卖出信号。

5. 在股市实战应用中，当超买超卖 OBOS 指标值达到 80 时，预示大盘指数处于超买时期，建议投资者可择机卖出股票止盈；反之，当超买超卖 OBOS 指标值达到-80 时，预示大盘指数处于超卖时期，建议投资者可择机分批建仓。

6. 当超买超卖 OBOS 指标值超越+100 或-100 时，建议投资者应等待其产生形态背离时方可确认。

7. 超买超卖 OBOS 指标应搭配 ADR 指标、ADL 指标、VR 指标、BRAR 指标等其他技术指标使用更为准确。

超买超卖 OBOS 指标反映的是股票市场整体运行趋势，运用超买超卖 OBOS 指标只能对股票大盘走势进行分析与研究，不能用于对个股走势的判断。

## 2. 超买超卖 OBOS 指标实战运用技巧解析

1. 超买超卖 OBOS 指标低位出现金叉搭配随机指数 KDJ 指标综合使用，可以提前预测大盘走势。通常随机指数 KDJ 指标是短线灵敏指标，但在大盘走势判断方面，OBOS 指标比 KDJ 指标更早提示买入信号。超买超卖 OBOS 指标顶背离提前提示了大盘出现回调。如图 30-2 所示。

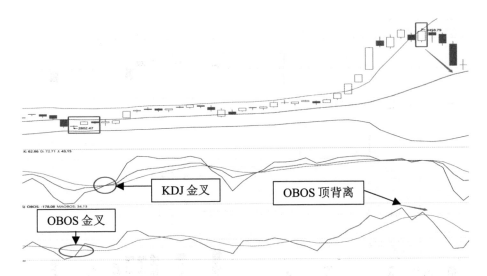

图 30-2　上证指数（000001）、OBOS（顶背离）、KDJ 指标走势图

数据来源：中信证券交易系统。

2．超买超卖 OBOS 指标底背离搭配随机指数 KDJ 指标底背离相互验证上证综合指数创新低的位置。如图 30-3 所示。

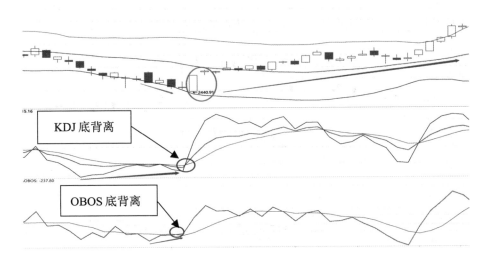

图 30-3　上证指数（000001）、OBOS（底背离）、KDJ（底背离）指标走势图

数据来源：中信证券交易系统。

3．超买超卖 OBOS 指标也可搭配涨跌比率 ADR 指标和腾落指数 ADL 指标使用，实证效果也非常好。ADL 指标、OBOS 指标、ADR 指标

叠加使用，实证了与上证走势一致的功效。如图 30-4 所示。

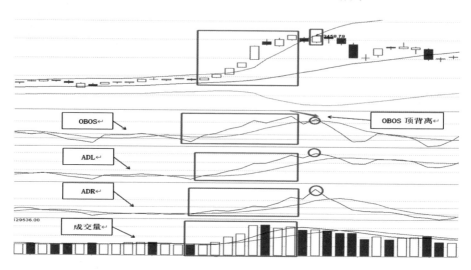

图 30-4　上证指数（000001）、OBOS、ADL、ADR、成交量指标走势图

数据来源：东方财富。

4. 超买超卖 OBOS 指标应搭配 ADR 指标、ADL 指标、BRAR 指标等其他技术指标使用更为准确。例如，OBOS 指标与 ADL 指标、BRAR 指标共同验证了上证指数大盘高位反转走势的有效性。如图 30-5 所示。

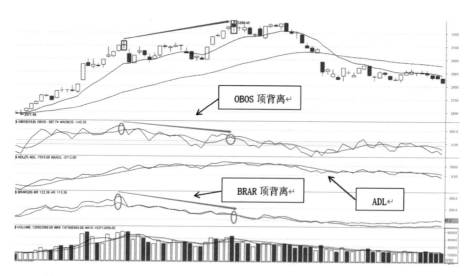

图 30-5　上证指数（000001）、OBOS、ADL、BRAR、成交量指标走势图

数据来源：东方财富。

5. 超买超卖 OBOS 指标应搭配 ADR 指标、ADL 指标、VR 指标等其他技术指标使用更为准确。例如，OBOS 指标与 ADL 指标和 VR 指标配合使用，实证了上证指数大盘的底与顶走势的有效性。如图 30-6 所示。

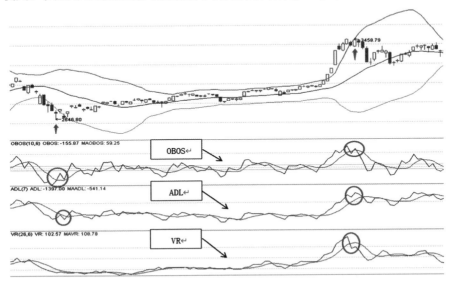

图 30-6  上证指数（000001）、OBOS、ADL、VR 指标走势图

数据来源：东方财富。

6. 超买超卖 OBOS 指标与其他指标搭配使用中，别忘了量价关系。如图 30-7 所示。

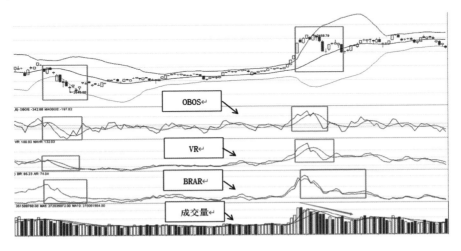

图 30-7  上证指数（000001）、OBOS、VR、BRAR、成交量指标走势图

数据来源：东方财富。

# 3. 超买超卖 OBOS 指标实战秘诀

通常超买超卖 OBOS 指标会运行在大盘走势之前，体现为大盘趋势的先行指标。

超买超卖 OBOS 指标值通常为正数，超买超卖 OBOS 指标值也可以为负数。

当超买超卖 OBOS 指标值为正数时，预示着股市大盘处于上升行情；反之，当超买超卖 OBOS 指标值为负数时，预示着股市大盘处于下跌行情。

当超买超卖指标 OBOS 走势与大盘股价走势形态相背离时，表示股价走势即将反转，提醒投资者要高度关注。

采用形态原理同样适用于超买超卖 OBOS 指标线运行的形态。

在股市实战应用中，当超买超卖 OBOS 指标值达到 80 时，预示大盘指数处于超买时期，建议投资者可择机卖出股票止盈；反之，当超买超卖 OBOS 指标值达到-80 时，预示大盘指数处于超卖时期，建议投资者可择机分批建仓；当超买超卖 OBOS 指标值超越+100 或-100 时，建议投资者应等待其产生形态背离时方可确认。

超买超卖 OBOS 指标应搭配 ADR 指标、ADL 指标、VR 指标、BRAR 指标等其他技术指标使用更为准确。

超买超卖 OBOS 指标反映的是股票市场整体运行趋势，运用超买超卖 OBOS 指标只能对股票大盘走势进行分析与研究，不能用于对个股走势的判断。

# 第31章  CR捕捉建仓与卖出良机

中间意愿 CR 指标是股票投资者用于分析研究股市中买卖双方力量对比、捕捉股票买卖重要时机的中长线技术分析指标。

中间意愿 CR 指标是不骗人的黄金中长线好指标。

## 1. 中间意愿 CR 指标的原理

通常中间意愿 CR 指标根据计算使用时间参数的不同分为中间意愿 CR 分时指标、日中间意愿 CR 指标、周中间意愿 CR 指标、月中间意愿 CR 指标等。

中间意愿 CR 指标是由 5 条指标线构成的，其中包括短周期到长周期 A 线、B 线、C 线和 D 线 4 条指标线。

尽管中间意愿 CR 指标和 AR 指标、BR 指标在使用中存在许多相似之处，但中间意愿 CR 指标也具有其独特的研判作用。

中间意愿 CR 指标的 4 种计算方法中有 3 种采用了收市价，由此可以看出股市的收市价在股票技术分析指标中的地位。如图 31-1 所示。

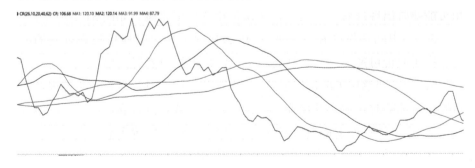

图 31-1  CR 指标走势图

数据来源：中信证券交易系统。

在实战运用中，中间意愿 CR 指标主要采用中间意愿 CR 指标值和中间意愿 CR 指标线的形态以及与股价 K 线运行形态的配合等综合研判股价的走势。

中间意愿 CR 指标的理论基础是选择股市中上一计算周期的中间价为均衡价格，避免了 AR 指标、BR 指标存在的不足。

中间意愿 CR 指标通过股价的压力带和支撑带来分析预测未来股价的运行趋势，为投资者研判股票买卖时机提供了有效的方法。

中间意愿 CR 指标值和指标线的功能：

中间意愿 CR 指标线反映交易时间内股市多空双方力量强弱的变化。

当中间意愿 CR 指标值位于 100 及以上时，预示多方占据优势地位。

当中间意愿 CR 指线值位于 100 以下时，预示空方占据优势地位。

通常中间意愿 CR 指标线运行的位置越高，预示着多方占据优势地位。

通常中间意愿 CR 指标线运行的位置越低，预示着空方占据优势地位。

1. 当中间意愿 CR 指标值出现负值一律视为 0。

2. 当中间意愿 CR 指标值位于 100 时，表示中间的买卖意愿呈现均衡状态。

3. 当中间意愿 CR 指标数值位于 75—150 之间时，预示股价可能出现盘整行情，建议投资者持币观望。

4. 当中间意愿 CR 指标值大于 400 时，多数情况会出现在大涨行情或大牛股的拉升时期，预示着股价已经运行在股价顶部区域，提示股价后市可能随时出现反转向下运行，建议投资者高位止盈。如图 31-2 所示。

5. 当中间意愿 CR 指标值大于 200 时，预示着股价反弹行情的结束，提示股价可能短期会出现再次下探，建议投资者逢高出货。

6. 当中间意愿 CR 指标值位于 40 以下，预示股价盘整行情结束，提示股价可能随时再次止跌反弹，建议投资者逢低分批建仓。

7. 当中间意愿 CR 指标值位于 35 以下，预示股价可能过度超跌，股价已运行在低位区域，提示股价可能随时会低位反弹上升，投资者可逢低买入股票。如图 31-3 所示。

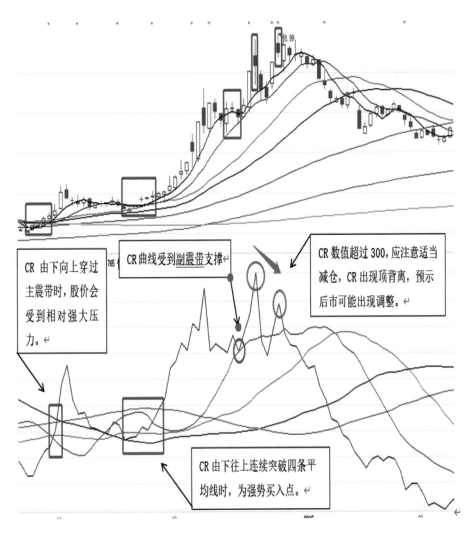

图 31-2　三一重工（600031）股价、CR 指标走势图

数据来源：东方财富。

8．当中间意愿 CR 指标线开始脱离前期底部横盘区域运行，并由下向上穿越 3 条 MA 指标线时，预示股价将从底部强势反弹向上升。

当中间意愿 CR 指标线由下向上穿越最后的 1 条 MA 指标线时，如果伴随成交量的有效放大，提示买入信号，建议投资者可以逢低买入股票。

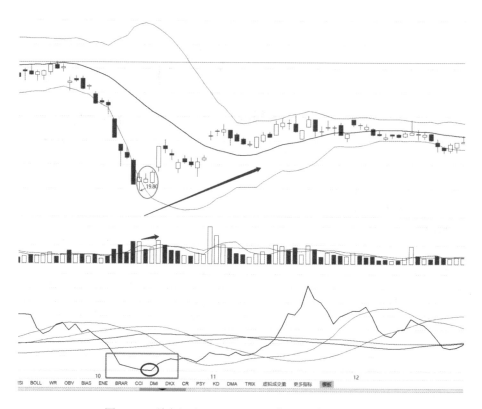

图 31-3　科大讯飞（002230）股价、CR 指标走势图

数据来源：东方财富。

9．当中间意愿 CR 指标线由下向上穿越 3 条 MA 指标线并迅速向上运行超过 150 时，预示股价强势行情即将展开，建议投资者短线分批买入。

10．当中间意愿 CR 指标线迅速向上运行后，3 条 MA 指标线同时上行，预示股价将维持强势上升行情，建议投资者可以持股待涨。

11．当中间意愿 CR 指标线迅速向上运行并穿越了前期的盘整区域时，预示着股价已经有较大涨幅时，建议投资者应密切关注中间意愿 CR 指标线的运行方向。

12．当中间意愿 CR 指标线由高位向下运行，并首次跌穿最上面的 1 条 MA 指标线时，预示处于高位强势股价的行情终结，建议投资者在股价高位卖出股票获利了结。

13．当中间意愿 CR 指标线由高位向下运行，其他 3 条 MA 指标线也同时向下运行时，预示着股价将出现下跌走势，建议投资者不要急于入市，待股价止跌企稳后再做布局。

14．当中间意愿 CR 指标线向下跌穿最后 1 条 MA 指标线时，预示股价将出现快速下跌行情，建议投资者应以观望为主。

15．当中间意愿 CR 指标线跌穿 3 条 MA 指标线后，预示着股价走势将走出一段漫长筑底行情，建议投资者不要盲动，静待股价止跌企稳后再做布局。

## 2．中间意愿 CR 指标实战运用技巧解析

1．当中间意愿 CR 指标线在 4 条平均线上方运行，且 4 条平均线缓慢向上发散形成多头排列，预示着股价将走出一段上涨行情，投资者宜持股待涨。如图 31-4 所示。

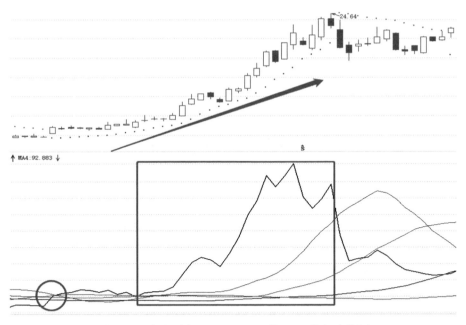

图 31-4　东方财富（300059）股价、CR 指标走势图

数据来源：中信证券交易系统。

2．当中间意愿 CR 指标线在 4 条平均线下方运行，且 4 条平均线向下发散形成空头排列，预示着股价将出现一波下跌行情，建议投资者宜持币观望。如图 31-5 所示。

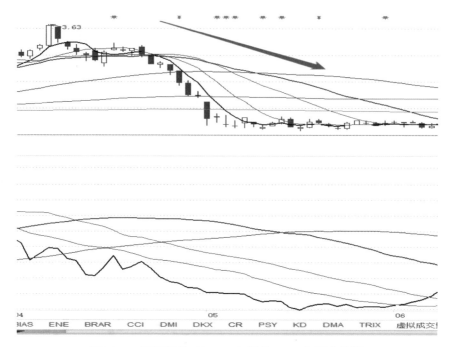

图 31-5　河钢股份（000709）股价、CR 指标走势图

数据来源：东方财富。

　　如何利用中间意愿 CR 指标抓住短线交易机会呢？

　　投资者只要把握中间意愿 CR 指标跌到 40 以下的投资机会，当中间意愿 CR 指标值位于 40 以下时，可以逢低分批买入股票；当中间意愿 CR 指标值上行到 160 以上时，可以逢高止盈。

　　如何利用中间意愿 CR 指标抓住中线交易机会呢？

　　第一，当中间意愿 CR 指标线与 MA1 指标线、MA2 指标线、MA3 指标线在 100 附近一段狭小的区域内盘整、靠拢时，如果中间意愿 CR 指标线先向上穿越 MA1 指标线、MA2 指标线、MA3 指标线，并且股价伴随成交量的有效放大向上穿越了中长期均线时，预示着股价强势上升的趋势已经开始呈现，中间意愿 CR 指标提示买入信号，建议投资者择时中短线买入股票。

　　第二，当中间意愿 CR 指标线与 MA1 指标线、MA2 指标线、MA3 指标线在 100 附近一段狭小的区域内盘整、靠拢时，如果中间意愿 CR 指标线先后向下跌穿了 MA1 指标线、MA2 指标线、MA3 指标线，并且股价也向下跌穿了中长期均线时，预示着股价在高位盘整行情结束，开始转向弱势下行行情，中间意愿 CR 指标提示卖出信号。

如果某个股近期已经出现较大涨幅，中间意愿 CR 指标提示的卖出信号更为明确，建议投资者应及时高位止盈。

## 2.1 中间意愿 CR 指标使用要点解析

在股市实战中发现，中间意愿 CR 指标提示股价进入高价位区信号的能力比提示进入低价位区信号强。

1. 实际应用中间意愿 CR 指标搭配其他技术指标分析效果更佳。例如，中间意愿 CR 指标与均线、成交量等指标配合应用。如图 31-6 所示。

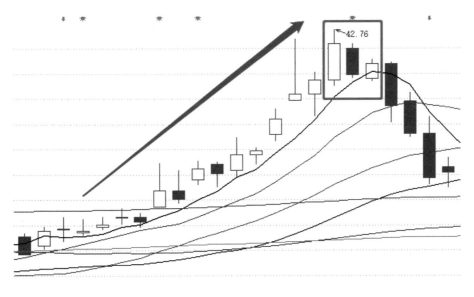

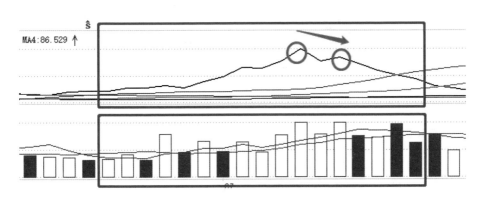

图 31-6　科大讯飞（002230）股价、CR、成交量指标走势图

数据来源：东方财富。

2. 当中间意愿 CR 指标由下向上穿越副震区时，预示着股价会在高位受到阻力；反之，当中间意愿 CR 指标由上向下跌穿副震区时，股价会在低位受到支撑。如图 31-7 所示。

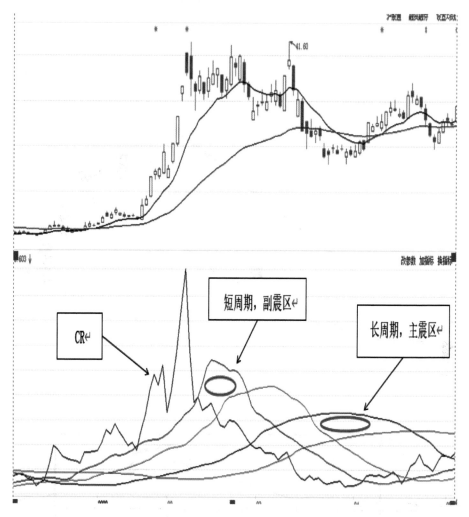

图 31-7 中国卫星（600118）股价、CR 指标走势图

数据来源：东方财富。

3. 当中间意愿 CR 指标跌穿 A 线、B 线、C 线、D 线，再由低点向上运行至 160 时，预示股价将会走出上涨行情至股价高位，建议投资者短线可以利用中间意愿 CR 指标提示的止盈信号获利，应在股价高位进行止盈操作。如图 31-8 所示。

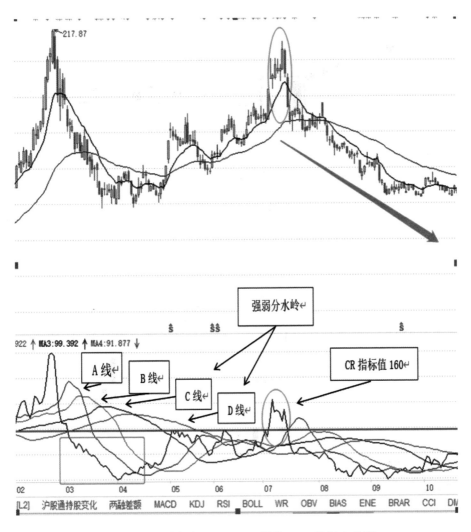

图 31-8　兆易创新（603986）股价、CR 指标走势图

数据来源：东方财富。

4．当中间意愿 CR 指标值跌到 35 以下时，预示着短线买入的机会。如图 31-9 中所示，中间意愿 CR 指标值位于 28.76，同时搭配合 KDJ 指标底部出现的金叉，确实验证了中间意愿 CR 指标发出的短线股价低位买入信号。

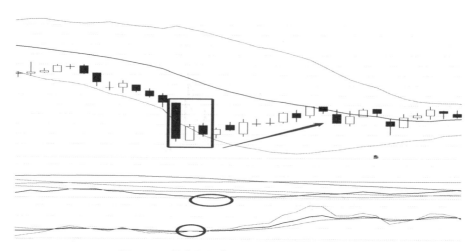

图 31-9　某个股股价、CR、KDJ 指标走势图

数据来源：东方财富。

5. 当中间意愿 CR 指标值位于 300—400 时，搭配 KDJ 指标出现的死叉，提示股价高位止盈。以华大基因股价走势为例，中间意愿 CR 指标值达到 339.85，股价最高达 199.4 后，股价反转下跌。如图 31-10 所示。

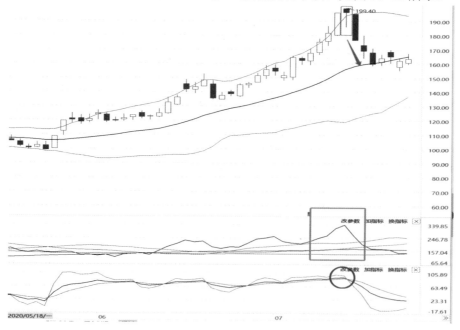

图 31-10　华大基因（300676）股价、CR、KDJ 指标走势图

数据来源：东方财富。

## 2.2 中间意愿 CR 指标形态的底背离

当股价走势下跌并连续创出新低时，股价 K 线形态出现一底比一底低。但中间意愿 CR 指标线形态走势出现了一底比一底高，中间意愿 CR 指标线形态与股价 K 线形态构成了形态的底背离。如图 31-11 所示。

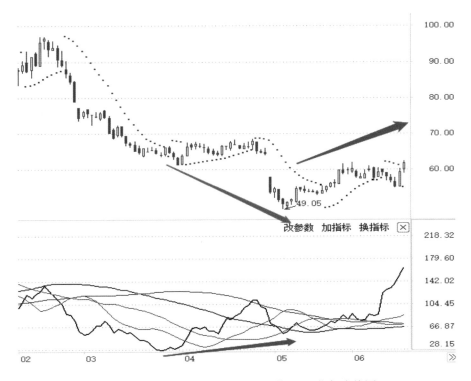

图 31-11 澜起科技（688008）股价、CR 指标走势图

数据来源：东方财富。

当中间意愿 CR 指标出现底背离，预示着股价虽然持续下跌，但是空方力量正在衰减，一旦市场上多方力量加强，提示股价将要触底反弹，短期股价在低位时，投资者可以逢低分批买入股票。

中间意愿 CR 指标与股价走势形成的底背离，通常提示股价见底反弹信号。

## 2.3 中间意愿 CR 指标形态的顶背离

当股价持续上涨、连续创出新高时，股价 K 线形态出现一峰比一峰高。但中间意愿 CR 指标线形态走势出现了一峰比一峰低的形态，中间意愿 CR 指标线形态与股价 K 线形态构成了形态的顶背离。如图 31-12 所示。

图 31-12　汇顶科技（603160）股价、CR 指标走势图

数据来源：东方财富。

当中间意愿 CR 指标出现顶背离时，预示着股价高位出现反转信号，提示股价后市将要出现下跌行情，投资者高位一定要果断采取止盈措施。

如果股价在高位出现中间意愿 CR 指标与股价走势的顶背离，一次就能够验证其有效性，通常提示股价高位反转下跌信号。

中间意愿 CR 指标形态顶背离研判的准确性要远高于对中间意愿 CR 指标形态底背离的研判。

中间意愿 CR 指标形态底背离的研判，通常需要多次验证方为有效，建议同时搭配其他技术指标共同分析，更好地把握股票买卖时机。如图 31-13 所示。

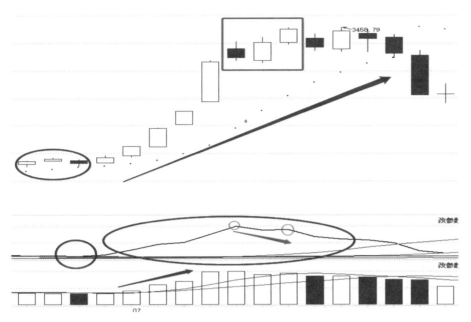

图 31-13　上证指数（000001）、CR、成交量指标走势图

数据来源：东方财富。

## 3. 中间意愿 CR 指标实战秘诀

当中间意愿 CR 指标值位于 75—150 之间时，预示股价可能出现盘整行情，建议投资者持币观望。

当中间意愿 CR 指标值大于 400 时，多数情况会出现在大涨行情或大牛股的拉升时期，预示着股价已经运行在股价顶部区域，提示股价后市可能随时出现反转向下运行，建议投资者高位止盈。

投资者只要把握中间意愿 CR 指标跌到 40 以下，或中间意愿 CR 指标值上行到 160 以上的投资机会，就可以利用中间意愿 CR 指标抓住短线交易机会。

利用中间意愿 CR 指标抓住中线交易机会。

当中间意愿 CR 指标线与 MA1 指标线、MA2 指标线、MA3 指标线在 100 附近一段狭小的区域内盘整、靠拢时，如果中间意愿 CR 指标线先后向上穿越 MA1 指标线、MA2 指标线、MA3 指标线，并且股价伴随成交量的有效放大向上穿越了中长期均线时，预示着股价强势上升的趋势已经开始呈现，中间意愿 CR 指标提示买入信号，建议投资者择时中短线买入股票。

当中间意愿 CR 指标线与 MA1 指标线、MA2 指标线、MA3 指标线在 100 附近一段狭小的区域内盘整、靠拢时，如果中间意愿 CR 指标线先后向下跌穿了 MA1 指标线、MA2 指标线、MA3 指标线，并且股价也向下跌穿了中长期均线时，预示着股价在高位盘整行情结束，开始转向弱势下行行情，中间意愿 CR 指标提示卖出信号。

中间意愿 CR 指标形态背离就是股价与中间意愿 CR 指标运行方向呈相反走势，提示股价反转信号。

当中间意愿 CR 指标出现顶背离时，预示着股价高位出现反转信号，提示股价后市将要出现下跌行情，投资者高位一定要果断采取止盈措施。

如果股价在高位出现中间意愿 CR 指标与股价走势的顶背离，一次就能够验证其有效性，中间意愿 CR 指标形态顶背离研判的准确性要远高于对中间意愿 CR 指标形态底背离的研判。

中间意愿 CR 指标形态底背离的研判，通常需要多次验证方为有效，建议同时搭配其他技术指标共同分析，更好地把握股票买卖时机。

# 第32章　腾落指数 ADL 指标助力大势研判

腾落指数 ADL 指标与综合指数相互对比，助力投资者对未来股票大势进行研判。

## 1. 腾落指数 ADL 指标的原理

腾落指数 ADL（Advance Decline Line，ADL）指标以股票市场每日上升或下跌的上市公司的数量作为研究目标，通过简单算术加减来比较每天上升股票和下跌股票数量的差异绘制成涨跌指标线，从而反映目前股价变动的情形以及未来变动趋势的指标。如图 32-1 所示。

图 32-1　ADL 指标走势图

数据来源：中信证券交易系统。

投资者在股票投资时都特别关注股票大盘的涨跌，通常如果股市大盘指数出现上涨，反映市场上涨的股票家数要多于下跌的股票家数；相反，如果股市大盘指数下跌，反映出市场下跌的股票家数要多于上涨的股票家数。

股价上涨与下跌是市场多空博弈的结果。大盘的走势与进入市场资金的多少成正比。当市场资金流入多，大盘就有上攻的动力，带动股价上涨，股价上涨也会带来人气意愿的增加，股价上涨的数量自然就会增加，由于有赚钱效应，投资者愿意把更多的资金投入市场，使得优秀的上市公司会受到资金的追捧。

反之，当资金大量流出，就会给大盘带来下行压力，从而带动股价下跌，人气意愿低落，由于大盘指数下跌，股价下跌的公司数量就会增加。

通过观察腾落指数 ADL 指标可以帮助投资者提前发现大盘异动的信号，从而增加投资的胜算概率。

## 1.1 腾落指数 ADL 指标应用法则

腾落指数 ADL 指标是一种测量市场宽幅的大势类技术分析指标。腾落指数 ADL 指标的应用重在相对走势，而不看重取值大小。腾落指数 ADL 指标与超买超卖指标 OBOS 指标相似。

腾落指数 ADL 指标能够简单明了地反映股票大盘指数走势的趋势性方向。当腾落指数 ADL 指标线向上运行时，预示着大盘指数也会出现向上运行；当腾落指数 ADL 指标线向下运行时，预示着大盘指数也会出现向下运行，并且腾落指数 ADL 指标线与大盘指数会同时产生新的运行高点或新的低点。通过腾落指数 ADL 指标可以研判大盘高位或低位的反转信号。

1. 当大盘指数从高峰下跌后，再度上涨，涨到或超过前一波峰的高价，而腾落指数 ADL 指标非但不能涨到期前次高点或创新高点，还低于前一波峰的高点，这时产生了腾落指数 ADL 指标形态的顶背离现象，预示着股票市场高位由强转弱，表示大盘指数开始下跌。

2. 当大盘指数跌到或跌破前次的低点，而腾落指数 ADL 指标却没有同步下跌，高于前一波谷的低点，预示股票市场由弱转强，可预期未来大盘将止跌上涨，后市看多。

3. 腾落指数 ADL 指标向下跌破前一波谷的低点，而大盘指数却没有跌破前次的低价，可以预期大盘指数将继续下跌，跌破前次的低价。

4. 腾落指数 ADL 指标越过前一波峰的高点，而大盘指数却低于前一波峰的高价，预示着股票市场内在的动能仍为强势，可预期大盘指数将继续上涨，突破前次高价。

5. 大盘指数上涨，且连续创出新高，腾落指数 ADL 指标也趋上升，创出新高值，则表示短期内大盘继续上涨的可能性大。如图 32-2 所示。

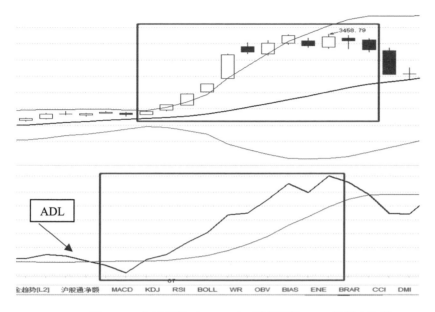

图 32-2　上证指数（000001）、腾落指数 ADL 指标走势图

数据来源：东方财富。

6．大盘指数下跌，且连续创出新低，腾落指数 ADL 指标也趋下跌，创出新低值，则表示短期内大盘持续下跌的可能性大。

7．腾落指数 ADL 指标连续涨 3 天，大盘指数却连跌 3 天，这种背离现象表示为买入信号，表示是大盘随时可能会反弹或上扬。

8．腾落指数 ADL 指标连续跌 3 天，股价指数却连续涨 3 天，这种背离现象表示为卖出信号，通常表示大盘随时可能会回档或下跌。

9．腾落指数 ADL 指标线保持上行趋势，大盘指数却在中途发生转折，但很快又恢复原有趋势运行，大盘创新高，提示买入信号，预示着后市买方力量强劲。

像其他技术指标一样，没有单一指标是万能的，腾落指数 ADL 指标也不例外，不要单独使用，建议投资者可搭配其他技术指标并配合大盘走势形态综合研判。

## 1.2 腾落指数 ADL 指标的优缺点

腾落指数 ADL 指标可弥补大盘指数的缺点。由于大盘指数受权重大的股票所左右，有时会出现大多数股票上涨，而少数权重大的股票却重跌，因此大盘虽然呈现涨多跌少的局面，而当日股价指数因受大权重股的拖累却下跌。这种现象给予投资者错觉，而腾落指数 ADL 指标可以据实反映当日涨跌的真实情况。

腾落指数 ADL 指标通常是多头市场头部的先行指标。

腾落指数 ADL 指标通常是空头市场底部的同步和落后指标。

腾落指数 ADL 指标不能显示个股的买入和卖出时机。

## 2. 腾落指数 ADL 指标实战运用技巧解析

1. 腾落指数 ADL 指标与股市大盘指数指标线同步向上运行并创新高。投资者可以判断大盘的上涨趋势将会延续，预示着短期大盘反转向下运行的可能性不大。例如，利用腾落指数 ADL 指标来研判深成指的走势，发现腾落指数 ADL 指标线的运行与深成指的走势上涨相一致。如图 32-3 所示。

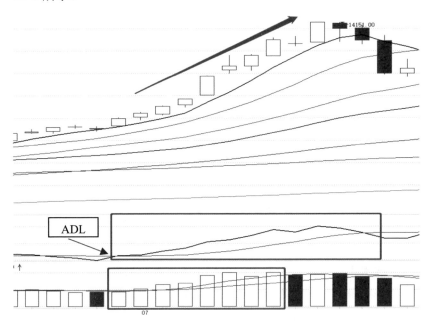

图 32-3　深圳成指（399001）、ADL 指标走势图

数据来源：东方财富。

2. 腾落指数 ADL 指标线与大盘指数走势同步向下运行，预示着大盘将会出现下行趋势，并创出新低。如图 32-4 所示。

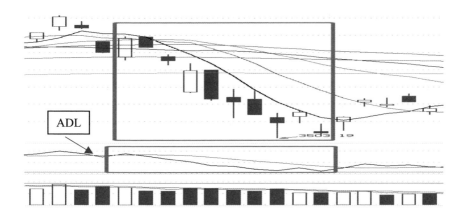

图 32-4 沪深 300 指数（000300）、ADL 指标走势图

数据来源：东方财富。

3. 腾落指数 ADL 指标形态的顶背离。

腾落指数 ADL 指标的形态背离和其他技术指标形态的顶背离相类似。当大盘处在强势上升位置时，股价运行到高位，如果出现腾落指数 ADL 指标形态的顶背离，预示着大盘多头行情已接近尾声或即将终结，大盘指数的走势可能会在高位出现反转掉头向下运行。如图 32-5 所示。

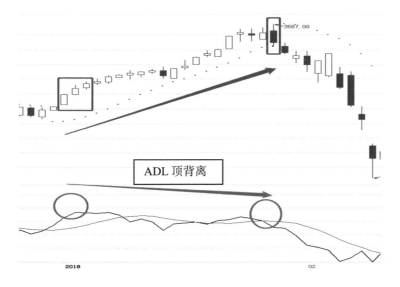

图 32-5 上证指数（000001）、ADL（顶背离）指标走势图

数据来源：东方财富。

4．腾落指数 ADL 指标形态的底背离。

当大盘处于低位区域时，如果腾落指数 ADL 指标与大盘指数走势形成形态的底背离，预示着大盘即将触底出现反弹现象。当腾落指数 ADL 指标形态的底背离出现，通常预示着市场主力进场建仓，建议投资者也可以利用腾落指数 ADL 指标在低位走平时逢低分批建仓。如图 32-6 所示。

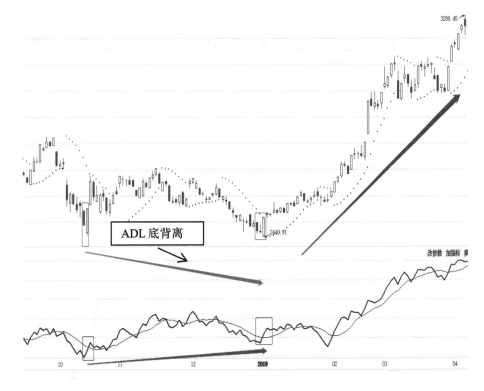

图 32-6　上证指数（000001）、ADL（底背离）指标走势图

数据来源：东方财富。

5．腾落指数 ADL 指标与涨跌比率 ADR 指标、超买超卖 OBOS 指标等指标配合使用。

从图 32-7 中可以看出，腾落指数 ADL 指标与涨跌比率 ADR 指标搭配使用的实证效果，腾落指数 ADL 指标和超买超卖 OBOS 指标、涨跌比率 ADR 指标叠加使用的实证效果非常好。

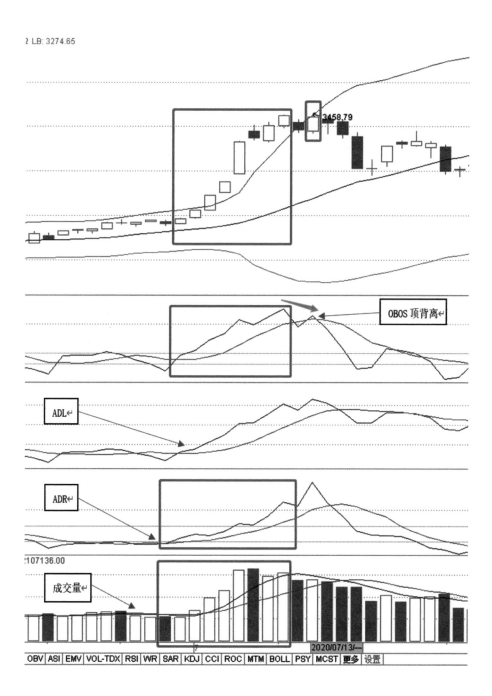

图 32-7　上证指数（000001）、OBOS（顶背离）、ADL、ADR 指标走势图
数据来源：中信证券交易系统。

## 3. 腾落指数 ADL 指标实战秘诀

腾落指数 ADL 指标是一种测量市场宽幅的大势类技术分析指标。腾落指数 ADL 指标的应用重在相对走势，而不看重取值大小。腾落指数 ADL 与超买超卖指标 OBOS 相似。

腾落指数 ADL 指标可弥补大盘指数的缺点。由于大盘指数受权重大的股票所左右，有时会出现大多数股票上涨，而少数权重大的股票却重跌，因此大盘虽然呈现涨多跌少的局面，而当日股价指数因受大权重股的拖累却下跌。这种现象给予投资者错觉，而腾落指数 ADL 指标可以据实反映当日涨跌的真实情况。

腾落指数 ADL 指标通常是多头市场头部的先行指标。

腾落指数 ADL 指标通常是空头市场底部的同步和落后指标。

腾落指数 ADL 指标不能显示个股的买入和卖出时机。

腾落指数 ADL 指标运行与大盘指数走势运行出现形态背离时，通常分为腾落指数 ADL 指标的顶背离和底背离。

在实战运用中，腾落指数 ADL 指标的形态背离与其他技术分析指标的形态背离现象类似。

建议投资者关注腾落指数 ADL 指标在大盘高位时出现的顶背离现象，一旦出现腾落指数 ADL 指标的顶背离，投资者必须保持高度警惕，防止大盘在高位出现掉头向下运行，及时采取高位止盈措施，获投资成果，以免遭受投资损失，既影响投资心态，又不利于后期布局。

# 第 33 章　真实波幅 ATR 指标的妙用

真实波幅 ATR（Average True Ranger）指标是 1978 年由美国学者维尔德（Welles Wilder JR.）在他的著作《技术交易系统新概念》（*New Concepts* in Technical Trading Systems）中提出的技术分析指标。

真实波幅 ATR 指标最早应用于商品期货交易市场，之后才被投资者广泛应用并作为股票市场的技术分析指标。

真实波幅 ATR 指标作为波动性指标，运用于反映股价波动的幅度、波动频率等信息，不能直接反映股价走向及其趋势变化。

## 1. 真实波幅 ATR 指标原理

投资者通常十分关注股价运行的趋势，有时会对股价波动的幅度和频率关注不足。

造成股价波动幅度加剧的原因不少，但其中进场的增量资金加大力度时，成交量的有效放量往往会提高股价波动幅度。

由于真实波幅 ATR 指标不能够提示股价的运行趋势，在行情盘整时往往股价的波动幅度过小，也经常导致行情变盘，基于股价的波动幅度搭配其他技术指标的综合运用可以预测股价的走势。

当真实波幅 ATR 指标数值越大，预示着股价的波动率也越大。

当真实波幅 ATR 指标数值越小，预示着股价的波动率也越低。

在股市实战运用中，真实波幅 ATR 指标本身并不能够提示买入或卖出信号，但真实波幅 ATR 指标是个非常有效的辅助性指标工具。真实波幅 ATR 指标数值越大，预示着股价反转的概率越大；真实波幅 ATR 指标数值越小，表示股票市场的趋势越弱。如图 33-1 所示。

图 33-1　ATR 指标走势图

数据来源：东方财富。

真实波幅 ATR 指标应用法则：

1. 当真实波幅 ATR 指标线由高位向低位运行，买卖双方博弈进入均衡状态，预示着股价将出现横盘整理，建议投资者以持币观望为主。

2. 当真实波幅 ATR 指标线由低位向高位运行，预示着股价将出现一波振幅较大的波段行情。

3. 当真实波幅 ATR 指标线由高位进入低位运行，然后真实波幅 ATR 指标线由低位拐头向上运行时，预示着股价将出现结束横盘整理，出现一波新行情。

4. 当真实波幅 ATR 指标线运行至相对高位之后，预示着股价将出现从低位横盘整理的行情，将进入一个阶段的顶部。

5. 当真实波幅 ATR 指标线运行至高位，但是很快真实波幅 ATR 指标线转头向下运行，如果真实波幅 ATR 指标线在低位运行时，存在钝化和持续的情形。

## 2. 真实波幅 ATR 指标实战运用技巧解析

1. 当真实波幅 ATR 指标线运行在股价低位区域时，预示着股价即将出现新的买入爆点，一旦出现买入爆点，建议投资者应快速买入股票。

例如，如何应用真实波幅 ATR 指标与 KDJ 指标、MACD 指标的搭配使用，发现最佳买入时机。如图 33-2 所示。

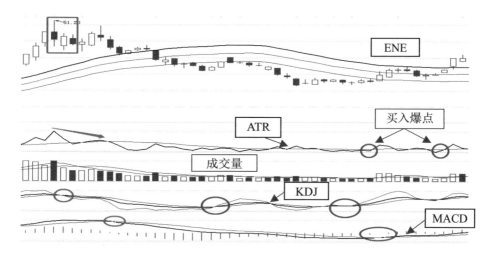

图 33-2　达安基因（002030）股价、ENE、ATR、KDJ、MACD、成交量指标走势

数据来源：东方财富。

2. 当真实波幅 ATR 指标线由低位运行至高位，预示着股价已出现了一波上涨行情，通常真实波幅 ATR 指标线运行至高位表示一波上涨行情即将到达波峰，建议投资者在股价高位采取止盈卖出。如图 33-3 所示。

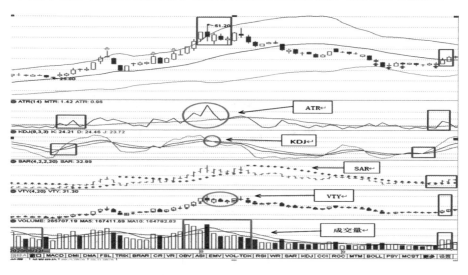

图 33-3　某个股股价、ATR、KDJ、SAR、VTY、成交量指标走势图

数据来源：东方财富。

由于真实波幅 ATR 指标不能提示股价运行的趋势走向，但是能够预判即将发生股价波动的幅度，如果想知道股价运行的趋势方向，需要搭配

其他技术分析指标加以研判。

尽管真实波幅 ATR 指标不能提示股价运行的趋势走向。但是真实波幅 ATR 指标能够预示股价真实的波动范围，在投资者的投资布局中发挥重要作用。

尽管真实波幅 ATR 指标不能提示股价的趋势、支撑位与压力位等，但是运用真实波幅 ATR 指标可以设置交易的止盈或止损价位。

# 3. 真实波幅 ATR 指标实战秘诀

如何运用真实波幅 ATR 指标寻找暴涨股，投资者可利用真实波幅 ATR 指标搭配 MACD 指标和成交量指标，捕捉个股短线交易机会。

真实波幅 ATR 指标的起爆点需要同时满足以下条件：

1. 某个股的股价运行在低位区，并向上运行突破前期股价整理的平台，且当日交易涨幅出现超过 5%；

2. 成交量有效放量配合；

3. 真实波幅 ATR 指标线由低位向上突破；

4. 搭配 MACD 指标出现低位金叉。

具体情况如图 33-4 和图 33-5 所示。

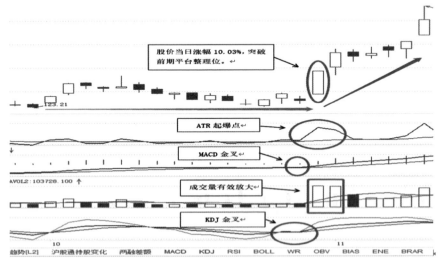

图 33-4　兆易创新（603989）2020 年 10 月 30 日股价、ATR、MACD、KDJ 走势图

　　数据来源：东方财富。

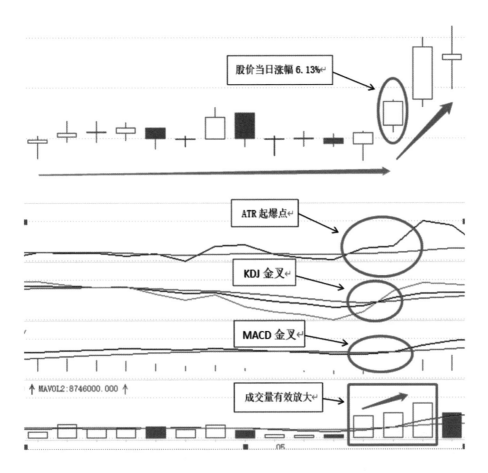

图 33-5　中国旭阳集团（HK01907）股价、ATR、KDJ、MACD、成交量指标走势

数据来源：东方财富。

当真实波幅 ATR 指标数值越大，预示着股价的波动率也越大。

当真实波幅 ATR 指标数值越小，预示着股价的波动率也越低。

真实波幅 ATR 指标不能提示股价运行的趋势走向，但是能够预判即将发生股价波动的幅度，如果想知道股价运行的趋势方向，需要搭配其他技术分析指标加以研判。

# 第34章 振动升降 ASI 指标领先把握股价运行趋势

振动升降（Accumulation Swing Index, ASI）指标又称真实市场线指标。

振动升降 ASI 指标是一条以开市价、收市价、最高价、最低价构成的梦幻指标线。振动升降 ASI 指标能够较好地反映股票市场当前的真实走势。投资者运用振动升降 ASI 指标能够很好地把握股票市场价格总体运行趋势。振动升降 ASI 指标是一条比较全面运用股票 4 个重要价格来反映股票市场真实行情走势的指标线。

## 1. 振动升降 ASI 指标的原理

振动升降 ASI 指标是威尔德先生（Welles Wilder）提出的。振动升降 ASI 指标是以股票市场中的开市价、最高价、最低价、收市价和前 1 个交易日的 4 种价格相对比作为计算因子，并利用其分析股票市场当下的真实运行情况。如图 34-1 所示。

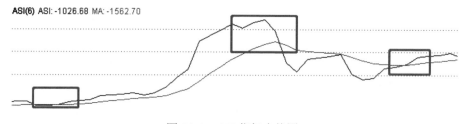

ASI(6) ASI: -1026.68 MA: -1562.70

图 34-1　ASI 指标走势图

振动升降 ASI 指标和 OBV 指标运行形态维持 N 字形的波动，并且也以穿越和跌穿 N 字形高、低点，作为研究振动升降 ASI 指标的主要方式。

振动升降 ASI 指标不仅具备能够提前提示股价真实走势的功能，同时也具备停损功效。振动升降 ASI 指标能及时给投资者提供更多的风险防范。如图 34-2 所示。

图 34-2　ASI 指标走势图

数据来源：中信证券交易系统。

### 1.1　振动升降 ASI 指标的特性

1. 振动升降 ASI 指标具有领先股价提示买入与卖出信号。

当股价由下向上运行，上穿前一波股价的高点密集区，在运行到接近前期股价高点，尚没有确定是否能穿越的时候，由于振动升降 ASI 指标具有领先股价的提示功效，投资者可以根据振动升降 ASI 指标所发出的买入信号，提前进行投资布局。

当股价由上向下运行，跌穿前一波股价的低点密集区，在运行到接近前期股价低点，尚没有确定是否能跌穿的时候，由于振动升降 ASI 指标具有领先股价的提示功效，投资者可以根据振动升降 ASI 指标所发出的卖出信号，择时进行高位止盈。

2. 振动升降 ASI 指标的走势几乎与股价同步运行，只有当两者产生不相一致的信号时，才能做出买入与卖出决策。

3. 振动升降 ASI 指标具有"停损"功能，当振动升降 ASI 指标线一旦向下跌穿其上一次 N 形波转折点时，则视为停损卖出的信号，为投资者多加一层保护。

4. 振动升降 ASI 指标也用 N 字形的高点、低点作为测试的主要方法之一，尤其是对 M 头或 W 底的双峰（双谷）位置盘局中是否突破可超前反映。

5. 当振动升降 ASI 指标线与股价走势出现形态背离的现象时， 振动升降 ASI 指标的形态背离与其他的技术指标形态背离应用方法相同。

6. 振动升降 ASI 指标运行趋势出现越来越低的特点，预示着股价将会在低位区域运行较长时间，充分说明股票市场当中的股价下跌容易上升难。

## 1.2 振动升降 ASI 指标的使用方法

1. 当振动升降 ASI 指标线由上向下跌穿上一次的低点时，预示为卖出股票信号。

2. 当振动升降 ASI 指标向上穿越上一次高点时，视为买入股票信号突破前一次高点时为买入信号。

3. 当股价走势由下往上运行，穿越上一波高点套牢区，并在接近股价高点处尚不能确认是否可以上穿时，如果振动升降 ASI 指标线领先于股价走势先行穿越前期的高点套牢区，就可以确认股价将会穿越前期的高点套牢区，这体现了振动升降 ASI 指标领先股价的特点。

4. 当股价走势由上往下运行，跌穿上一波低点密集支撑区，并在接近股价低点处尚不能确认是否为前期的支撑位，如果振动升降 ASI 指标线领先于股价走势先行跌穿前期的支撑区，就可以确认股价也将会跌破前期的支撑区。

5. 当股价运行趋势出现一顶比一顶高，而振动升降 ASI 指标线的走势却出现了一顶比一顶低，这是典型的振动升降 ASI 指标线形态的顶背离。当振动升降 ASI 指标在股价高位区出现顶背离时，建议投资者采取高位止盈策略，防范股价下跌风险。

6. 当股价运行趋势出现一底比一底低，而振动升降 ASI 指标线的走势却出现了一底比一底高，这是典型的振动升降 ASI 指标线形态的底背离。当振动升降 ASI 指标在股价低位区出现底背离时，建议投资者采取择机逢低分批买入策略。

## 1.3 振动升降 ASI 指标的缺点

1. 尽管振动升降 ASI 指标具有领先股价的优点，但是在股市实战经验中发现，振动升降 ASI 指标对于提示高位止盈后无法在短期内再次提示买入股票的信号。

2．通常情况下振动升降 ASI 指标的走势线与股价运行相一致，很少出现振动升降 ASI 指标领先个股的走势，对大多数投资者来说使用起来有一些困难，所以建议投资者振动升降 ASI 指标须搭配其他技术指标使用更佳。

3．实战中发现当股价走势由上往下运行，跌穿上一波低点密集支撑区，并在接近股价低点处尚不能确认是否为前期的支撑位，如果振动升降 ASI 指标线领先于股价走势先行跌穿前期的支撑区，有时可以确认股价也可能会跌破前期的支撑区，但不完全会确认股价也一定会跌破前期的支撑区，由于振动升降 ASI 指标有时会发出错误的验证信息，建议投资者不能仅凭振动升降 ASI 指标做买卖决策。

## 2. 振动升降 ASI 指标实战运用技巧解析

1．振动升降 ASI 指标领先股价突破前期股价高点交易法。如图 34-3 所示。

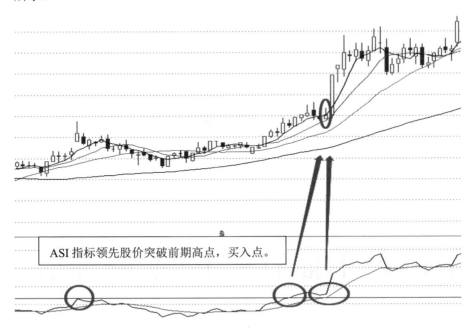

ASI 指标领先股价突破前期高点，买入点。

图 34-3　云南白药（000538）股价、ASI 指标走势图

数据来源：中信证券交易系统。

2．当振动升降 ASI 指标上涨，预示着股价也同步上涨。如图 34-4 所示。

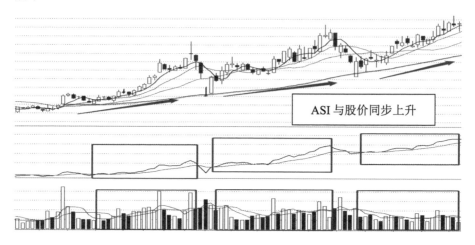

图 34-4　恒顺醋业（600305）股价、ASI 指标、成交量指标走势图

数据来源：中信证券交易系统。

3．振动升降 ASI 指标形态背离实战战法。

当股价出现上涨趋势并运行了一段时间，股价已连续创出新高，出现股价走势与振动升降 ASI 指标形态的顶背离时，预示着股票价格将会出现高位反转信号。如图 34-5 所示。

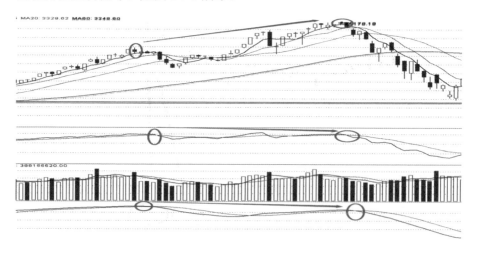

图 34-5　上证指数（000001）、TRIX（顶背离）、ASI（顶背离）指标走势图

数据来源：中信证券交易系统。

　　当股价出现下跌趋势并运行了一段时间，股价已连续创出新低，出现股价走势与振动升降 ASI 指标形态的底背离时，预示着股票价格将会出现低位反弹信号，建议投资者逢低择机分批买入。如图 34-6 所示。

ASI 底背离

图 34-6　贵州茅台（600519）股价、ASI、成交量指标走势图

　　数据来源：中信证券交易系统。

## 3. 振动升降 ASI 指标实战秘诀

　　振动升降 ASI 指标是一条以开市价、收市价、最高价、最低价构成的梦幻指标线。振动升降 ASI 指标能够较好地反映股票市场当前的市场真实走势。

　　振动升降 ASI 指标具有领先股价的优点。

　　实战中发现，当股价走势由上往下运行，跌穿上一波低点密集支撑区，并在接近股价低点处尚不能确认是否为前期的支撑位，如果振动升降 ASI 指标线领先于股价走势先行跌穿前期的支撑区，有时可以确认股价也可能会跌破前期的支撑区，但不完全确认股价也一定会跌破前期的支撑区，由于振动升降 ASI 指标有时会发出错误的验证信息，建议投资者不能仅凭振动升降 ASI 指标做买卖决策。

# 第35章 巧用 WR 助力投资获胜

威廉（WR）指数又叫威廉超买超卖指数（Overbought/Oversold Index）。

威廉 WR 指数属于摆动震荡类短线指标。

威廉 WR 指数是描述股票市场超买与超卖强度的分析指标。

威廉 WR 指数和 MACD 指标、相对强弱 RSI 指标、随机指数 KDJ 指标等技术分析指标一样，威廉 WR 指数也是常见的股票技术分析指标之一。

## 1. 威廉 WR 指数的原理

1973 年，拉里·威廉姆斯（Larry Williams）在其《我如何赚得一百万》（*How I made one million dollars last year trading commodities*）一书中首次提出威廉 WR 指数。

威廉 WR 指数是通过研究分析股票市场交易当日收盘价在最新股价波动范围中的相对位置，用来反映股票市场超买和超卖的情况。如图 35-1 所示。

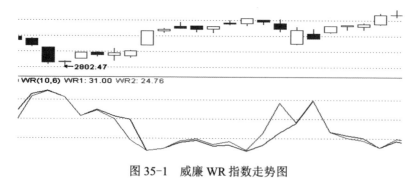

图 35-1　威廉 WR 指数走势图

威廉 WR 指数有 2 条线，即 WR1 和 WR2，WR1 是 10 天买卖强弱指标，WR2 一般是 6 天买卖强弱指标。

威廉 WR 指数通常用%来表示，指标值是介乎于 0—100%。

威廉 WR 指数有 5 分钟威廉 WR 指数、15 分钟威廉 WR 指数、30 分钟威廉 WR 指数、60 分钟威廉 WR 指数、日威廉 WR 指数、周威廉 WR 指数、月威廉 WR 指数等各种周期，通常 60 分钟威廉 WR 指数、日威廉 WR 指数和周威廉 WR 指数使用频率较高。

威廉 WR 指数常用于分析研究股票市场的价格波动趋势，特别是对股价运行中的波峰与波谷能及时提示买卖信号。

威廉 WR 指数通过震荡强弱程度来反映股票市场中的超买与超卖。威廉 WR 指数可以及时提示有效的买入与卖出信号，特别适合于短线交易者把握股票市场短线行情的投资机会。

实战中发现，当威廉 WR 指数值大于 80，预示着股价处于超卖状态，提示股价即将触底反弹，建议投资者逢低分批买入股票。如图 35-2 所示。

图 35-2 上证指数（000001）、WR 指数走势图

数据来源：东方财富。

当威廉 WR 指数值小于 20，预示着股价处于超买状态，提示股价在高位运行，可能会出现反转向下行情，建议投资者可以逢高卖出股票，实施止盈策略。如图 35-3 所示。

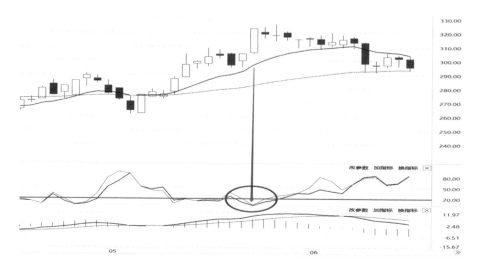

图 35-3　某个股股价、WR 指数走势图

数据来源：东方财富。

## 1.1　随机指数 KDJ 指标搭配威廉 WR 指数组合运用

从图 35-4 中可以看出，随机指数 KDJ 指标金叉与威廉 WR 指数确实验证了上证指数低点区域的有效性。

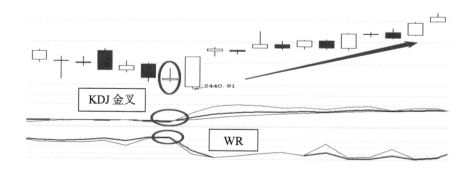

图 35-4　上证指数（000001）、KDJ、WR 走势图

数据来源：东方财富。

### 1.2　威廉 WR 指数和相对强弱 RSI 指标两种超买超卖类指标组合运用

从图 35-5 中可以看出，　K 线图与相对强弱 RSI 指标运行方向同步，但 K 线图与威廉 WR 指数的指标线运行方向相反。

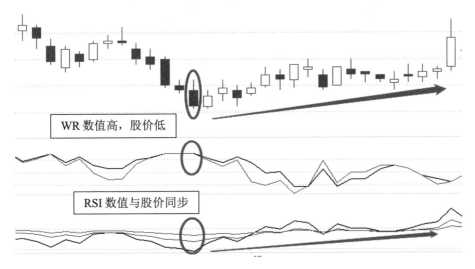

图 35-5　中国西电（601179）股价、WR、RSI 走势图

数据来源：东方财富。

当股价运行至局部顶部时，威廉 WR 指数对应的是谷底，而相对强弱 RSI 指标对应的是局部高位。

当股价运行至局部底部时，对应的威廉 WR 指数处在顶部，RSI 随机指标处在底部。以上真实形态表明威廉 WR 指数和相对强弱 RSI 指标对股价的指示是相反的。

# 2. 威廉 WR 指数实战运用技巧解析

当股价出现盘整行情时，应用威廉 WR 指数准确性较高。

当股价运行在上涨或下跌行情时，不建议投资者只根据威廉 WR 指数提示的超买或超卖信号作为股价走势的研判依据。

1. 当威廉 WR 指数值大于 80 时，预示着股票市场出现了超卖状态，威廉 WR 指数提示股价行情将可能触底反弹。如图 35-6 所示。

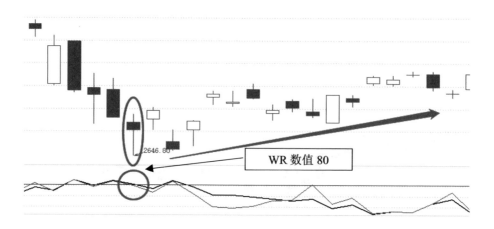

图 35-6　上证指数（000001）、威廉 WR 指数走势图

数据来源：东方财富。

2．当威廉 WR 指数值小于 20 时，预示着股票市场出现了超买状态，威廉 WR 指数提示股价行情将可能在顶部出现高位反转信号。如图 35-7 所示。

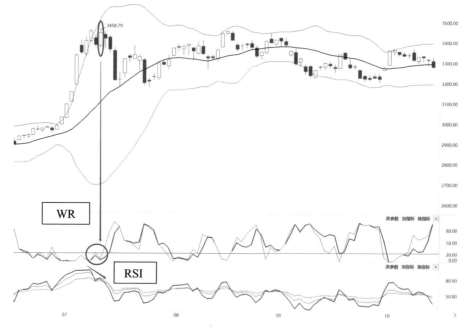

图 35-7　上证指数（000001）、WR、RSI 走势图

数据来源：东方财富。

3．在实战运用中发现，威廉 WR 指数搭配使用相对强弱 RSI 指标对大盘走势研判的准确率非常高。从图 35-7 中可以看出，当股价运行在股价高位时，相对强弱 RSI 指标出现了股价顶部形态的顶背离，验证了股价在高位出现反转信号，而威廉 WR 指数值也低于 20。

### 2.1　威廉 WR 指数形态的顶背离

当威廉 WR 指数在股价高位出现顶背离时，即股价 K 线图上的股价走势出现一顶比一顶高，且股价在持续上升，而威廉 WR 指数图上的威廉 WR 指数指标线的走势却在股价高位一顶比一顶高。

威廉 WR 指数形态出现顶背离，预示着股价将在高位出现强烈的反转信号，提示股价在高位区域即将出现反转向下运行的走势，建议投资者应采取高位止盈措施。

随机指数 KDJ 指标值处于 80 附近由上向下运行，在股价高位出现了随机指数 KDJ 指标的死亡交叉时，预示着股价将出现高位向下运行。

威廉 WR 指数指标值位于 80—100 时，与股价运行走势发生了顶背离形态，预示着股价将出现高位反转信号。如图 35-8 所示。

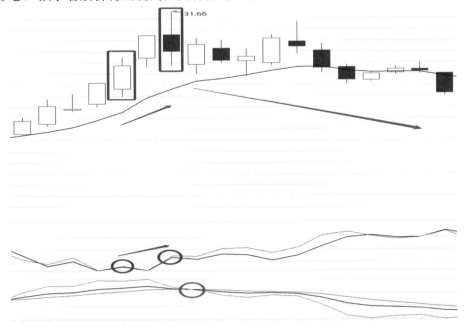

图 35-8　达安基因（002030）、WR 指数（顶背离）、KDJ 指标（死叉）走势图
　　数据来源：东方财富。

## 2.2 威廉 WR 指数形态的底背离

当威廉 WR 指数在股价低位出现底背离时，即股价 K 线图上的股价走势出现一底比一底低，且股价在持续下跌，而威廉 WR 指数图上的威廉 WR 指数指标线的走势却在股价低位一底比一底低。

威廉 WR 指数形态出现底背离，预示着股价将在低位可能出现反转向上信号，提示股价在低位区域即将出现反弹走势，建议投资者在低位逢低布局。

## 2.3 威廉 WR 指数的缺陷

1. 在实战中发现威廉 WR 指数过于灵敏，频频发出买卖信号，其中错误的信息比较多，加之威廉 WR 指数的形态走势与股价运行方向相反，投资者在使用当中容易混淆。

2. 由于威廉 WR 指数在应用中过度侧重短线交易的研判，如果威廉 WR 指数的参数时间设置不正确，更会造成威廉 WR 指数原有应用价值的减损。

# 3. 威廉 WR 指数实战秘诀

威廉 WR 指数是一个反应非常灵敏的超短线指标，有时发出信号准确度甚至比短线随机指数 KDJ 指标还要提前，但是需要防止威廉 WR 指数频繁发出的错误信号，建议投资者可以利用威廉 WR 指数反应灵敏的特点辅助随机指数 KDJ 指标加以验证。

威廉 WR 指数背离一般出现在强势行情中比较可靠。

威廉 WR 指数与相对强弱 RSI 指标搭配使用时，威廉 WR 指数起辅助作用，验证相对强弱 RSI 指标的可靠性并确认股票市场转势的可靠性。威廉 WR 指数与相对强弱 RSI 指标搭配使用的效果是非常有效的。

提醒投资者注意的是，威廉 WR 指数和相对强弱 RSI 指标形态走势实际是背离的。当股价出现上升，意味着威廉 WR 指数值走低，相对强弱 RSI 指标线走高；当股价出现下降，意味着威廉 WR 指数值走高，相对强弱 RSI 指标线走低。

当威廉 WR 指数在股价高位出现顶背离时，即股价 K 线图上的股价走势出现一顶比一顶高，且股价在持续上升，而威廉 WR 指数图上的威廉 WR 指数指标线的走势却在股价高位一顶比一顶高。

威廉 WR 指数形态出现顶背离，预示着股价将在高位出现强烈的反转信号，提示股价在高位区域即将出现反转向下运行的走势，建议投资者应采取高位止盈措施。

当威廉 WR 指数在股价低位出现底背离时，即股价 K 线图上的股价走势出现一底比一底低，且股价在持续下跌，而威廉 WR 指数图上的威廉 WR 指数指标线的走势却在股价低位一底比一底低。

威廉 WR 指数形态出现底背离，预示着股价将在低位出现反转向上信号，提示股价在低位区域即将出现反弹走势，建议投资者在低位逢低布局。

由于威廉 WR 指数是一个变化极快的短线指标，威廉 WR 指数经常在超卖区或超买区频繁发出买卖信号，从而使得威廉 WR 指数出现钝化现象。

在实战应用中，当威廉 WR 指数值大于 80 时，预示着股票市场出现了超卖状态，威廉 WR 指数提示股价行情将可能触底反弹。

当威廉 WR 指数值小于 20 时，预示着股票市场出现了超买状态，威廉 WR 指数提示股价行情将可能在顶部出现高位反转信号。

# 第36章　佳庆 CHO 指标把握波段绝杀的机会

佳庆 CHO（Chaikin Oscillator）指标是由马克·蔡金（Marc Chaikin）在吸收约瑟夫·格兰威尔（Joseph Granville）和拉里·威廉姆斯（Larry Williams）研究成果的基础之上加以改良后衍生出的新型成交量指标。

佳庆 CHO 指标是用于反映将股票市场内在动能运用到指标中，研究成交量与股价走势波动过程中局部量能关系的分析指标。

## 1. 佳庆 CHO 指标的原理

佳庆 CHO 指标将市场的内在动能成交量加入其中，使其真实反映在技术分析的图形中。

在股票市场股价运行的趋势中，对成交量指标进行深度分析有利于投资者掌握股价的变动规律。当成交量和股价运行出现背离时，预示着股价确认反转信号。

直至 20 世纪 60 年代的后，约瑟夫·格兰威尔（Joseph Granville）和拉里·威廉姆斯才开始研究成交量和股价运行的关系。两位股票分析大师在研究中发现，从成交量总额中筛选出具有价值部分成交量方能创造出更具代表性的指标。

拉里·威廉姆斯将能量潮 OBV 指标进行了改良。如图 36-1 所示。

佳庆 CHO 指标运用法则：

1. 当佳庆 CHO 指标与股价运行出现了形态背离时，预示着股价将出现反转信号。

2. 佳庆 CHO 指标本身具有超买超卖的功能，但佳庆 CHO 指标超买超卖的界限位置随着个股不同有所差异，建议至少须观察研究 1 年的走势图，从中找出经常性超买超卖的界限，才能界定出一个研判标准。

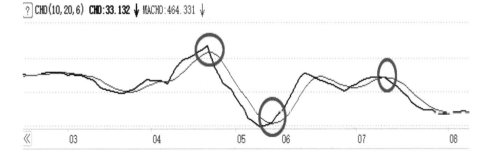

图 36-1　佳庆指标 CHO 走势图

佳庆 CHO 指标运用法则：

3. 当佳庆 CHO 指标由下向上上穿零轴线时，预示为买入信号，但需要股价运行在 90 日移动平均线上方才有效。

4. 当佳庆 CHO 指标由上向下跌穿零轴线时，预示为卖出信号，但需要股价运行在 90 日移动平均线下方才有效。

## 2. 佳庆 CHO 指标实战运用技巧解析

1. 当股价运行在 90 日均线之上，佳庆 CHO 指标线由下向上穿越均线时，预示为买入信号。如图 36-2 所示。

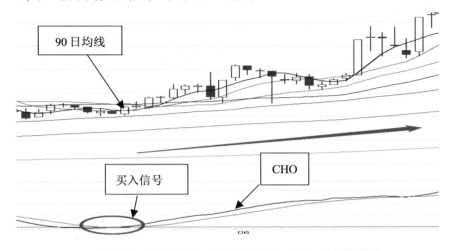

图 36-2　云南白药（000538）股价、CHO 指标走势图

2. 当佳庆 CHO 指标与股价运行的趋势形成形态顶背离时，预示着股价将可能出现反转下跌信号；如果佳庆 CHO 指标与股价运行的趋势形态形成底背离时，预示着买入信号。如图 36-3 所示。

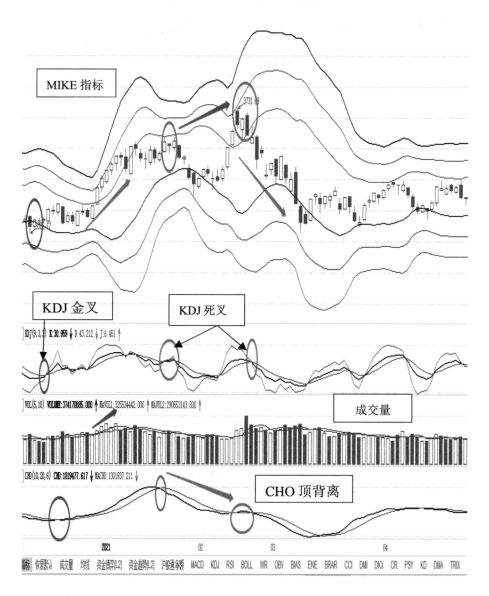

图 36-3　上证指数（000001）、MIKE、KDJ、CHO、成交量指标走势图

数据来源：东方财富。

3. 当股价运行在 90 日平均线下方时，佳庆 CHO 指标线由正转负，预示着短线卖出信号，股价将出现反转，建议投资者卖出股票。如图 36-4 所示。

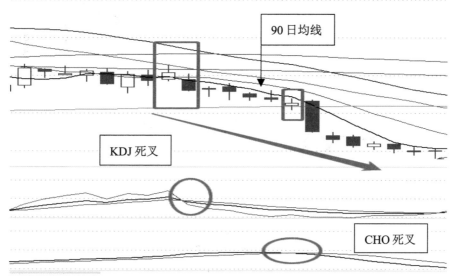

图 36-4　中直股份（600038）股价、KDJ、CHO 指标走势图

数据来源：东方财富。

4. 佳庆 CHO 指标可配合超买超卖 OBOS 指标等同时使用。如图 36-5 所示。

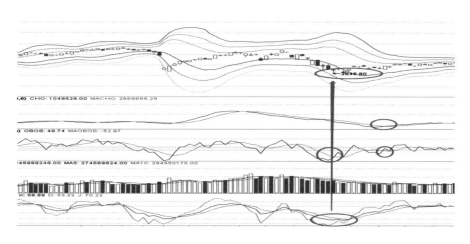

图 36-5　上证指数（000001）、MIKE、CHO、OBOS、KDJ 指标走势图

数据来源：东方财富。

5. 佳庆 CHO 指标可配合能量潮 OBV 指标同时使用。如图 36-6 所示。

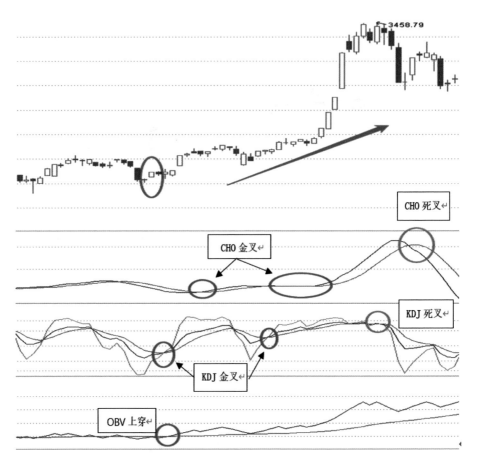

图 36-6　上证指数（000001）、CHO、KDJ、OBV 指标走势图

数据来源：东方财富。

6. 当股价运行在 90 日平均线上方时，佳庆 CHO 指标线由负转正，预示着短线买入信号，股价将出现低位反弹，建议投资者分批买入股票。

## 3. 佳庆 CHO 指标实战秘诀

当佳庆 CHO 指标由下向上上穿零轴线时，预示为买入信号，但需要股价运行在 90 日移动平均线上方才有效。

　　当佳庆 CHO 指标由上向下跌穿零轴线时，预示为卖出信号，但需要股价运行在 90 日移动平均线下方才有效。

　　当佳庆 CHO 指标与股价运行的趋势形成形态顶背离时，预示着股价将可能出现反转下跌信号；如果佳庆 CHO 指标与股价运行的趋势形态形成底背离时，预示着买入信号。

　　佳庆 CHO 指标可以搭配其他技术分析指标共同使用效果不错。例如，佳庆 CHO 指标搭配随机指数 KDJ 指标、超买超卖 OBOS 指标和能量潮 OBV 指标等同时使用。

# 第37章　如何学会用均线洞察趋势

移动平均线（Moving Average，MA）指标是股票技术分析中十分重要的趋势类指标。

## 1. 均线 MA 指标的原理

股票均线 MA 指标是由美国股票投资分析大师葛兰威尔（Jogepsb Ganvle）在道琼斯理论的基础上提出的技术分析指标。

股票均线 MA 指标将道氏理论加以数字化应用，通过数字的变化研判股票市场股价短、中、长期的运行趋势。

股票均线 MA 指标是指股票市场中某交易时段内股票的日均成交价连成的指标线。

均线 MA 指标通常有：5 日均线指标、10 日均线指标、20 日均线指标、30 日均线、60 日均线指标、半年均线指标和年均线指标等。

通常短期 5 日均线指标是根据股票 5 日的成交价编制而成的指标线，5 日均线指标线是短线交易投资者非常喜欢的指标。

均线 MA 指标是用于反映股票市场股价运行趋势的形态。当股价运行趋势即将出现反转信号时，能利用股票均线 MA 指标发出的买卖信号提前有效地提示买卖时机和投资风险。

投资者可以充分利用股票均线 MA 指标形态来研判股价运行趋势，把握投资获利机会。

### 1.1　均线 MA 指标的黄金交叉

当 5 日均线指标线由下向上上穿越 10 日均线指标线出现的交叉点就是均线 MA 指标的黄金交叉。

均线 MA 指标的黄金交叉预示股票市场处于多头。当均线 MA 指标出现黄金交叉之后，提示股价后市会有一定的上升空间，通常是买入股票的信号，建议投资者可以逢低分批买入。如图 37-1 所示。

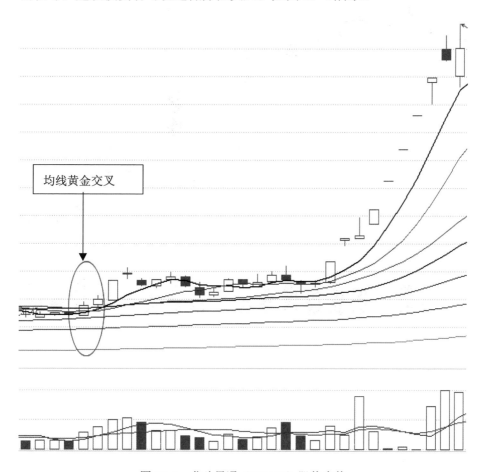

图 37-1　北斗星通（002151）股价走势

数据来源：东方财富。

## 1.2 均线 MA 指标的死亡交叉

当 5 日均线指标线由上向下跌穿越 10 日均线指标线出现的交叉点就是均线 MA 指标的死亡交叉。

均线 MA 指标的死亡交叉预示股票市场处于空头。当均线 MA 指标出现死亡交叉之后，提示股价后市会有一定的下跌空间，通常是卖出股票的信号，建议投资者可以逢高止盈。如图 37-2 所示。

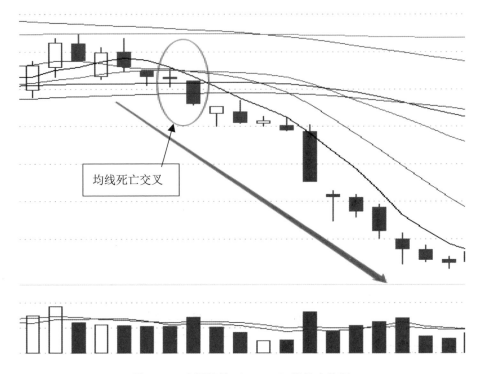

均线死亡交叉

图 37-2　中国软件（600536）股价走势图

数据来源：东方财富。

在均线 MA 指标中，60 日均线指标属于中线均线指标。

在实战运用中，通常使用 60 日均线指标来研判股票市场中的个股中期股价运行走势。

60 日均价指标是最近 3 个月的收市价的平均价，对个股运行走势有重要参考作用。例如，如果某个股出现股价运行有效跌穿 60 日均线指标，通常多数情况会出现股价向下运行，预示着后市看跌。

在均线 MA 指标中，120 日均线（半年线）指标属于长线均线指标。

在实战运用中，通常使用 120 日均线指标来研判股票市场中的个股长期股价运行走势。

当股价的 5 日均线指标线在 10 日均线指标线上方运行、10 日均线指标线在 20 日均线指标线上方运行、20 日均线指标线在 60 日均线指标线上方运行、60 日均线指标线在 120 日均线指标线上方运行时，预示着均线指标线处于向上运行的趋势，股票技术分析图形呈现了均线指标线的多头排列，提示某个股股价可能处于上升趋势的行情中。

当股价的 5 日均线指标线在 10 日均线指标线下方运行、10 日均线指标线在 20 日均线指标线下方运行、20 日均线指标线在 60 日均线指标线下方运行、60 日均线指标线在 120 日均线指标线下方运行时，预示着均线指标线处于向上运行的趋势，股票技术分析图形呈现了均线指标线的空头排列，提示某个股股价可能处于下跌趋势的行情中。

均线 MA 指标的局限性。

任何技术分析的指标都不是完美无缺的，均线 MA 指标也不例外。由于均线是一种股价运行的趋势线，均线是股价定型后产生的图形，因此均线 MA 指标具有一定的滞后性。此外，均线 MA 指标也不能反映股价在当天的行情变化及成交量增减的情况。

从均线 MA 指标的计算方法中可以看出，股票均线 MA 指标具有如下均线指标的技术特征：

具有股价趋势追踪特征。均线 MA 指标的编制原理决定了均线 MA 指标具备反映股票价格运行趋势的特征。

具有稳定与滞后特征。由于均线 MA 指标是对股票价格收市价进行算术平均以后形成新的价格点连线，因此，均线 MA 指标相对于股价的涨跌具有稳定的特征。

具有助涨与助跌特征。

具有支持线与压力线特征。

均线 MA 指标法则的核心体现在对股价具有回归功能，代表均线对股价具有吸引力。当股价离开均线较远运行时，预示股价必然会回跌至均线附近运行，通常股价一般都围着均线上下运行。

## 2. 均线 MA 指标实战运用技巧解析

通过均线 MA 指标形态来研判股价运行趋势。

均线 MA 指标最主要的作用就是能够客观准确地揭示股价运行的趋势。通常股价运行的趋势包括：上涨趋势、横盘整理趋势与下跌趋势。

1. 股价上涨趋势中均线 MA 指标的实战运用案例。

当均线 MA 指标线运行呈现多头排列时，预示着股价处在上涨趋势之中。以中国旭阳集团（HK01907）股价走势为例。如图 37-3 所示。

图 37-3　中国旭阳集团（HK01907）股价走势图

数据来源：东方财富。

　　如果股价处在上涨趋势中，当股价出现回调后，股价 K 线向下运行靠近 60 日均线时，提示投资者可以利用回调买入股票。

　　2. 股价处在下跌趋势中均线 MA 指标的实战运用案例。如图 37-4 所示。

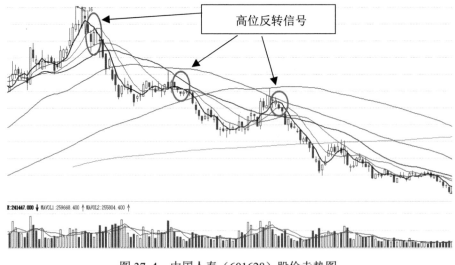

图 37-4　中国人寿（601628）股价走势图

　　如果股价处于下跌趋势中，当 5 日均线运行在高位向下跌穿 10 日均线时，提示投资者应在股价高位卖出股票止盈。

　　3．均线 MA 指标与其他技术分析指标搭配的综合实战运用案例。

　　从图 37-5 可以看出，短线随机指数 KDJ 指标最为灵敏，随机指数 KDJ 指标提前提示了股票可以建仓的时机，中线 MACD 指标晚于短线指标也出现金叉提示买入信号，中长线均线 MA 指标也验证了随机指数 KDJ 指标与 MACD 指标的有效性，提示股价低位区域买入信号，均线 MA 指标搭配随机指数 KDJ 指标与 MACD 指标在实战运用中相互得到了验证。

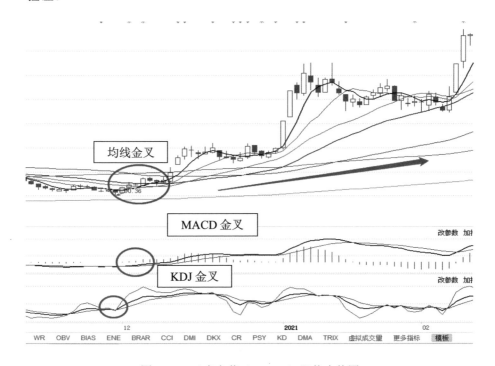

图 37-5　云南白药（000538）股价走势图
数据来源：东方财富。

## 3. 均线 MA 指标的实战秘诀

　　投资者可以分析均线形态把握股价运行大趋势，可以利用 5 日均线指标、10 日均线指标和 60 日均线指标有效捕捉最佳的买入与卖出的时机。

当股价 K 线位于 60 日均线指标线之上运行，股价在低位时出现 5 日均线向上穿越 10 日均线形成均线 MA 指标的金叉时，提示为买入信号。

当股价在高位出现 5 日均线向下跌穿 10 日均线形成均线 MA 指标的死叉时，提示为卖出信号。

利用均线 MA 指标在股票上涨运行趋势中买入，当股价出现一波回调之后，如果 K 线向下靠拢 60 日均线时，预示股价出现回调，提示为买入信号。

利用均线 MA 指标在股票下跌运行趋势中卖出，当 5 日均线在股价高位由上向下跌穿 10 日均线时，提示为卖出信号。

任何技术分析指标都不是完美无缺的，均线 MA 指标也不例外，均线 MA 指标通常不要单独使用，最好搭配其他技术分析指标综合运用效果更佳。

# 第38章 倒锤子线形态经典K线图解

倒锤子线形态与锤子线形态正好出现形态反向。倒锤子线形态也分为倒锤子线形态的阴线和倒锤子线形态的阳线。

倒锤子线形态是股市中常见的K线形态之一。

倒锤子线形态一般会出现在股价向下运行的下跌行情中。但是，如果倒锤子线形态出现在股价上升的顶部区域时，预示着后市看跌，股价容易出现高位反转。大家把这种倒锤子线形态称为划过天空的流星，提示股价可能会出现下跌走势。

## 1. 倒锤子线形态的原理

倒锤子线形态阳线或阴线的实体部分很短。倒锤子线形态的上影线通常是实体部分的2倍以上。

倒锤子线形态几乎是没有下影线的，即使个别也只有非常短的下影线。倒锤子线形态提示股价触底信号。如果在股价底部同时出现倒锤子线形态与晨之星形态时，预示着股价见底信号更明确。如果倒锤子线形态实体部分与倒锤子线形态的上影线长度相差越大，倒锤子线形态发出的信号越有研判价值。

倒锤子线形态在股价底部的主要特征：

1. 倒锤子线形态中K线实体短，并出现在股价底部区域；

2. 倒锤子形态出现在股价持续下跌运行趋势后，当天出现倒锤子形态通常股价会开盘向下跳空开；

3. 倒锤子形态K线的上影线长度应是倒锤子形态实体部分的2倍之上；

4. 倒锤子形态K线没有或几乎没有下影线。

倒锤子线形态在股价上升至相对高位区域出现时，预示着股价后市看跌信号。如图 38-1 所示。

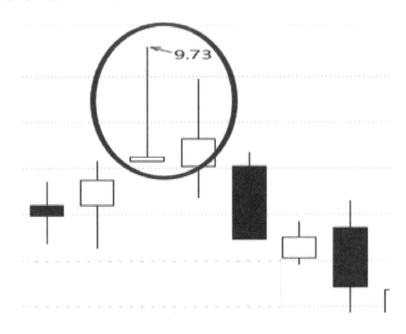

图 38-1　股价高位出现倒锤子线

## 2. 倒锤子线形态实战运用技巧解析

当股价向上走出一段上升行情之后，如果在股价的高位区域形成倒锤子线形态，预示着股价在高位即将出现反转信号，提示股价将出现向下运行的行情。

倒锤子线形态的上影线很长，预示着买卖双方博弈的结果是卖方力量占优势，多方力量较弱，股价上涨的动力不足，在空方打压下造成股价下降。

倒锤子线形态出现在股价高位时，通常预示着股价要出现下跌行情的走势。

例如，伊利股份（600887）在股价高位出现了倒锤子线，之后股价出现高位反转下跌行情。如图 38-2 所示。

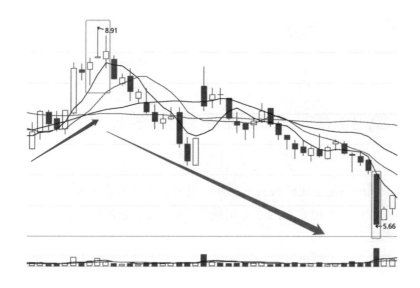

图 38-2　伊利股份（600887）股价走势图

## 3. 倒锤子线形态实战秘诀

倒锤子线形态在股价底部区域出现射击之星形态时，预示着股价可能会走出触底反弹行情，建议投资者可择机分批买入。

倒锤子线形态在股价高位区域出现划过天空流星形态时，预示着股价可能会走出高位反转下跌行情，建议投资者波动操作，择机高位卖出股票。

投资者应高度关注当股价运行至高位区域出现倒锤子线形态的情况，如果在股价高位区域形成倒锤子线形态，预示着股价后市出现高位反转向下行情，建议投资者要在股价高位采取止盈策略。

特别需要留意主力资金制造的骗线情况。主力往往通过投资者都比较熟知倒锤子线形态在股价高位区域出现划过天空流星形态的应用，利用投资者可能会选择快速卖出筹码出局实现主力震仓洗盘的目的，这可能就是主力制造的诱空陷阱，很容易导致投资者交出手中带血的廉价筹码。

建议投资者在应用倒锤子线形态研判时，还应该结合筹码分布指标及其他技术分析的指标一同研判股价走势更加有效。

# 第39章 经典锤子线形态K线图解

锤子线形态是带比较长的下影线，没有上影线的光头K线形态。

锤子线也有人把它称为"上吊线"。锤子线形态是股票技术分析中的常见形态之一。

通常经典锤子线形态预示股价将出现反转信号。

如果锤子线形态出现在股价下跌趋势中，预示着股价下跌趋势即将结束的信号，表示市场用锤子砸出一个黄金底，投资者应利用底部锤子线形态带来的短线触底反弹的机会。

如果锤子线形态出现在股价上涨趋势中，锤子线形态具有对股价看跌功能，预示着股价上升趋势结束信号，投资者应利用底部锤子线形态带来的短线止盈的机会。

## 1. 锤子线形态的原理

1. 在经典锤子线形态中，K线图的下影线较长，通常情况是K线图实体部分的2—3倍，但变异的锤子线形态下影线的长短不一。

2. 锤子线形态的实体部分必须出现在股票成交价波动幅度的上半部分。

3. K线图中的锤头线形态没有上影线的光头K线或几乎没有上影线。

4. 锤子线形态出现后的第2个交易日的市场上，股价必须呈现上升的走势。

通常锤子线形态有阴线和阳线之分。如图39-1所示。

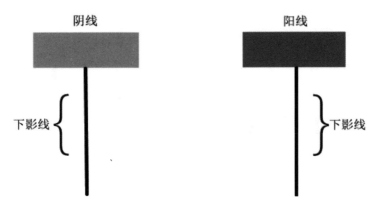

图 39-1　锤子线形态示意图

经典锤子线形态通常出现在股价下跌趋势中，经典锤子线形态可以是阳线，也可以是阴线，但实体部分较短，一般没有上影线，即便有上影线也很小，但是下影线可能很长。

## 2. 锤子线形态实战运用技巧解析

当锤子线形态出现在股价下降趋势时，锤子线形态的下影线代表卖方杀跌后被买方反击的结果，预示着股价即将触底反弹。

经典锤子线形态的出现通常代表着价格的见底回升。当股票市场在经历一段下跌走势之后，股价处于下降趋势中，股票开市后，股价可能会继续下跌，代表这时的市场依旧是卖方力量占据主动位置。但是当股票交易收市前，如果市场上买方力量开始组织强势反攻，且股票市场上股价也会上涨到股价波动幅度的上限，在 K 线图上产生了拥有较长下影线和实体部分较小的光头经典锤子线形态的 K 线图。

经典锤子线形态表示市场上买方已经取代了卖方占据了优势位置。投资者可根据第 2 个交易日股价的波动行情来对锤子线形态进行研判。

例如，上汽集团（600104）股价在底部出现了锤子线形态，之后上汽集团的股价走出了一波上涨行情。如图 39-2 所示。

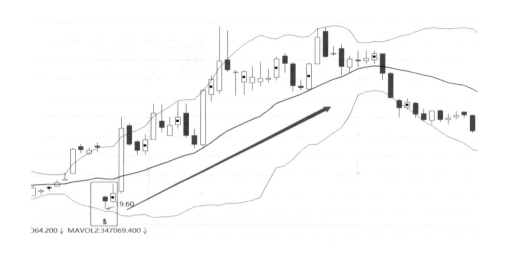

图 39-2　上汽集团（600104）股价、BOLL 走势图

数据来源：东方财富。

如果股价继续处于上升的趋势中，代表市场上买方已经占据了主导位置，预示着股价触底反弹的概率非常高，建议投资者可搭配 KDJ 指标和 MACD 指标等其他技术分析指标加以研判。

下影线是实体部分的 2 至 3 倍或以上，通常是锤子线形态的下影线越长表示股价见底信号越明确。如图 39-3 所示。

图 39-3　下影线是实体两倍以上的锤子形态、KDJ（金叉）、MACD（金叉）走势图

# 3. 锤子线形态实战秘诀

锤子线形态的实体部分与下影线比例相差越悬殊，锤子线形态对投资者越有研判价值。例如，同时出现锤头与晨之星的形态，预示着股价触底信号更加明确可信。通常在股价下跌趋势中，特别是在股价大幅下跌之后出现锤子线形态，股价见底反弹的可靠性大幅提高，预示后市看多。

锤子线形态实体部分越短，锤子线形态下影线越长，表示对股价的止跌作用就越显著。

当锤子线形态出现在股价下跌趋势中，股价下跌时间越长，且股价下跌的幅度越大，表示股价见底信号越强。

锤子线形态有阳线锤头线形态与阴线锤头线形态之分，表示的含义相同，但通常阳线锤头线形态反转力度远大于阴线锤头线形态。

建议投资者在股价下跌行情中遇见锤子线形态的走势，特别是当锤子线形态出现在股价下跌的末期，再配合有成交量的有效放大时，预示着股价要触底反弹。激进型投资者可逢低分批买入做多，稳健型投资者可在锤子线形态出现后观察数日再布局。但是如果出现股价放量上行，投资者可以快速在股价低位买入股票。

当锤子线形态出现在股价上涨的末期或股价高位盘整期，再配合有成交量的有效放大时，预示可能主力拉高出货，导致股价出现高位反转，建议投资者应高位卖出股票止盈。

# 第40章　上升三法形态经典K线图解

三法形态是 K 线组合形态中常见的形态之一。三法形态根据其所出现的位置不同分为多头上升三法形态与空头下降三法形态。

## 1. 上升三法形态的原理

当股价处于上涨过程中，突然在某一日出现 1 根强劲的阳线形态后，股价却出现依次下跌的小阴线形态，配合成交量缩量，但股价没有跌穿上根阳线形态的最低点，随后便高开并再次形成 1 根强劲的阳线形态走势，且收盘价创出了近几个交易日的新高，提示确认了后市股价运行的方向，这就是上升三法形态。如图 40-1 所示。

图 40-1　上升三法示意图

当 K 线形态出现 2 根阳线夹 1 根阴线的形态组合的变体时，预示了股价由上升到 3 个交易日的短暂回调，再次出现股价上涨运行的过程。K 线形态中的实体部分较短，预示着股价运行处于短暂的调整状态，一般出现 3 根阴线。如图 40-2 所示。

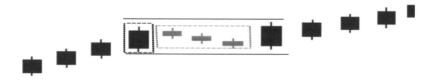

图 40-2　经典上升三法示意图

## 2. 上升三法形态实战技巧解析

上升三法形态预示股价在运行趋势中出现短暂的调整状态，但其量能不足以导致股价运行趋势出现反转运行。

上升三法形态通常提示股价运行趋势延续过程中的短暂调整，通常不会改变原来股价运行的趋势，建议投资者可以利用上升三法形态发出的信号择机逢低分批买入。

突破前期股价高点区域出现上升三法形态的案例。

例如，冀东水泥（000401）2016 年 10 月 18 日股价在突破前期高点位置出现了上升三法形态之后，冀东水泥的股价走出了一波上涨行情。如图 40-3 所示。

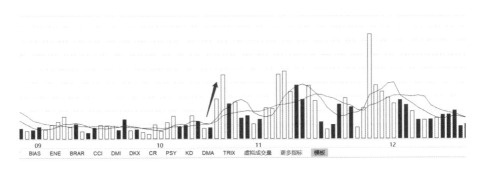

图 40-3　冀东水泥（000401）股价、BOLL、成交量指标走势图

经典上升三法形态是指股价向上运行了一段时间之后，K 线出现了 3 根小阴线，阴线部分没有跌穿前 1 根阳线的最低点，之后再出现 1 根大阳线把 3 根小阴线全包，这根阳线突破了上 1 根阳线的最高价。

## 3. 上升三法形态实战秘诀

当经典上升三法形态出现时，预示着股价后市将出现上涨行情，建议投资者可以利用经典上升三法形态择机买入股票。如图 40-4 所示。

图 40-4　某个股出现经典上升三法形态

在上升三法形态的确认中需要关注以下几点：

1．如果上升形态中的 3 根小阴线形态跌穿了第 1 根大阳线的最低点，此形态就不能视为是上升三法形态。

2．上升三法形态中的第 5 根阳线的长度越长，预示股价上涨的动力越强劲，第 5 根阳线最好以最新的高价收市。如果第 5 根阳线的收市价不能高于第 1 根阳线的收市价，表示上升三法形态不能成立。

3．通常 1 根大阳线预示股价后市运行的趋势。

4．第 1 根阳线之后出现 3 根实体部分较短的小阴线。

5．3 根小阴线出现不能够超出长阳线的范围。

6．第 5 个交易日股价出现强劲的走势，其方向顺着原来的趋势继续运行，第 5 个交易日股价的收市价高于第 1 个交易日的收市价。

当股价在上升途中出现上升三法形态时，预示股价在经历短暂小幅调整之后会继续出现上涨行情，建议投资者搭配其他技术分析指标使用，利用上升三法形态发出的买入信号配合其他技术指标加以验证确认后择机布局。

# 第 41 章　尽头线形态经典 K 线图解

尽头线形态是 K 线形态中带上影线的长阳线或带下影线的大阴线构成的形态，通常尽头线形态的上影线或下影线的右方隐藏一根小的十字星 K 线。

通常股价在向上或向下运行的趋势中都有可能出现尽头线形态。

## 1. 尽头线形态的原理

股价运行在高位区域出现尽头线形态具有以下特征：

1. 尽头线形态的第 1 根 K 线应是带长上影线的长实体部分的大阳线或中阳线。

2. 在股价高位区域出现尽头线形态的上影线的右方，隐藏 1 根小的十字星，预示股价出现强烈的信号。

3. 在股价高位区域尽头线形态中的第 1 根 K 线的上影线很短时，预示其反转信号不强烈，尽头线形态的有效性不高。

## 2. 尽头线形态实战运用技巧解析

尽头线形态是在股价上升过程中由 2 根一大一小的 K 线形态组合构成。第 1 根 K 线为带长上影线的大阳线或中阳线，第 2 根 K 线为小十字星形态、小阳线形态或小阴线形态，并隐藏在第 1 根 K 线形态的长上影线之内。

通常当股价在上升趋势中出现尽头线形态时，伴随成交量的有效放大，预示着股价高位见顶信号。当股价运行至高位出现尽头线形态时，建议投资者应果断止盈获利离场。

例如，华发股份（600325）的股价在走出一波强势拉升行情之后，股价在高位出现了尽头线形态，并伴有成交量的有效放大。但华发股份的股价没有出现继续量升价涨的行情，反而股价在高位盘整后出现了反转下跌行情。如图41-1所示。

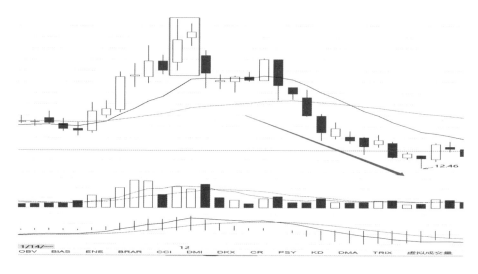

图 41-1    华发股份股价走势图

数据来源：东方财富。

当股价在下跌过程中的底部出现尽头线形态时，第 1 根留有下影线大阴线或中阴线，第 2 根 K 线为小十字星形态、小阳线形态或小阴线形态，并隐藏在第 1 根 K 线的下影线之内。股价底部出现的尽头线形态与股价顶部出现的尽头线形态则相反。如图41-2所示。

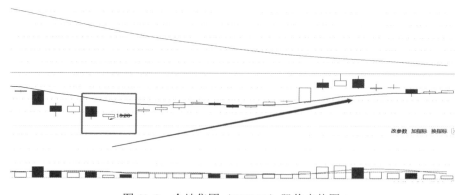

图 41-2    金地集团（600383）股价走势图

数据来源：东方财富。

当股价在下跌趋势运行中出现 K 线形态中的尽头线形态，伴随成交量逐步放大，预示着股价触底反弹信号，建议投资者可择机逢低买入。

## 3. 尽头线形态实战秘诀

当股价在转势初期出现 K 线形态中的尽头线形态时，提示股价买入信号。

当股价在上升运行至高价位区域出现尽头线形态，伴随成交量的有效放大提示股价将出现高位反转行情，建议投资者可在股价高位止盈。

当股价在下跌运行至低价位区域出现尽头线形态，伴随成交量的有效放大，提示股价将出现低位反弹行情，建议投资者可在股价低位择机买入。

# 第42章　乌云盖顶形态经典K线图解

乌云盖顶（Dark-Cloud Cover）形态是典型K线形态中较为常见的顶部反转形态。乌云盖顶形态有经典乌云盖顶形态和变异型乌云盖顶形态。

乌云盖顶形态通常会出现在股价的高位区域，一旦在股价高位出现乌云盖顶形态，投资者应该果断采取股价高位止盈操作，避免给投资带来损失。

## 1. 乌云盖顶形态的原理

乌云盖顶形态通常是指由一阳一阴2根高位K线组成。

乌云盖顶形态一般出现在股价上涨运行的趋势之后，有时也可能出现在股价向上运行的过程中，或在高位盘整区间的顶部区域。由于在一段上涨行情的顶部出现乌云盖顶形态，预示着股价出现反转下跌信号，提示卖出信号。如图42-1所示。

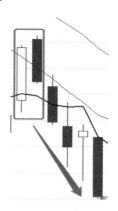

图 42-1　乌云盖顶形态由两根K线组成

## 2. 乌云盖顶形态实战运用技巧解析

乌云盖顶形态应用中，如果第 1 个交易日出现 1 根光头阳线或大阳线形态，第 2 个交易日则出现 1 根长阴线形态，且第 2 个交易日的开市价高于第 1 个交易日的最高价或高过第 1 个交易日 K 线形态上影线的顶端，市场以接近当日的最低价收市，收市价跌入至到第 1 根阳线实体部分之内，这就是典型的乌云盖顶形态。

当股价在高位出现乌云盖顶形态时，通常预示着股价高位反转信号，投资者可以利用乌云盖顶形态提示的反转信号做止盈操作。如图 42-2 所示。

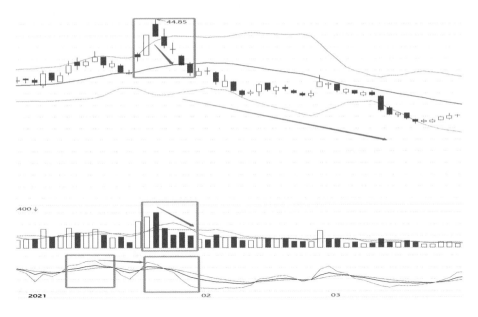

图 42-2　某个股乌云盖顶形态、KDJ（顶背离）走势图

数据来源：东方财富。

通常乌云盖顶形态是一个常见股价高位反转看跌信号。在股价较长时间的上涨运行趋势中容易出现。第 2 个交易日高开并伴随成交量的放量，预示着主力资金可能拉高股价出货。随后市场出现多翻空的反转行情。第 2 个交易日的长阴 K 线，预示着买方最后一番上攻无力，股票价格上涨动力不足，空方力量占据主动位置，股价出现高位掉头下行。如图 42-3 所示。

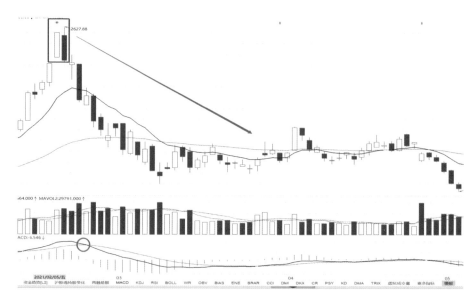

图 42-3　贵州茅台（600519）股价走势图

数据来源：东方财富。

当乌云盖顶形态形成后，如果出现 1 根大阳线形态，而且收盘价超过了乌云盖顶形态的最高价时，预示着可能出现新一波上涨行情的到来。

如图 42-4 所示，以上证综合指数（000001）在 2009 年 6 月份的历史走势为例，大盘在上涨运行过程中形成了乌云盖顶形态之后，上证综合指数的走势不但没有出现回调行情，反而延续前期的强势上涨趋势，一路高歌猛进。

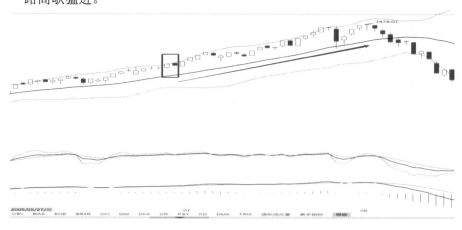

图 42-4　上证指数（000001）在 2009 年 6 月的走势图

数据来源：东方财富。

## 3. 乌云盖顶形态实战秘诀

当股价运行在高位区域出现乌云盖顶形态，通常预示着股价见顶信号，提示股价反转向下运行的概率高。

当股价运行在上涨趋势过程中出现乌云盖顶形态，如果出现 1 根大阳线形态，而且收盘价超过了乌云盖顶形态的最高价时，预示着可能出现新一波上涨行情。

乌云盖顶形态中出现阴线实体涉入阳线实体部分越多，预示着股价高位出现转势信号越强烈；如果出现阴线实体跌穿上根阳线实体部分，就是阴包阳的形态组合，这种形态组合预示后市看跌超出乌云盖顶形态的意义。

股票实战中建议投资者应势而为，当股价处于下跌趋势中，尽量不要做短线反弹，股价出现高位反转信号一定要高位止盈。

当形成乌云盖顶形态时，投资者应冷静观察，在下跌趋势中不建议做反弹。如果投资者有较高的技术水平，应结合当时所处的市场环境及个股特点，配合其他技术指标进行验证，再决定如何操作，如果判断失误，应及时调整操作策略。

# 第43章　十字星形态经典 K 线图解

十字星形态是一种 K 线基本形态，因 K 线出现的形态像十字，故起名为"十字星"。

十字星形态指收市价与开市价相同，并带有上下影线的特殊 K 线形态。

## 1. 经典十字星形态的原理

如果十字星形态的上影线越长，预示股价空方的卖压越大。如果十字星形态的下影线越长，预示股价多方的买盘强劲。通常当在股价高位或低位出现十字星形态，预示着股价将会出现反转信号。

十字星形态通常分为：

小十字星形态。小十字星形态有标准小十字星形态和变异小十字星形态，其形态中上下影线较短。如图 43-1 所示。

图 43-1　小十字星形态示意图

长十字星形态。长十字星形态有标准长十字星形态和变异长十字星形态，其形态中上下影线较长。如图 43-2 所示。

图 43-2　大十字星形态示意图

长下影线十字星形态。其形态中下影线较长。如图 43-3 所示。

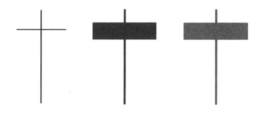

图 43-3 长下影线十字星形态示意图

长上影线十字星形态。其形态中上影线较长。如图 43-4 所示。

图 43-4　长上影线十字星示意图

T 字形形态。其形态中下影线较长，但没有上影线。如图 43-5 所示。

图 43-5　T 字形形态示意图

倒 T 字形形态。其形态中下影线较长，但没有上影线。如图 43-6 所示。

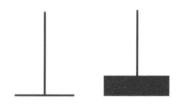

图 43-6　倒 T 字形示意图

## 2. 经典十字星形态实战运用技巧解析

根据实战经验可以将十字星分为：长十字星形态、小十字星形态、长下影十字星形态、长上影十字星形态、早晨十字星形态、黄昏十字星形态和一字星形态等。

1. 长十字星形态的实战运用案例。

长十字星形态的上影线与下影线较长，长十字星形态的最高价或最低价与收盘价的距离大于 3%。

从图形的外表看，长十字星形态看似与普通十字星形态较为相似，都是上下影线几乎相等，表示买卖双方力量均等。但是，如果出现长十字星形态，预示着股价的振幅较大，显示出股价的趋势将发生新的改变，市场将出现反转信号。特别是当股价处于高价位或低价位时，一旦出现长十字星形态，通常预示着股价出现反转的信号。如图 43-7 所示。

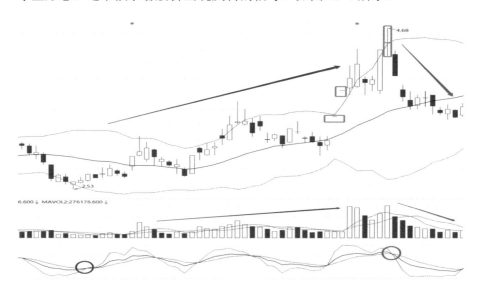

图 43-7    怡球资源（601388）股价、BOLL、KDJ、成交量指标走势图

数据来源：东方财富。

2. 小十字星形态的实战运用案例。

小十字星形态是 K 线实体部分体短小的十字星形态。小十字星形态通常出现在股价盘整行情中，预示股价将继续维持盘整格局。如图 43-8 所示。

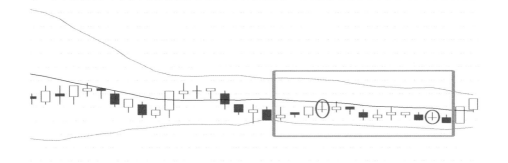

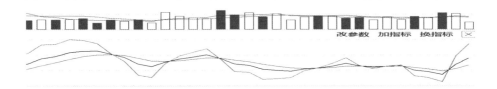

图 43-8　工商银行（601398）股价、BOLL、KDJ、成交量指标走势图

数据来源：东方财富。

　　如果小十字星形态出现在股价上升或下跌的初期时，预示着股价暂时休整，股价涨跌的运行趋势没有明显变化。

　　如果小十字星形态出现在股价持续大幅上涨或下跌的末期时，预示着股价运行趋势将会出现反转。

　　3．一字星形态的实战运用案例。

　　一字星形态是指某个股当日的收市价、开市价、最低价与最高价 4 个价位全部相等。盘中股价运行形态出现一字形，预示股价可能被牢牢封在涨停板或封在跌停板上。

　　交易日的全天从市场开盘到收盘只有一个价格，即开市价、最高价、最低价、收市价都是同一价。当出现一字星形态封在涨停板时，预示着股票市场上投资者极度看多某个股；当出现一字星形态封在跌停板时，预示着股票市场上投资者极度看空某个股。

　　换言之，交易日股价出现一字星形态走势，说明股价交投不活跃，股价运行不会出现正常的波动行情。

　　当股价在上涨途中出现一字星形态，且股价在经历一波大幅上升的行情之后，如果股价已经运行在高位出现了黄昏十字星形态，预示着股价可能会出现了反转向下运行的信号。

　　为了更好地把握高位止盈的机会，建议投资者可以搭配短线随机指数 KDJ 指标加以验证顶部反转信号的真实性。如图 43-9 所示。

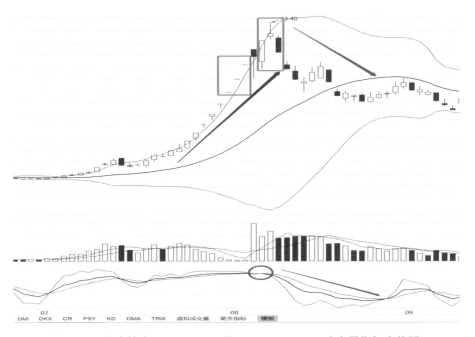

　　图 43-9　光启技术（002625）股价、BOLL、KDJ、成交量指标走势图
　　数据来源：东方财富。

　　在我国股票市场的早期，由于市场规模小，上市品种不多，加之涨跌停板限制范围较紧，一字星形态一度频繁出现。

　　近年来，对于那些被主力高控盘的个股中，打板和问题个股盘中出现涨停或跳水现象也是屡见不鲜。

　　一字星形态通常有开盘涨停、开盘跌停两种行情造成。但是一字星形态不管是出现在上升或下跌的途中，一字星形态都强烈预示着股价运行将维持原来的趋势。

　　4. 早晨十字星形态的实战运用案例。

　　当某个股第 1 个交易日的行情处于下跌趋势中，并出现 1 根实体较长的阴线形态；第 2 个交易日，出现一根向下跳空低开的十字星形态；第 3 个交易日行情再次恢复上升，并且出现阳线实体较长的 K 线形态，股价上升时至少能够达到或超越第 1 根阴线实体部分的价格区间，上述 3 根 K 线形态构成了典型的早晨十字星 K 线形态的组合。

　　早晨十字星 K 线形态预示着强烈的趋势转强信号。当出现早晨十字星 K 线形态组合时，提示市场出现了明确的反转走势，股价将很快进入向上运行趋势中，交易投资者应积极择机逢低布局买入股票。如图 43-10 所示。

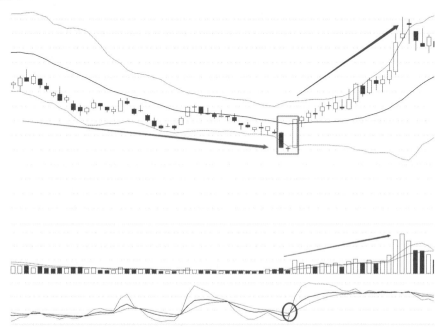

图 43-10　北方稀土（600111）股价、BOLL、KDJ、成交量指标走势图

数据来源：东方财富。

　　5. 黄昏十字星形态的实战运用案例。

　　在实战运用中，黄昏十字星形态与早晨十字星形态的功效恰好相反。

　　当第 1 个交易日股价上涨运行途中，出现 1 根实体部分较长的阳线形态；第 2 个交易日出现了 1 根向上跳空高开的十字星形态，且最低价高于上 1 个交易日的最高价，和第 1 个交易日的阳线之间形成了一个缺口；第 3 个交易日出现 1 根阴线，且阴线实体部分较长，下跌时深入第一根阳线实体部分的价格区间内，上述 3 根 K 线形态构成了典型的黄昏十字星 K 线形态组合。

黄昏十字星 K 线形态组合预示着强烈的趋势转弱信号。提示市场股价可能出现明确的反转信号。股价走势将处于震荡向下运行趋势中，建议投资者及时抓住股价高位止盈或止损机会。

例如，某个股在经过一波较大幅度上涨之后，在股价顶部出现了黄昏十字星形态组合，预示股价可能出现高位反转下挫信号。当出现高位黄昏十字星 K 线形态组合时，建议投资者必须要采用止盈策略。

在实战中，为了提高研判的准确性，建议投资者可以搭配使用短线随机指数 KDJ 指标和布林线 BOLL 指标。如图 43-11 所示。

从图 43-11 中可以看出，短线随机指数 KDJ 指标的顶背离和布林线 BOLL 指标也相互验证了股价高位出现反转的概率相当高。实战案例表明，在股价顶部出现黄昏十字星形态组合之后，该股价也出现了反转下跌行情。

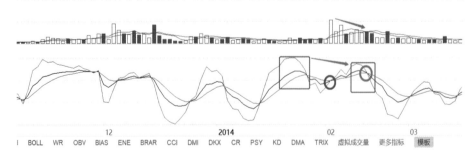

图 43-11　某个股股价、BOLL、KDJ、成交量指标走势图

数据来源：东方财富。

6．长上影线十字星形态的实战运用。

在十字星形态的上下影线中的长度有十分重要的研判价值。通常十字星形态的上下影线越长，预示着买卖双方博弈越激烈；当股价运行行情一旦确认，股价的趋势运行的时间也会越久。

7．反转十字星形态的实战运用

如果股价处于下降行情中出现十字星形态，预示着股价下跌中出现承接力较强的买盘，如果后面有阳线出现，表示买方不仅在十字星形态处有效挡住了卖方的打压，多方可能会组织发起反攻，此时可以确认行情后市将被买方控制，股价将出现向上运行的走势。

8．希望十字星形态的运用案例

希望十字星形态通常出现在股价持续下跌一段时间后的底部区域，当股价在低位区域出现希望十字星形态时，预示典型的股价低位反转信号，提示着未来股价会持续走出上涨行情，建议投资者应积极在股价低位逢低买入。

例如，黔源电力（002039）2021 年 2 月 9 日股价创新低之后，出现了希望十字星形态，并配合随机指数 KDJ 指标能够成功验证股价的底部反转信号，随后股价走出了一波上升行情。如图 43-12 所示。

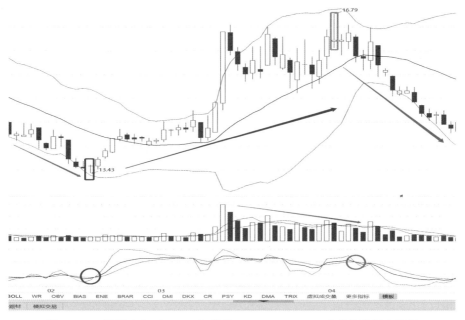

图 43-12　黔源电力（002039）股价、BOLL、KDJ、成交量指标走势图
数据来源：东方财富。

在上升之后，在股价达到最高点时，出现了长上影线的十字星形态，预示着股价已到达高位，投资者应根据此形态做出止盈操作。该股随后股价出现了高位反转向下，配合随机指数 KDJ 指标也成功验证了其顶部反转信号的有效性。

## 3. 经典十字星形态的实战秘诀

在股票实战运用中发现，要根据十字星形态所处位置不同进行研判。当十字星形态出现在股票向下运行至股价低价区的末期时，十字星形态被称为希望之星，预示着股价触底反弹的信号。

当十字星形态出现在股票向上运行至股价高价区的末期时，十字星形态被称为黄昏之星，预示着股价高位反转的信号。

十字星形态的出现往往预示着股价将会出现转折点，建议投资者需密切关注并及时采取相应的对策。

上下影线较长的十字星形态大多出现在股价的顶部。

上下影线较短的整固十字星形态较小，通常大多出现在股价运行的中部区域。

结合量能指标共同分析十字星形态的走势分析可以发现，股票行情的涨跌，其中成交量是重要的决定性因素。在股价运行构成十字星形态的前后，量能如果始终维持温和放大，十字星形态将会演变出现股价阶段性底部形态。

如果十字星形态的走势形成时，成交量指标不能持续有效放量，预示股票市场增量资金入市多处于观望情形之中，股价走势容易出现中继下跌形态。

如果十字星形态的走势形成时，股价处于反复震荡筑底的运行走势中，预示着股价将进入阶段性底部运行，建议投资者可以逢低分批买入。

如果十字星形态的走势形成时，股价处于下跌通道中，预示着股价处于下跌的中继形态，建议投资者不要轻易抄底。

十字星形态的走势形成时，股价运行在长期攀升之后的高价区域，应用十字星形态的走势分析作用与十字星形态的走势出现在低价区域相反。

# 第44章 红3兵形态经典K线图解

在股票实战中一旦出现经典红 3 兵形态，预示着股价将出现强烈反转信号。

通常红 3 兵形态除了经典红 3 兵的形态外，红 3 兵形态还有 3 个特殊形态，即 3 个白色武士形态、涨势受阻形态、涨势停顿形态。

1. 3 个白色武士形态。3 个白色武士形态与红 3 兵形态有相似之处，不同的是最后 1 根阳线的上涨力度特别大，出现这种形态预示股价将会出现上涨运行趋势。

2. 涨势受阻形态。涨势受阻形态与红 3 兵形态有相似之处，不同的是 3 根阳线逐渐缩小，其中最后 1 根阳线上影线特别长，出现这种形态预示着股价将会出现下跌运行的走势。

3. 涨势停顿形态。尽管涨势停顿形态与红 3 兵形态有相似之处，但不同之处是 3 根阳线也逐渐缩小，特别是第 3 根阳线实体部分比前 2 根小许多，当出现这种股价形态时，预示着股价将会出现下跌运行的走势。

## 1. 经典红 3 兵形态的原理

经典标准红 3 兵形态中由 3 根光头小阳线构成。标准红 3 兵形态通常会出现在股价下跌之后的底部区域，红 3 兵形态提示市场出现强烈的反转信号。如图 44-1 所示。

图 44-1　经典红三兵形态示意图

红 3 兵形态通常出现在股价的底部区域，股价出现回调之后，连续拉出 3 根红色的阳线。只有在股价底部区域，经过较长时间的盘整，连续走出 3 根阳线，并且成交量未明显放大，才是标准的红 3 兵。

红 3 兵形态需要满足以下条件：

1. 在股价运行过程中，在某交易日收出 1 根小阳线之后，连续出现 2 根小阳性，并且每天的收市价高于前一天的收市价。

2. 第 2 根阳线和第 3 根阳线的开盘价在前 1 日阳线的实体部分之内，即每日的开市价在前一日阳线的实体部分之内。

3. 第 2 根阳线和第 3 根阳线必须在前 1 日阳线的最高价之上收盘，即每日的收市价在当日的最高点或接近最高点。

4. 红 3 兵所连成的 3 根小阳线的实体部分不能够太长，最好阳线实体部部分大致相同。

5. 红 3 兵形态是否有效要看 3 根 K 线是否有一定的实体部分的长度，与有无上下影线无关，但对于上下影线的长度有一定的要求，即无论是上影线还是下影线，其长度不能超过 K 线的实体部分。

## 2. 经典红 3 兵形态实战运用技巧解析

如果红 3 兵形态出现在股价下跌趋势中，并在股价底部盘整后，预示股价将会出现强烈反转向上运行的信号，建议投资者可以逢低吸纳。

如果红 3 兵形态出现在股价上涨趋势中，并当股价运行在高位区域，预示股价将会出现顶部反转向下运行的信号，建议投资者可以在股价高位及时止盈操作。

如果股价在较长时间的横盘后出现红 3 兵的走势形态，并伴随着成交量的有效放大，预示着股价即将开启行情的前奏。

例如，中国软件（600536）在股价横盘整理后出现红 3 兵的走势形态，并伴随着成交量的有效放大，之后股价走出了一波上升行情。如图 44-2 所示。

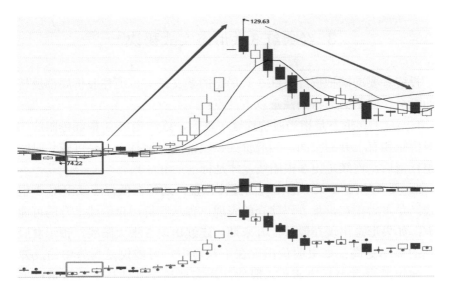

图 44-2　中国软件（600536）股价走势图

数据来源：东方财富。

红 3 兵的主要特征是：红 3 兵的形态通常发生在股价的底部区域，成交量不大，但成交量可温和放大。例如，伊利股份（600887）在股价横盘整理后，出现红 3 兵的走势形态，成交量的逐渐温和放大，之后股价走出了一波上涨行情。如图 44-3 所示。

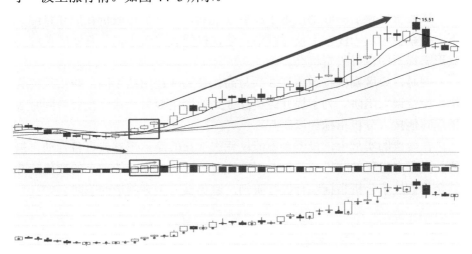

图 44-3　伊利股份（600887）股价走势图

数据来源：东方财富。

## 3. 经典红 3 兵形态实战秘诀

投资者要准确把握经典红 3 兵形态的要义，方可抓住股价底部反转向上的机会，但是必须特别注意以下几点：

1. 红 3 兵形态是指当股价连续下跌后，连续走出 3 根红色阳线，预示股价短期有上升的空间。当股价处在底部区域运行，并经过较长时间的盘整行情后，连续走出 3 根阳线，才是标准的红 3 兵。

2. 要关注红 3 兵形态出现的整体位置，通常在低位连续出现 3 根大阳线，是主力正在收集筹码建仓的表现，预示股价后市继续上升的可能性较大；如果形态出现在股价上升末期，连续出现 3 根大阳线，预示着股价见顶的概率更高；如果股价出现在下跌途中，可能仅是弱势中的反弹行情，建议投资者不宜快速买入股票，还需要搭配其他技术分析指标加以验证。

3. 如果成交量逐步放大，预示主力正在稳健建仓，如果量能出现很不规则，特别是第 3 根阳线出现放量，则预示短期股价可能出现回调。

4. 要关注阳线形态是否带有上下影线。最理想的红 3 兵形态是连续出现 3 根光头光脚阳线，要比带有上下影线的形态更为有效。

5. 一定要符合经典红 3 兵的所有特征，否则就只是 3 连阳的走势而已。

在股价下调后的底部出现了经典红 3 兵，预示后市股价在成交量配合下大概率会走出一波向上反弹行情，建议投资者要善于抓住真实经典红 3 兵形态提示的良好投资机会。

同时，要区别低位经典红 3 兵与高位普通 3 连阳的不同，防止高位套牢，投资误入陷阱。为了提升经典红 3 兵的运用效果，建议投资者同时应搭配其他技术分析指标加以研判。

在股票的实战中，投资者不能仅凭红 3 兵的简单形态就盲目行动，需要关注形态出现的时机和股价的不同位置，还要关注量能大小的变化，并结合其他技术分析指标综合进行研判，避免误入主力制造的陷阱。

# 第 45 章　筹码分布指标

　　筹码分布指标是股票市场中不会骗人的好指标。主力的吸筹、洗筹、拉升、出货也都瞒不过它。投资者如果学会了看筹码分布图，就容易了解主力资金的动向。

　　利用筹码分布指标可以掌握最佳的买点与卖点。最重要的是避免在主力恶意震仓洗盘中被清洗出局。与其他指标的综合运用，筹码分布指标能更精确地捕捉到股价高位的止盈机会。

## 1. 筹码分布图形态的原理

　　筹码分布图是由红色和蓝色的一根根柱子构成。需要注意的是在不同的软件中会呈现不同的颜色。以同花顺手机 APP 为例来了解筹码分布图。每根柱子代表在这个价位上筹码分布的情况，当 1 根柱子特别长，表明有很多人在这个价位进行交易。如图 45-1 所示。

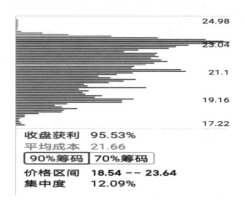

图 45-1　筹码分布图

数据来源：同花顺 APP。

通常投资者要重点关注最长的那根柱线。从图 45-1 中可以看出，红色代表获利筹码，主力持股的成本低，蓝色代表套牢的筹码，黄色代表所有投资者的平均筹码。

筹码分布图的原理真实反映了全部投资者在某个股全部流通盘中持仓成本的分布情况，筹码分布图展示的是不同价位投资者持股的数量情况。

## 2. 筹码分布图指标实战运用技巧解析

1. 如果股价在持续上升过程中，底部的筹码分布图形保持不变，预示主力资金并未离场，后市股价持续上涨的可能性较大。

对大多数散户来说，如果是高位套牢情况，当市场出现反弹到解套位处，稍微有盈利就容易拿不住手中的筹码。例如，当筹码被解套或盈利 10% 左右时，散户通常拿不住筹码。只有主力才不会因小利而轻易卖出手中的筹码。主力会利用散户的恐惧心态，通过拉升股价或打压股价、暴力震仓等系列的操盘手法提升获利空间。

例如，中国软件（600536）2020 年 7 月 1 日、7 月 7 日和 7 月 10 日的这一波行情中，股价持续上升，股价涨幅达 47.75%，但在拉升途中，筹码分布图底部主力的筹码还在，预示着主力资金没有出逃，建议投资者可继续拿住筹码待涨。如图 45-2、图 45-3 和图 45-4 所示。

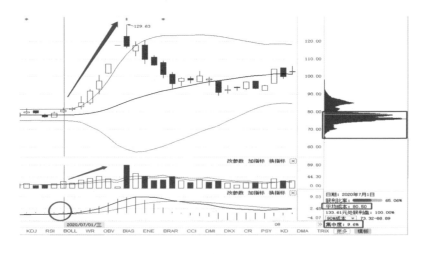

图 45-2　中国软件（600536）2020 年 7 月 01 日筹码分布图
数据来源：东方财富。

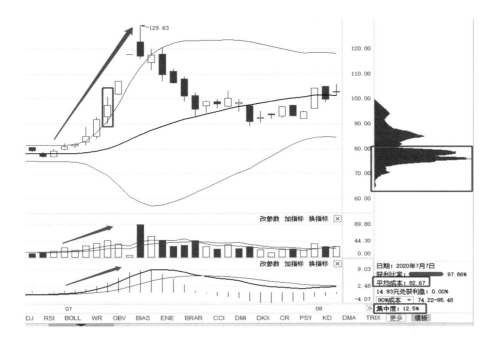

图 45-3  中国软件（600536）2020 年 7 月 07 日筹码分布图

数据来源：东方财富。

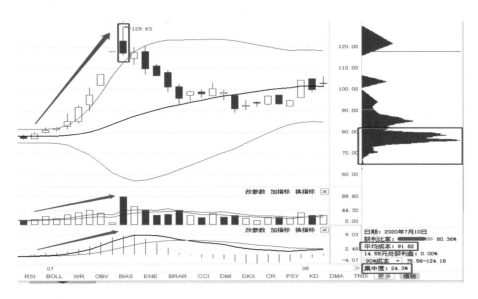

图 45-4  中国软件（600536）2020 年 7 月 10 日筹码分布图

数据来源：东方财富。

2．当股价出现下跌运行走势，但底部的筹码分布仍不动，这时一般代表主力在洗盘，投资者不用惊慌，主力洗盘之后，可能还会继续拉升。

例如，在广电运通（002152）2021年3月22日至2021年5月10日的走势中，出现了主力的洗盘。2021年3月26日至4月09日期间股价出现下跌，跌幅达12.09%，但是底部的主力筹码图形没有变，主力深度洗盘后，股价出现了一波拉升，股价创出新高。如图45-5和图45-6所示。

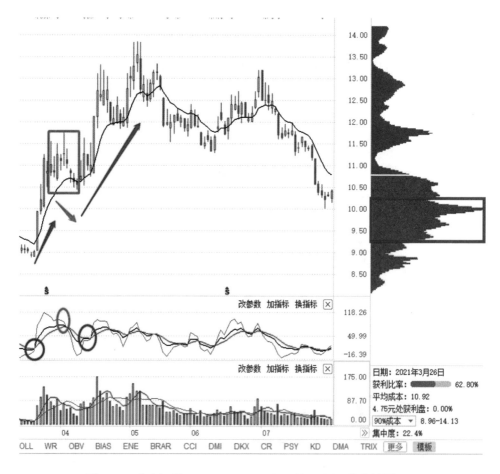

图45-5　广电运通（002152）2021年3月29日股价走势图

数据来源：东方财富。

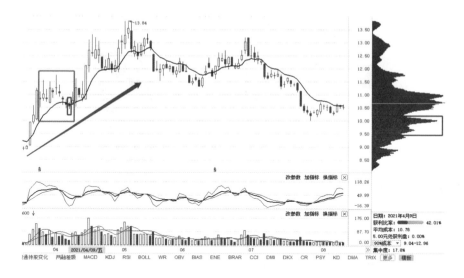

图 45-6  广电运通（002152）2021 年 4 月 09 日股价走势图

数据来源：东方财富。

例如，在达安基因（002030）2021 年 8 月 4 日至 2021 年 8 月 10 日的走势中，出现了股价下跌而底部主力筹码分布基本不动的情况，集中度从 8 月 04 日的 12.4% 持续降低至 8 月 10 日的 11.8%，筹码集中度在持续提升，获利盘从 94.37% 降低至 37.27%，预示主力通过打压股价制造恐慌情绪，以暴力洗盘方式持续收集筹码，清洗浮筹。如图 45-7、图 45-8和图 45-9 所示。

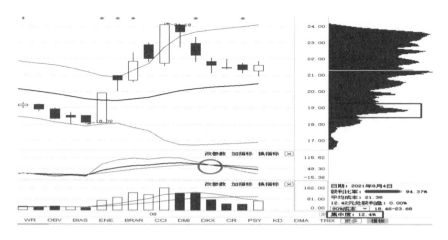

图 45-7  达安基因（002030）2021 年 8 月 04 日股价走势图

数据来源：东方财富。

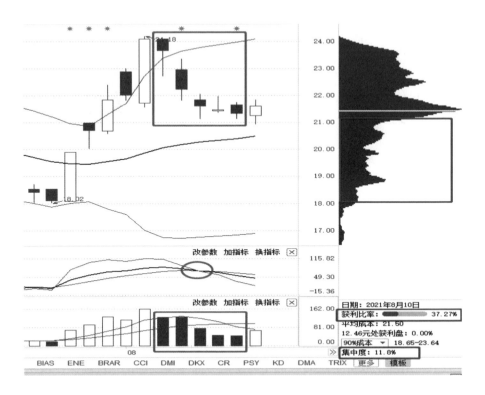

图 45-8　达安基因（002030）2021 年 8 月 10 日股价走势图

数据来源：东方财富。

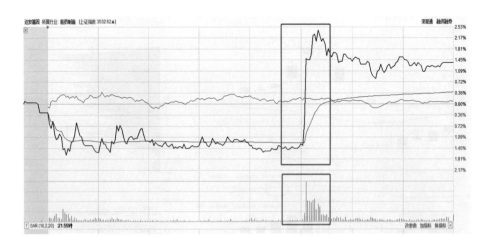

图 45-9　达安基因（002030）2021 年 8 月 11 日股价分时图走势

数据来源：东方财富。

主力震仓洗盘后，在 8 月 11 日股价出现大幅拉升。投资者在遇到上述筹码集中分布情况时，应结合其他技术指标分析主力是否处于震仓洗盘阶段。

如果是主力洗盘，投资者不必惊慌失措轻易卖出手中带血的筹码。只要公司基本面没有改变，不要轻易被主力洗盘出局。往往黎明前是最黑暗的时候，投资者应该挺过黎明前的黑暗，拿住自己的筹码，等待主力的拉升，分享主力为自己抬轿带来的收益。

3．当股价在高位运行，筹码分布逐步堆积，底部筹码分布开始出现松动，图形中底部筹码甚至出现消失的情况，预示着主力可能已经在拉高出货，投资者必须逢高止盈。

例如，在东方财富（300059）2020 年 5 月 29 日至 2020 年 8 月 6 日的区间走势中，筹码集中度从 2020 年 5 月 29 日的 7％逐步增加到 2020 年 7 月 15 日的 33％，预示筹码在不断地派发，底部主力筹码分布图出现松动。

在 2020 年 7 月 15 日至 8 月 6 日期间，股价经过短暂回落之后二次拉升，获利筹码达 97.19％，但底部的主力筹码已经大幅度减少，底部筹码消失，预示主力通过拉高诱多出货。如图 45-10、图 45-11 和图 45-12 所示。

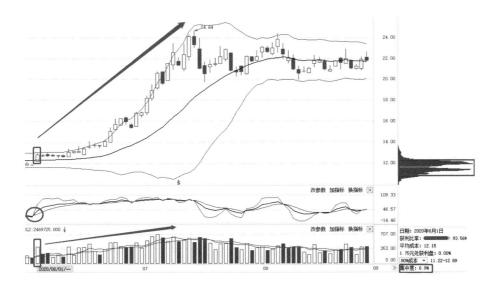

图 45-10　东方财富（300059）2020 年 5 月 29 日至 8 月 6 日区间股价走势图

数据来源：东方财富。

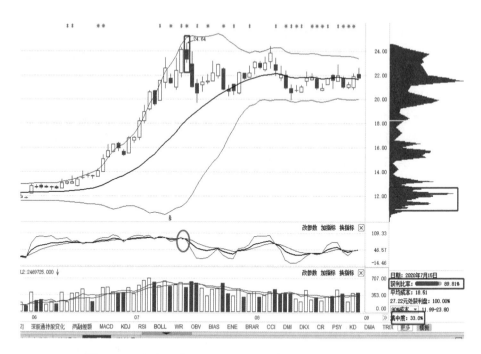

图 45-11　东方财富（300059）2020 年 7 月 15 日股价走势图

数据来源：东方财富。

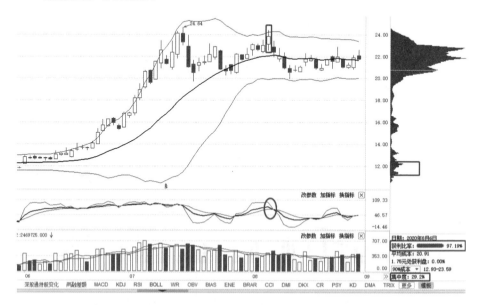

图 45-12　东方财富（300059）2020 年 8 月 06 日股价走势图

数据来源：东方财富。

4．随着股价的下跌，最高的筹码分布逐步下移，代表主力在持续出货，投资者可以查看筹码分布的集中度数据，筹码集中度数值越低，代表主力手中的筹码越集中。

通常筹码集中度数值越低，代表某个股已被主力控盘，后市主力可能会有拉升股价的操作，建议投资者应耐心持股待涨。如图 45-13 所示。

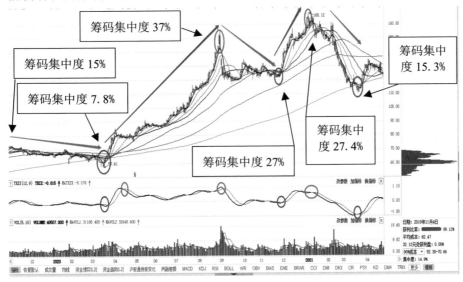

图 45-13　海天味业（603288）2019 年 11 月 01 日至 2021 年 4 月 01 日股价走势图
　　　　数据来源：东方财富。

## 3．筹码分布指标实战秘诀

筹码分布指标与其他技术分析指标最大不同之处是其真实性，筹码分布指标是公认的股市技术分析指标中不会骗人的指标。投资者要学会利用筹码分布指标关注主力持仓动向，寻找最佳买入时机和止盈机会。搭配其他技术分析指标的综合运用，筹码分布指标可以为投资者提升同一标的下的盈利空间。

通常当筹码指标集中度的数值达到 12％的时候，预示着某个股已被主力充分控盘，配合观察筹码分布指标的形态变化，敏锐洞察主力是处在吸筹、洗筹、拉升、出货的什么阶段。

当筹码集中度指标数值出现由高到低，并且筹码分布图中几乎没有获利盘时，预示主力已完全控盘，建议投资者可以择机买入。如图 45-14 所示。

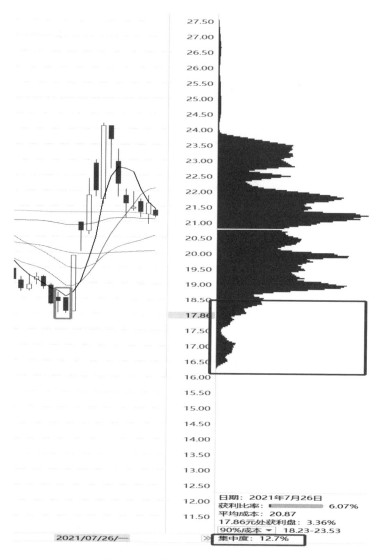

图 45-14　筹码集中度形态分布图

数据来源：东方财富。

　　如果已经出现套牢时，只要筹码集中度数值还在减少，说明主力还在。遇到上述情形投资者也不必过于惊慌，继续坚持持股待涨，切勿在主力恶意打压股价洗盘时被震出局。

　　当筹码集中度的数值出现由低到高且获利盘增至 100％时，应配合其他技术指标研判。如果股价确认在高位出现反转形态，提示主力拉高出货，投资者不要盲目追高，否则容易高位被套，如图 45-15 所示。

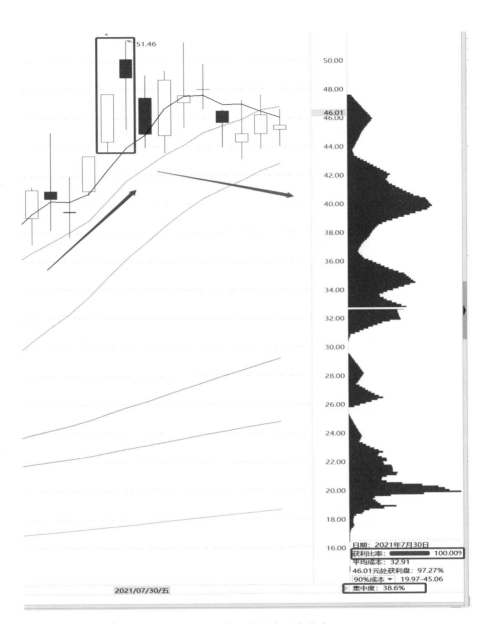

图 45-15　筹码集中度形态分布

数据来源：东方财富。

当筹码集中度分布指标出现股价高位，筹码分布图出现底部形态消失时，投资者应及时采取高位止盈操作，获利出局。

# 常用术语中英对照汇编

## A

Accumulation 建仓：投资者开始买入股票的阶段。

Accumulation Swing Index，ASI 振动升降： ASI 又名真实市场线（Real Market），是一条比收盘价线更能代表真实行情的曲线。

Activity 交投：成交活跃的状况。

Advance Decline Ratio，ADR 涨跌比率：专门研究股票指数走势的中长期技术分析指标。

Advance Decline Line，ADL 腾落指数：以股票每天上涨或下跌的家数作为观察对象，从而反映目前股价变动的情形以及未来变动趋势的指标。

Apex 顶点：股价的最高点。

Arbitrage 套利：利用两种不同的标的物的价差交易赚取差价。

Ascending trend channel 上升趋势通道：股价沿着趋势线反弹向上。

Ascending triangle 上升三角形：股价形成的一种区域性形态。

ASR 浮筹线指标：非主力手里的筹码指标。

Averaging cost 摊低成本法：投资者按照越来越低的价格持续买入某一只股票或者基金，从而摊平所持股票或基金的平均成本。

Average True Ranger，ATR 真实波幅：主要用于测量股票价格的波动性，不指示价格的运动方向，仅仅反映价格波动的程度，并以此为依据来发出买卖交易信号。

Axis 轴：在图表上，轴是一条用于衡量或者参照的直线。

# B

Bar chart 柱状图：柱状图是 K 线图中用来描述价格走势的图形，又称为条状图。

Basic trendlines 基本趋势线：是趋势线的一种。

Basis trades 基点：指数的计量单位。

Bear market 熊市：股票价格呈下降趋势较长的一段时期的市场。

Beneficiary 受益人：指以购买受益凭证方式参加基金投资，真正享有基金投资权益的人。

Beta 贝塔：用于衡量个股在市场波动中的敏感性技术指标。

Beta coefficient 贝塔系数：用于衡量证券市场风险分散的一个指标。

BIAS 乖离率指标：乖离率指标是研究反映股价在波动过程中与均线 MA 指标出现偏离程度的技术分析指标。

Block trades 大宗交易：将某一股票的较大量视作一个单位进行大额的交易。

Blue-chips 蓝筹股：一般指盈利状况良好，绩优上市公司的股票。

Booking the Basis 预定基差：现货价由买方或卖方在指定期间厘定，在商定期间内，用双方预先同意的基差，报出当时的期货价。

Bottom 底部：通常指股价形态中的底。

BOLL 布林线指标：是一种通道型指标，股价通常是围绕着均线运行并在一定区间内上下波动。

BRAR 人气意愿指标：人气意愿指标 BRAR 由两部分组成，即由 BR 线（情绪指标）与 AR 线（潜在动能）指标共同组成。

Breakout 突破：通常指某一股价脱离区域的形态。

Bull market 牛市：股票价格呈上升趋势较长的一段时期的市场。

Bull and Bear Index，BBI 多空指标：多空 BBI 指标是建立在均线 MA 指标基础上的趋势类指标。

Buyer's Market 买方市场：商品供应量大，买方可随意选择，在这种市场中，有机会以较低的价格买入。

Buy In 补仓：购入商品、股票、基金以补回之前沽出之数。

## C

Capital Gain 资本利得：基金通过有价证券的低买高卖得到的收益。

Chart 图表：用图形来展示某一股票或基金净值表现的图或表。

Closing price 收盘价：某一股票在交易时的最后一笔成交价。

Commodity Channel Index，CCI 顺势指标：顺势指标是用于研究股价是否已超出常态分布范围的短线技术分析指标。

Commission 佣金：券商提供交易时收取的服务费。

Congestion 震荡：股价横盘走势演变成的区域形态。

CR 中间意愿指标：中间意愿指标是指股票技术分析中通过买卖双方力量对比来研判股票买卖时点的技术分析指标。

## D

Default 违约：不能按照交易所条例执行期货合约，例如不能续交保证金或接受交收等。

Descending trend channel 下降趋势通道：股价沿着趋势线向下运行。

Different of Moving Average，DMA 平行线差指标：利用两条不同期间的平均线的差值对行情进行判断的股票技术分析指标。

Directional Movement Index，DMI 动向指数或趋向指标：动向指数 DMI 指标是通过分析股价在上升和下跌过程中多空双方力量均衡点的变化状态，即买卖双方的动能的变化受股价波动的影响，因此发生从均衡到非均衡的转换。

Distribution 出货：投资者卖出股票或基金。

Diversification 分散风险：投资者通过买卖不同的股票或配置不同的基金的投资行为。

Dividends 股息：上市公司向股东派发的现金或者股票。

Double bottom 双底：股价在底部区域形成两次探底的图形。

Double top 双顶：股价在高位区域形成两次顶部的图形。

Drawdown 回撤：资产组合的权益价值从较高降到较低的情形。

Downtick 降价交易：证券交易的成交价低于前一笔交易。

Dark-Cloud Cover 乌云盖顶形态：乌云盖顶形态是典型 K 线形态中

较为常见顶部反转形态。

## E

ENE 轨道线指标：其性质与 BOLL 线差不多，都属于趋势轨道线一类。该指标由三条线组成：上轨线（UPWER）、下轨线（LOWER）和中轨线（ENE）。

Exchange-traded fund，ETF 交易所交易基金：在交易所上市交易的基金。例如：沪深 300ETF。

Exercise 行权：期权的持有者按照期权合约条款买入或卖出标的的证券。

Exhaustion gap 衰竭缺口：某一股票的价格沿着某一方向的强劲走势即将结束时，在走势图上留下的较大缺口。

EXPMA 指数平均数：在计算均数时加重了当天行情的权重，可以迅速反映股价的跌涨。

Expenses 基金费用：投资基金在运作过程中所发生的费用，如基金管理费、托管费等。

Evening Up 平仓：买入或卖出以抵消现有的头寸状态。

## F

False breakout 假突破：股票的价格突破某一形态并得到确认，然后迅速反转，最终在相反方向向上突破的形态。

Fictitious Trading 虚假交易：即诈骗交易，利用顾客资金买空卖空，貌似交易，但无实质进行。

Flag 旗形：旗形是股价震荡时期产生的一种持续形态，类似于旗杆升起的一面旗帜。

Floating supply 浮筹：特定时期可用于交易的股票数量。

Floating 浮动汇率：指完全由市场力量影响形成的一种汇率，没有政府干预即操纵。

FSL 分水岭指标：强弱势的分界线。

Fundamentals 基本面指标：基本面指标是指包括上市公司的主要财务指标信息对股价可能产生影响的因素。主要财务指标信息包括利润、主营业收入、现金流、利润率、负债率等。

Fundamental Analysis 基本分析：指通过对股票市场的基本面等因素的分析，研判股票市场价格走势的一种分析方法。

## G

Gap 缺口：股价图表区域中的空隙，常见的缺口有普通缺口、区域缺口、除息缺口、突破缺口、逃逸缺口、衰竭缺口等。

## H

Head-and-shoulders bottom 头肩底：股价在底部区域走势形成头部和肩部的形态，预示着跌势发生反转的区域形态。

Head-and-shoulders top 头肩顶：股票在高位区域走势形成头部和肩部的形态，预示着涨势发生反转的区域形态。

Heavy volume 成交放量：股票成交量放大的形态。

## I

Insider 内幕人士：拥有未向公众披露的可能影响股价敏感信息的知情人士。

## L

Leverage 杠杆：使用少量资本控制大量投资。

Limit up，Limit down 涨跌停板：交易所对某一证券价格设置向上波动或向下波动的最大幅度限制性规定。

Limit Order 限价委托指令：指投资者设定某一价位的委托指令。

Long 多头：指买入股票或期货合约的买家。

Lot 手：股票、基金、期货交易单位。

## M

Market Order 市价委托指令：指按当时的市场价格来交易的委托指令，即随行就市价格委托指令。

Margin 保证金：客户按照经纪公司要求提供担保的金额，目的在于保护经纪或结算行避免由于未平仓证券可能出现的损失。

Mass Index，MASS 梅斯线：用于寻找价格走势中转折点的一种指标。

Minor trend 短线趋势：通常指非常短时间的波动趋势。

MIKE 麦克指标：指专门用于研究股价压力与支撑的中长线技术分析指标。

Momentum indicator 动能指标：一种利用成交量统计数据预测当前股价走势强弱状况的指标。

Moving average 移动平均线：移动平均线是技术指标的趋势性指标。

Moving average convergence/divergence，MACD 平滑异同移动平均线：MACD 指标可用于研判中短线股价走势的技术性指标。

Mutual Fund 共同基金：该类型基金又称互惠基金，是指募集公众资金投资于多种证券，包括股票、债券和货币市场等的一种基金。通常在美国比较盛行。

# N

Neckline 颈线：在头肩形状中两个回调低点或两个反弹高点的直线。

No-Load Fund 不收费基金：基金股份出售或赎回时均不收取任何手续费的基金，其价格由净资产值决定。

# O

Odd lot 零股：不足一手的零散股票。

On balance volume，OBV 能量潮指标：能量潮指标是一种非常流行的成交量指标。

Order 指令：基金经理向交易员发送的交易指令。通常包括限价指令、市价指令、止损指令等。

Oscillator 震荡指标：震荡指标一种反映动能或波幅的指标。

Overbought indicator 超买指标：判断股价何时价格已经上涨较多，可能会回调。

Oversold indicator 超卖指标：判断股价何时价格下降较多。

Open-end Fund 开放型基金：所谓开放型基金是指基金设立时，其基金的规模不固定，投资者可随时购买基金受益单位，也可随时向基金公司提出赎回基金单位的一种基金。

## P

Panic 恐慌：投资者的情绪出现焦虑，不计成本抛售。

PBX 瀑布线：一种趋势型的移动平均线。

Premium 权价：权价是指期权合约的价格，对于期权合约的买家来说，是指他的购买合约权利的成本。

Price earnings ratio，PE 市盈率：股票价格除以每股盈利得出的比率。

Price Rate of Change，ROC 变动率：以今天的收市价比较其 N 天前的收市价，用比率的方式表示出来。

Prospectus 招募说明书：指发行股票或基金向投资者披露有关信息的一项法律性文件。

Pullback 反抽：价格在向下突破某一形态后回升到形态的界限处。

## R

Rally 反弹：股价下跌后上扬。

Range 区间：特定时期内股价高点和低点之间的距离。

Reaction 回调：股价上涨后下跌。

Rectangle 箱形：股价走势的箱形形态。

Relative strength Index，RSI 相对强弱指标：相对强弱指标是股票技术分析中非常重要的指标之一。

Runaway gap 逃逸缺口：在动能逐渐增强的一段涨势或跌势中出现的较大价格缺口。

Running market 单边势：股价朝着某单一方向运行的走势。

## S

Shakeout 震仓：主力调整股价波动，将意志不坚定的投资者震出局的过程。

Stop loss 止损：设置防止本金亏损的指令。

Stop and Reverser，SAR 抛物式转向系统：利用跟随性止蚀位的方法将市势的止蚀位上移或下移，以保障投资者所得到的利润。

Supply level 阻力位： 阻止股价上涨的位置。

Support level 支撑位：阻止股价下跌的位置。

Switching Charge 转换费：通常一家基金管理公司有数种基金可供投资者选择，投资者被允许转换投资于不同基金，但需要支付一定的转换手续费。

## T

Tax-exempt Fund 免税基金：基金主要投资于国债和地方政府债，可以免去相关税赋负担的一种基金。

Thin issue 小盘股：流通股很少，成交量不活跃的小股票。

Throwback 回踩：股价向上突破某一形态后返回到形态的界线处。

Total Amount Per Weight Stock Price Index，TAPI 指数点成交值指标：反映投资者买卖意愿的强弱程度及对未来股价的期望。

Triple Exponentially Smoothed Average，TRIX 三重指数平滑平均线：过滤掉许多不必要的波动来反映股价的长期波动趋势的指标。

Turnover Rate 换手率：交易时间内股票买卖双方达成交易的频率。

## U

Unit Trust：单位信托基金：单位信托基金是以发行基金单位将投资者零散资金集中在一起进行运作的投资基金。

## V

Valuation 估值：基金管理公司或基金托管人根据基金估值原则对基金净资产所进行的评估和计算。

Volatility 波动性：股票价格上下变动的衡量指标。

Volatility System，VTY 价格变异率：一种停损类指标。

Volume 成交量：特定时期内股票交易的成交额。

Volume Ratio，VR 容量比率：反映股市交易量强弱的指标。

# W

Williams Index，WR 威廉指数：威廉 WR 指数属于摆动震荡类短线指标。威廉 WR 指标是描述股票市场超买与超卖强度的分析指标。

# 参考文献

1. 王健，禹国刚，陈儒.中国股票市场问题争鸣[M].天津：南开大学出版社，1991.

2. 王喜义，陈儒.投资基金概论[M].广州：中山大学出版社，1993.

3. 刘明康.国际金融报告[M].北京：经济科学出版社，2001.

4. 王健，禹国刚，陈儒.世界主要证券市场管理架构法规[M].天津：南开大学出版社，1991.

5. 洪磊.基金[M].北京：中信出版集团，2019.

6. 王健，禹国刚，陈儒.股票投资策略[M].北京：中国广播电视出版社，1991.

7. 陈儒，管斌.股票技术操作实务[M].广州：中山大学出版社，1993.

8. 陈儒.新型投资理财工具[M].南昌：江西高校出版社，1995.

9. 陈儒.投资基金运作及风险控制[M].北京：中国金融出版社，1998.

10. 深圳证券交易所编写组.深圳证券交易所[M].广州：中山大学出版社，1991.

11. 彼得·林奇.战胜华尔街[M].北京：机械工业出版社，2018.

12. 彼得·考夫曼.穷查理宝典[M].北京：中信出版社，2016.

13. 罗伯特·清崎.穷爸爸富爸爸[M].成都：四川人民出版社，2019.

14. 苏世民.我的经验与教训[M].北京：中信出版社，2020.

15. 陈立.影响未来的中国基金产业[M].北京：中国财政经济出版社，2001.

16. 王坤.一本书读懂 K 线图[M].北京：中华工商联合出版社，2015.

17. 李文强.股市技术指标实战[M].北京：电子工业出版社，2015.

18. 赵涛，吴晶.股市炼金术[M].北京：立信会计出版社，2011.

19. 康成福，吴晶.K 线点金一本通[M].北京：立信会计出版社，2011.

20. 陈儒.对冲基金与国际金融市场[M].北京：中国财政经济出版

社，2001.

21. 陈儒. 关于我国投资基金运作管理中的问题及对策[J]. 南开经济研究，1994（4）.

22. 陈儒. 机遇与挑战并存——香港投资基金业透视[N]. 中国证券报，1996-07-31.

23. 陈儒. 香港投资基金业监管运作与挑战[N]. 金融时报，1996-07-21.

24. 陈儒. 投资基金运作理论与实物初探[J]. 深圳金融，1994（3）.

25. 陈儒. 浅谈 97 香港回归背景下的深港投资基金业[J]. 经济与法律，1997（3）.

26. 陈儒. 中国投资基金业产品发展战略[J]. 国际金融研究，1999（1）.

27. 陈儒. 中国投资基金业运作机制[D]. 上海：华东师范大学，1999.

28. 陈儒. 中国投资基金业：监管、运作与国际化[J]. 金融研究，1996（2）.

29. 陈儒. 略论我国投资基金业的发展[J]. 深圳金融，1995（1）.

30. 陈儒. 开放式基金与封闭式基金的比较[J]. 深圳金融，1993（5）.

31. 陈儒. 投资基金的优点 [N]. 深圳商报，1993-09-22.

32. 陈儒. 基金风险[N]. 金融早报，1993-09-11.

33. 陈儒. 我国投资基金业的现实问题[N]. 南方证券报，1994-06-26.

34. 陈儒. 中国投资基金与海外投资基金的比较 [N]. 南方证券报，1994-06-19.

35. 陈儒. 投资基金业行业协会及作用[J]. 投资导报，1994（7）.

36. 陈儒. 深圳股市方兴未艾[J]. 经济画报，1992（6）.

37. 陈儒. 论共同基金的作用[N]. 金融早报，1992-08-16.

38. 陈儒，刘传葵. 我国投资基金的发展路向探析[J]. 国际金融导刊，1994（6）.

39. 陈儒，刘传葵. 试论建立我国投资基金行业协会[J]. 证券研究，1994（5）.

40. 陈儒，刘传葵. 我国投资基金业的发展方向[J]. 经济导刊，1995（2）.

41. 陈儒，刘传葵. 确认投资基金在机构投资中的主体作用[N]. 上海证券报，1994-08-24.

42. 陈儒，张和斌. 美国基金业发展简况[N]. 深圳商报，1993-01-30.

43. 陈儒. 基金——走向深圳证券市场[N]. 金融早报，1992-11-02.

44. 陈儒. 推出股指期货繁荣证券市场[N]. 证券时报，1995-02-20.

45. 陈儒. 按组织形式对投资基金分类比较[N]. 期货导报，1996-01-15.

46. 陈儒. 按投资目标对投资基金分类[N]. 期货导报，1996-01-22.

47. 陈儒. 投资基金的发展趋势及对策[N]. 金融早报，1995-02-08.

48. 陈儒. 投资基金业亟待营造监管自律体系[N]. 投资导报，1996-03-19.

49. 陈儒，李剑峰. 中国投资基金业健康发展的当务之急——培育专业的信托人[N]. 上海证券报，1994-09-21.

50. 陈儒. 基金年——谈基金热 [N]. 深圳商报，1993-06-20.

51. 陈儒. 关于投资基金的思考[N]. 香港大公报，1996-06-18.

52. 陈儒. 天骥基金——投资新概念[N]. 深圳商报，1993-04-10.

53. 陈儒. 证券市场的发展对中国经济发展的作用（英文）[J]. ISI，1992（9）.

54. 陈儒. 96：证券市场机遇与挑战并存[N]. 证券时报，1995-01-03.

55. 陈儒，刘传葵. 我国投资基金业发展取向[N]. 中国证券报转载，1994-08-16.

56. 陈儒. 中外合资基金管理公司模式的选择[N]. 深圳商报，1994-08-20.

57. 陈儒，刘传葵. 投资基金的起源及其在我国的发展[N]. 上海证券报，1994-09-14.

58. 陈儒. 中国投资基金业的发展与契机[J]. 证券市场导报，1995（3）.

59. 陈儒，刘传葵. 扫除障碍设立中外合资基金[N]. 上海证券报，1994-09-16.

60. 陈儒. 美国共同基金业何以迅速崛起[N]. 深圳商报，1994-11-27.

61. 陈儒，刘传葵. 小企业基金大有可为[N]. 深圳商报，1994-09-20.

62. 陈儒. 勿将所有鸡蛋放在一个篮子里——谈基金的投资风险[N]. 金融早报，1995-01-05.

63. 陈儒. 公司型基金与契约型基金[N]. 金融早报，1995-01-09.

64. 陈儒. 开放型基金与封闭型基金[N]. 金融早报，1995-01-16.

65. 陈儒. 投资基金的新品种[N]. 金融早报，1995-02-13.

66. 陈儒. 证券基金[N]. 金融早报，1995-01-30.

67. 陈儒. 基金的几种类型[N]. 金融早报，1995-01-23.

68. 陈儒. 国内基金与国际基金[N]. 金融早报，1995-02-04.

69. 陈儒. 投资基金的目标、范围与限制[N]. 金融早报，1995-02-15.

70. 陈儒. 投资基金的特点[N]. 金融早报，1995-01-03.

71. 陈儒. 不断创新发展自己[N]. 中国证券报，1995-01-27.

72. 陈儒. 基金保管人在基金运作中的作用[J]. 中国基金观察，1994（8）.

73. 陈儒. 互惠基金业在中国（英文）[J]. Capital，1993（5）.

74. 陈儒. 香港投资基金业：监管、运作与挑战[N]. 金融时报，1996-07-21.

75. 陈儒. 投资基金业呼唤规范化与国际化[J]. 广告世界，1996（2）.

76. 陈儒. 中国投资基金类型比较[J]. 金融研究，1996（8）.

77. 陈儒. 依据对投资基金标的的分类比较[N]. 期货导报，1996-01-28.

78. 陈儒. 深港基金业交流合作空间广阔[N]. 证券时报，1995-07-21.

79. 陈儒. 我国亟待在港设立投资基金管理公司[J]. 证券投资，1996（5）.

80. 陈儒. 对发展深圳股市的思路[J]. 金融理论与教学，1991（3）.

81. 陈儒. 略论我国基金业的发展[J]. 深圳金融，1995（1）.

82. 陈儒. 论共同基金的作用[N]. 金融早报，1992-08-16.

83. 陈儒. 基金保管人在基金运作中的作用[J]. 中国基金观察，1994（8）.

84. 陈儒. 略谈投资基金业的风险防范与控制[J]. 亚洲商务，1995（6）.

85. 陈儒. 中国投资基金业国际化战略[J]. 亚洲经济转载，2000（3）.

86. 陈儒. 对冲基金与共同基金的主要特征比较[J]. 特区经济，2001（11）.

87. 陈儒. 中国投资基金业的发展与国有资产管理[J]. 国资研究，1997（5）.

88. 陈儒. 关于组建受让国有股股权投资基金的构想[N]. 特区经济，1997（5）.（录选《中国社会科学文库》《领导艺术通览》）

89. 陈儒. 国有股出路解决办法[N]. 香港文汇报，1997-07-14.

90. 陈儒. 中国投资基金业监管、运作与国际化[M]. 选入《邓小平理论》研究文库，1997，9（2）.

91. 陈儒. 中国投资基金业产品发展战略（上）[J]. 国际金融研究，1999（12）.

92. 陈儒. 中国投资基金业产品发展战略（下）[J]. 国际金融研究，2000（1）.

93. 陈儒. 对冲基金的主要投资策略分析[J]. 新财富，2001（12）.

94. 陈儒. 养老保险与投资基金业的互动发展[J]. 特区理论与实践，2001（12）.

95. 陈儒. 对冲基金的发展前景[J]. 国际金融研究，2001（12）.

# 作者简介

陈儒，原中银基金管理公司执行总裁，原匈牙利中国银行董事长；南开大学理论经济学博士后，华东师范大学经济学博士，联合国和平大学博士生，中国—加拿大联合培养工商管理硕士，南开大学理学学士，美国哈佛大学商学院 AMP；高级经济师、兼职教授、上海市领军人才、享受国务院政府特殊津贴、亚洲开发银行——中国社保基金理事会国际合作项目组专家。

1990 年，参与深圳证券交易所筹建。

1992 年，主持创办了中国内地第一家专业化基金管理公司——深圳投资基金管理公司，任执行总裁、董事长等职。

1998 年，调中国银行总行负责筹组总行基金托管部，任中国银行总行基金托管部首任总经理。

2001 年，调中银国际控股有限公司，任董事总经理，同时兼任香港中银国际英国保诚资产管理公司董事，投资决策委员会委员等职。

2002 年，调中银国际证券有限责任公司，任董事总经理，并担任由中银国际和美林（Merrill Lynch）投资管理合资组建的中银国际基金管理公司筹备组组长。

2004 年，任中银国际基金管理公司董事、执行总裁。

2008 年，任中国银行和贝莱德（BlackRock）合资组建的中银基金管理公司董事、执行总裁。

2012 年至 2016 年，任匈牙利中国银行董事长。

2015 年至 2016 年，兼任中国银行总行投资银行与资产管理部首席产品经理。

2020 年至今兼任南开大学教育基金会顾问。

曾兼任中国金融学会投资基金研究会副会长、深圳市青联常委、中国教育国际交流协会理事、中国青年总裁协会常务理事、中国国际金融学会常务理事等职。

曾多次参与《深圳市投资信托基金管理暂行规定》《证券投资基金管理暂行办法》的起草稿讨论。

在国内公开出版专著 10 余部，主要代表作有《中国股票市场问题争鸣》《新型投资理财工具》《投资基金概论》《股票技术操作实务》《股票投资策略》《投资基金运作及风险控制》《对冲基金与国际金融市场》等。

在海内外发表学术论文 100 多篇，主要代表作有《中国投资基金与海外投资基金的比较》荣获深圳金融学会优秀论文一等奖及深圳社会科学优秀论文成果奖；《中国投资基金业：运作、监管与国际化》被选入《邓小平理论研究文库》第二卷；《关于设立国有股股权投资基金构想》被多家报刊转载并录入《中国社会科学文库》《领导艺术通览》等；作为上海市领军人才牵头组织"利用税收延迟政策支持中国基金业养老基金创新发展"课题研究；多次参加国家级和省部级相关的基金课题研究，代表课题有"影响未来的中国基金产业"等。

作者荣获国务院特殊津贴证书

作者出席上海论坛 2007 活动

美国贝莱德（BlackRock）集团总裁芬克先生（中）与时任中银基金董事长贾建平先生（左一）、作者（右一）合影

中国金融学会投资基金研究会成立合影（前排：左一时任淄博基金董事长杨力先生，左二作者，左三时任中国金融学会会长赵海宽先生，左四时任国务院发展研究中心副主任陆百甫先生，右四时任中国人民银行深圳经济特区分行行长王喜义先生；后排：左二时任上海万国证券总裁助理兼基金管理总部总经理滕伟先生，左三时任湖北省证券公司总裁陈浩武先生，左四时任南方证券副总裁王巍先生）

作者在中银国际基金管理有限公司开业庆典上致辞

**SECURITIES**
MARKET HERALD

中国基金业:历程、问题与前景
香港股市回顾与前瞻
提示金钱游戏规则的人
中外证券清算制比较分析
美国房地产证券化

證券
市場

導　報

深圳证券交易所主办

中国投资基金业的发展与契机

总第32期 3月
1995年

深圳投资基金管理公司陈儒总裁

《证券市场导报》第 32 期封面人物

深圳证券交易所开业前筹备

　　左一中共中央、国务院授予的"改革先锋"称号的获得者、深圳证券交易所创始人禹国刚先生，左二作者

右一作者，右二时任中银基金董事长平岳先生，左一时任中国银行总行副行长张燕玲女士，左二时任上海市副市长冯国勤先生

中银基金更名仪式 左一时任中银基金董事长贾建平先生，左二美国贝莱德（BlackRock）集团总裁芬克先生，左三时任中国银行董事长肖刚先生，右二时任中国银行副行长王永利先生，右一作者

右一南开大学老校长、著名经济学家滕维藻先生，右二南开大学教授、著名经济学家谷书堂先生，左一南开大学教授、著名管理学家陈炳富先生，左二作者

南开大学党委书记杨庆山先生（左四）为王文灵先生（左三全国社保基金理事会副理事长）和作者（右四）颁发南开大学教育基金会顾问聘书

作者在上海交通大学安泰经济与管理学院讲课

作者在华东师范大学校友联谊会成立大会上发表主旨演讲

作者在哈佛大学学习

作者在斯坦福大学交流学习

作者在国研·斯坦福交流学习

作者（左二）作为演讲嘉宾出席第五届中国并购基金年会活动仪式合影

作者（右一）与时任美林（Merrill Lynch）投资管理副总裁罗伯特先生（左一）合影

作者（左一）与时任美林投资管理投资总监鲍伯·道尔（Bob-Doll）先生（右一）合影

作者出席中国改革人物颁奖典礼

作者在剑桥大学学习

作者出席 2011 中国基金业金牛奖颁奖典礼

中银基金荣获 2010 年度中国基金业金牛基金管理公司奖

2011 年第八届中国基金业金牛奖颁奖典礼（从左到右：海富通基金总经理、兴业全球基金总经理、银华基金总经理、大成基金总经理、时任《中国证券》报社长林晨先生、易方达基金总经理、原中国证监会主席周道炯先生、华夏基金总经理、广发基金总经理、华商基金总经理、中银基金总经理、嘉实基金总经理）

作者（左一）与原深圳市副市长张鸿义先生（右一）合影

作者在中国基金业金牛奖颁奖典礼上演讲

作者在中银基金工作期间工作照

作者在中银基金工作期间工作照

作者在中银基金工作期间工作照

作者在第 5 届中国金"基金"奖典礼上发表获奖感言

作者在联合国和平大学博士班学习

作者在联合国和平大学博士班学习

作者荣获中国基金业杰出贡献奖